新能源汽车

电力电子技术

主　编　赵　艳
副主编　李善锋　邹　慧　梁晨露
参　编　张东军　吴立新　黄显祥　吴秋会

机械工业出版社

本书是围绕新能源汽车相关专业“岗课赛证”综合育人的教育理念与教学要求，基于工作过程编写。编者在对新能源汽车技术技能人才岗位特点、职业技能等级证书和“校 - 省 - 国家”三级大赛体系进行调研的基础上，分析出岗位典型工作任务，进而创设真实的工作情景，引入企业岗位实际的生产项目，强化产教深度融合，从而构建了整套系统化的课程体系。

本书共分为 5 个项目。项目一为电工基础知识的认知，介绍了电力电子技术发展、电路基础元件及参数、高压安全与防护用具；项目二为新能源汽车电力电子元器件的认知与检测，介绍了电容器、线圈、晶闸管、功率场效应晶体管和绝缘栅双极型晶体管；项目三为典型电路的认知与检测，介绍了整流电路、逆变电路、稳压电路和滤波电路；项目四为新能源汽车电压转换电路的检测，介绍了 DC/DC 变换电路、AC/DC 变换电路和 DC/AC 变换电路；项目五为新能源汽车控制器及传感器的检测，介绍了磁电式位置传感器、霍尔传感器和热敏电阻。

本书按照活页式教材形式编写，以比亚迪秦 EV 车型为主构建知识体系，以学生为中心，以职业能力为本位，以学习成果为导向，创设沉浸式教学环境，让学生在教师指导下经历完整的工作过程，并在交互体验的过程中建构专业知识体系、训练专业技能，从而促进学生自主学习能力的提升。每一个任务均以任务目标、任务框图、任务导入、任务分组、获取信息、知识点提示、工作计划、进行决策、任务实施、评价反馈 10 个环节展开叙述，同时每个项目辅以情智课堂，帮助学生在动手操作和了解行业发展的过程中领会团结合作的重要性，培养执着专注、精益求精、一丝不苟、追求卓越的工匠精神。

本书可作为新能源汽车技术、汽车电子技术、汽车制造与试验技术、新能源汽车检测与维修技术、汽车智能技术、智能网联汽车技术等专业的教材，也可供从事相关专业工作的工程技术人员参考。

为方便教学，本书配有电子课件、电子教案等资源。凡选用本书作为授课教材的教师均可登录机械工业出版社教育服务网（www.cmpedu.com），以教师身份注册后免费下载，或来电咨询，咨询电话：010-88379201。

图书在版编目（CIP）数据

新能源汽车电力电子技术 / 赵艳主编. —北京：机械工业出版社，2023.7（2024.12重印）

ISBN 978-7-111-73347-8

Ⅰ. ①新…　Ⅱ. ①赵…　Ⅲ. ①新能源－汽车－电力电子技术 Ⅳ. ①U469.7

中国国家版本馆CIP数据核字（2023）第108020号

机械工业出版社（北京市百万庄大街22号　邮政编码100037）
策划编辑：师　哲　　　　　责任编辑：师　哲
责任校对：韩佳欣　李　婷　封面设计：王　旭
责任印制：刘　媛
涿州市般润文化传播有限公司印刷
2024 年 12 月第 1 版第 4 次印刷
210mm × 285mm · 11.25 印张 · 290 千字
标准书号：ISBN 978-7-111-73347-8
定价：52.00 元

电话服务　　　　　　　　　网络服务
客服电话：010-88361066　机　工　官　网：www.cmpbook.com
　　　　　010-88379833　机　工　官　博：weibo.com/cmp1952
　　　　　010-68326294　金　书　网：www.golden-book.com
封底无防伪标均为盗版　　机工教育服务网：www.cmpedu.com

教材编审委员会

前 言 Preface

我国新能源汽车发展以“三纵三横”为技术路线，以纯电动汽车、插电式混合动力（含增程式）汽车、燃料电池汽车为“三纵”，布局整车技术创新链，以动力蓄电池与管理系统、驱动电机与电力电子、网联化与智能化技术为“三横”，构建关键零部件技术供给体系。电力电子技术是研究电力半导体器件实现电能变换和控制的学科，它是一门电子、电力半导体器件和控制三者相互交叉而出现的新兴边缘学科。它研究的内容主要包括电力半导体器件、电力电子电路、控制集成电路以及由其组成的电力变换装置。新能源汽车作为电力电子技术的一个新的应用领域，具有广阔的发展前景。

教材开发团队参照《职业教育专业目录（2021）》汽车相关专业，调研了主机厂、主机厂指定服务商、部件厂、各类汽车维修企业等相关企业和新能源汽车组装、测试、售后、救援等相关岗位，分析了汽车销售顾问、测试工程师、售后服务顾问、维修技师、动力蓄电池研发工程师等岗位的实际工作任务，依据国家教学标准要求，组织了相关学校教师和企业专家，结合其多年的教学经验和实践基础，以比亚迪新能源汽车秦 EV 车型为蓝本，编写了本书。

本书以专业人才培养目标为依据，以所在专业能力结构为主线，贯彻落实党的二十大精神，用社会主义核心价值观铸魂育人。文字简洁、通俗易懂、图文并茂、形象直观，在培养学生专业能力的同时，关注学生身心的健康发展，坚定学生的理想信念，加强职业道德与爱国主义教育，激发学生的家国情怀和使命担当，培养学生的工匠精神，培养适合新时代发展需要的高素质人才。同时本书紧抓数字化机遇，将二维码等数字技术融入教材，助力学生学习成长，进一步丰富、优化、更新教材数字化资源，推进教育数字化。

本书分为电工基础知识的认知、新能源汽车电力电子元器件的认知与检测、典型电路的认知与检测、新能源汽车电压转换电路的检测、新能源汽车控制器及传感器的检测 5 个项目，共计 18 个学习任务，以“做中学”为主导思想，以程序性知识为主体，配以必要的陈述性知识和策略性知识，重点强化“如何做”，将必要知识点穿插于各个“做”的步骤中，边学习、边实践，在实训教学中渗透理论的讲解，使所学知识能够融会贯通，培养学生具有独立思考、将理论运用于实践的动手能力，成为从事新能源汽车相关工作的高素质技能型专业人才。

本书由赵艳任主编，李善锋、邹慧、梁晨露任副主编，张东军、吴立新、黄显祥、吴秋会参加了编写。由于编者学识有限，书中不妥或错误之处在所难免，恳请读者提出宝贵建议，以便修订时予以纠正。

编者

二维码索引

目 录 Contents

笔记栏

项目一

电工基础知识的认知

任务一　电力电子技术的发展与认知

任务目标

知识目标

1. 能够了解电力电子技术的发展。
2. 能够了解电力电子技术的应用。

技能目标

1. 具备从多途径的信息源中检索专业知识的能力。
2. 具备应用电力电子技术的能力。

素养目标

1. 培养学生认真严谨、积极主动的工作态度以及安全生产、文明施工的意识。
2. 培养学生与小组成员、同学之间合作交流、协调工作的意识。
3. 获得分析问题和解决问题的基本方法。
4. 与小组成员交流、讨论学习成果，取长补短，完成自我提升。

任务框图

任务导入

随着计算机应用技术在电力系统中的不断发展和普及，人们对于电力电子技术的重视程度也越来越高。电力电子技术在发电、配电、输电方面为电力系统提供了良好的技术平台。

新能源汽车使用了大量的电力电子元器件，学好电力电子技术可为将来成为新能源汽车从业者打下坚实的基础。

任务分组

学生任务分配表见表 1-1-1。

表 1-1-1 学生任务分配表

班级		组号		指导教师
组长		学号		
组员	姓名：______	学号：______	姓名：______	学号：______
	姓名：______	学号：______	姓名：______	学号：______
	姓名：______	学号：______	姓名：______	学号：______
	姓名：______	学号：______	姓名：______	学号：______
任务分工				
（就组织讨论、工具准备、数据采集、数据记录、安全监督、成果展示等工作内容进行任务分工）				

获取信息

电力电子技术的发展

引导问题 1：电力电子技术诞生至今已有近 70 年，近年来更是有了突飞猛进的发展，已经形成了十分完整的科学体系和理论。请你思考一下，电力电子技术的发展历程有：

____

____

知识点提示

一、电力电子技术的发展

1. 定义

电力电子技术是一门新兴的应用于电力领域的电子技术，就是使用电力电子器件对电能进行变换和控制的技术。

电力电子器件发展非常迅速，品种也非常多。目前最常用的电力电子器件有不可控的电力二极管、半可控的普通晶闸管（SCR）、双向晶闸管（TRIAC）、全可控的可关断晶闸管（GTO）、功率晶体管（GTR 或称 BJT）、功率场效应晶体管（Power MOSFET，简称 P-MOSFET）、绝缘栅双极型晶闸管（IGBT）、新型的功率集成电路（PIC）和智能功率模块（IPM）等。与电力电子器件相配套的各种专用集成驱动控制电路和保护电路发展也很快，品种不断推陈出新。

2. 发展历程

电力电子技术的发展以电力电子器件的发展为核心，电力电子器件的发展对电力电子技术的发展起着决定性作用。

电力电子技术的诞生是以美国通用电气公司 1955 年研制出第一只功率整流管（5A）和 1957 年研制出第一只晶闸管为标志的。由于其功率处理能力不断突破，以整流管和晶闸管为核心的技术和对电能处理的技术从信息电子技术中分离出来，形成了电力电子技术。在这一阶段中，除整流管和晶闸管的性能、容量不断提高外，还发展了一些派生器件，如快速晶闸管、双向晶闸管、逆导晶闸管以及光控晶闸管等。这些器件通过对门极的控制能够使其导通，但不能使其截止，因而属于半控型器件，主要应用于电化学电源、电气传动、感应加热、直流输电及无功补偿等领域。

20 世纪 70 年代后期，以 GTO、GTR 和 P-MOSFET 为代表的全控型器件迅速发展。全控型器件的出现，使得半控型器件难以实现某些功能的问题得到了良好的解决，并且推动了脉冲宽度调制（PWM）技术的迅速发展和应用。脉冲宽度调制（PWM）技术在电力电子技术中占有十分重要的位置，它在逆变、斩波、整流、变频和交流电动机控制等各个方面均有应用，并且使电路的性能大为改善。因此全控型器件的出现使电力电子技术的面貌焕然一新，达到了一个新的发展阶段。在这一阶段中，最具有代表性的产品是交流电动机的变频调速装置，其调速性能、功率范围、价格等都可与直流传动相媲美，这促使交流调速被大量应用并占据了主导地位。除此之外，不间断电源（UPS）、变频电源和开关电源等也是这一时期的热门产品。

20 世纪 80 年代，以 IGBT 为代表的复合型器件异军突起。IGBT 是 P-MOSFET 和 GTR 的复合器件，它把 P-MOSFET 的驱动功率小、开关速度快的优点和 GTR 的通态压降小、载流能力大的优点集于一身，具有十分优越的性能，使之成为现代电力电子技术中应用广泛的主导器件之一。

20 世纪 80 年代后期，随着电力半导体器件的模块化、智能化和功率集成电路的发展，电力电子器件及其装置的结构得到进一步优化，使其体积减小、结构紧凑、可靠性提高，给应用带来了很大便利。功率集成电路把驱动、控制及保护等电路与功率器件集成在一起，在家电、汽车等领域得到了广泛应用。

时至今日，新型电力电子器件已经在很多领域取代了晶闸管，但是在大功率、特大功率的电化工艺电源、电炉冶炼电源以及与电力系统有关的高压直流输电（HV DC）、静止式动态无功功率补偿装置（SVC）和串联可控电容补偿装置（SCC）等应用领域，晶闸管暂时还不能被取代。

引导问题 2：由于工业高度自动化，计算技术、电力电子技术以及自动控制技术将会成为 3 种最重要的技术。请你思考一下，电力电子技术应用在人们日常生活中的地方有：

____

____

知识点提示

二、电力电子技术的应用

近年来，变流技术得到了迅猛发展，经过变流技术处理的电能在全国耗电量中所占比例越来越大，电力电子技术的应用也越来越广泛，如电源、电力系统、有源滤波器、新能源技术、节能技术等，如图 1-1-1 所示。

图 1-1-1　电力电子技术的应用

1. **电源**

电源包括不间断电源（图 1-1-2）、电解电源、电镀电源、开关电源、航空电源及通信电源、交流电子稳压电源、脉冲功率电源、电力牵引及传动控制（如电力机车、矿井提升机、轧钢机传动）用电源。

2. **电力系统**

高压直流输电（HV DC）：在输电线路的输送端将工频交流电变为直流电，在接收端将直流电变回工频交流电。

电力电子技术在电力系统中的应用，主要包括变压器各设备、四小器（电压互感器、电流互感器、耦合电容器、避雷器）、开关类设备（图 1-1-3）、无功补偿设备、其他变电设备（阻波器、绝缘子、高压套管、导引线、防雷接地装置、二次设备、直流设备）、输电线路、配电设备等。

图 1-1-2　不间断电源

图 1-1-3　开关类设备（变频控制开关）

3. 有源滤波器

针对电网谐波“公害”，人们采用电力电子技术进行了有效的解决，这就是使用有源滤波器，如图 1-1-4 所示。它是由电压源型或电流源型 PWM 变流器和一个基准器构成的谐波发生器，可以产生大范围动态谐波和无功功率，重新“修补”电网波形。有源滤波器不但可用来滤波，还可作为无功功率补偿器、电压稳定器及不对称负载的电压调节器。

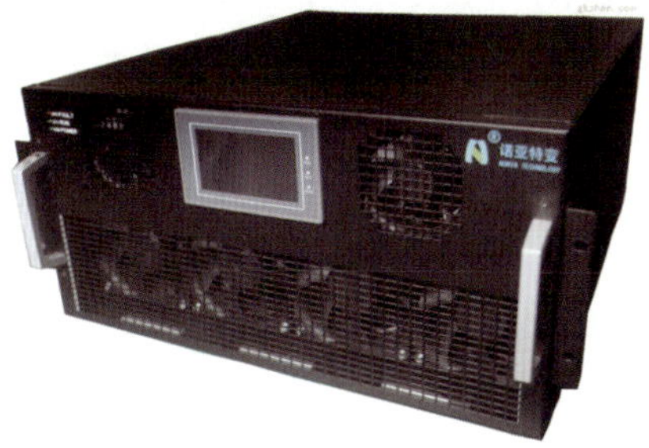

图 1-1-4　有源滤波器

4. 新能源技术

电力电子装置还用于太阳能发电及风力发电装置与电力系统的连接，风力发电、光伏发电、光热发电、核能、水力发电、生物质能、潮汐能和地热能等新能源技术中，如图 1-1-5 所示。

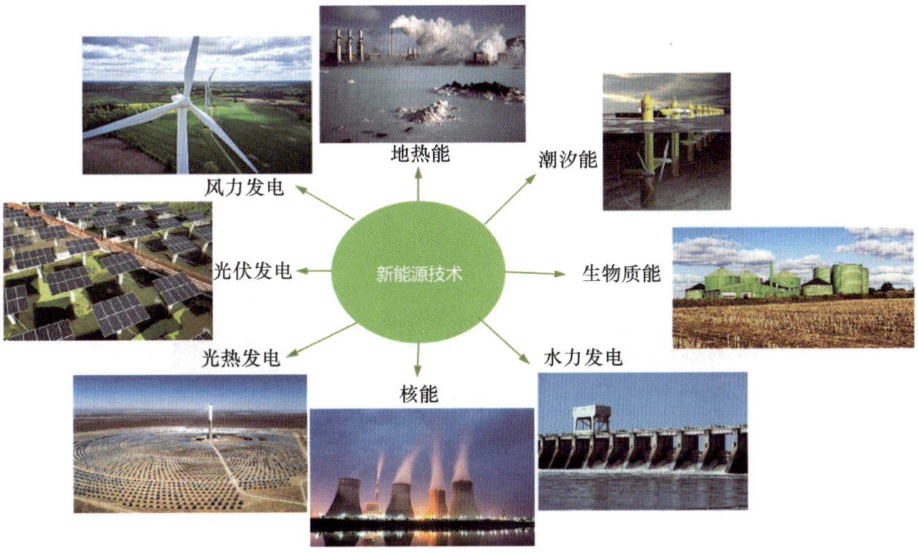

图 1-1-5　新能源技术

5. 节能技术

电力电子技术的节能作用是利用电力电子器件进行电力变换、传送和控制，涉及半导体、电路、电动机、微处理器和微机、控制理论等。其主要作用包括：

1）电力电子器件本质上是一种开关器件，利用它进行电能变换和控制时，导通损耗小，关断时几乎不消耗能量。

2）应用电力电子装置进行供电，响应速度快，调节精度高，能使设备效率显著提高（如风机和泵），从而节省了能源和物料。

3）电力电子设备和传统机电设备相比，制造、运输、安装和维护等所耗能量明显降低。

总之，电力电子技术已经渗透到航天、国防、工农业生产、交通、文教卫生、办公自动化乃至于家庭的各个角落。

工作计划

按照前面所学的知识内容和小组内部讨论的结果，制订工作计划（包括资料查阅渠道的落实、任务实施任务中的内容分工等）并填入表 1-1-2。

表 1-1-2 工作计划表

步骤	工作内容	负责人
1		
2		
3		
4		
5		

进行决策

1. 各组派代表阐述资料查询结果。
2. 各组就各自的查询结果进行交流，并分享技巧。
3. 教师结合各组完成的情况进行点评，选出最佳方案。

任务实施

1. 关于新能源技术，请填写图 1-1-6。

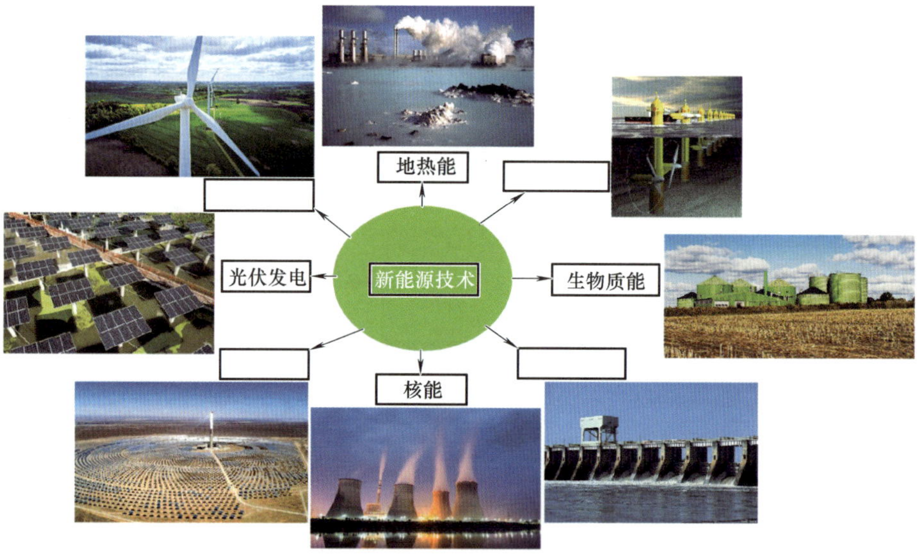

图 1-1-6 新能源技术

2. 20 世纪 70 年代后期，以__________、GTR 和__________为代表的全控型器件迅速发展。

3. 电力电子技术应用在变压器、________、电力机车、电源、电动机和________等。

4. 电力电子装置还用于________及风力发电装置与电力系统的连接。

5. 电力电子技术的节能作用是利用电力电子器件进行电力变换、________和控制。

评价反馈

1. 各组代表展示汇报 PPT，介绍任务的完成过程。

2. 请以小组为单位，对各组的操作过程与操作结果进行自评和互评，并将结果填入学生评价表（表 1-1-3）。

表 1-1-3 学生评价表

姓名		学号				班级				组别			
实训任务													
评价项目	分值	等级				评价对象（组别）							
		A	B	C	D	1	2	3	4	5	6	7	8
方案合理	20	20	15	10	5								
团队合作	20	20	15	10	5								
工作质量	20	20	15	10	5								
工作规范	20	20	15	10	5								
汇报展示	20	20	15	10	5								
合计	100	各组得分											
总结与反思													

（如：学习过程中遇到的问题→如何解决的 / 解决不了的原因→心得体会）

3. 教师对学生工作过程与工作结果进行评价，并将评价结果填入教师对学生评价表（表 1-1-4）。

表 1-1-4 教师对学生评价表

<table>
<tr><td>姓名</td><td colspan="2"></td><td>学号</td><td>班级</td><td>组别</td><td></td></tr>
<tr><td colspan="3">实训任务</td><td colspan="4"></td></tr>
<tr><td colspan="3">评价项目</td><td colspan="2">评价标准</td><td>分值</td><td>得分</td></tr>
<tr><td colspan="3">考勤（10%）</td><td colspan="2">无故意迟到、早退、旷课现象</td><td>10</td><td></td></tr>
<tr><td rowspan="6">工作过程（60%）</td><td rowspan="3">知识目标</td><td rowspan="2">获取信息</td><td colspan="2">了解电力电子技术的发展</td><td>10</td><td></td></tr>
<tr><td colspan="2">了解电力电子技术的应用</td><td>10</td><td></td></tr>
<tr><td>进行决策</td><td colspan="2">制订工作计划，计划合理可行</td><td>10</td><td></td></tr>
<tr><td rowspan="3">素养目标</td><td>工作态度</td><td colspan="2">认真严谨、积极主动；安全生产、文明施工</td><td>10</td><td></td></tr>
<tr><td>团队合作</td><td colspan="2">与小组成员、同学之间能合作交流、协调工作</td><td>10</td><td></td></tr>
<tr><td>工作质量</td><td colspan="2">能按照工作计划操作，按计划完成工作任务</td><td>10</td><td></td></tr>
<tr><td colspan="2" rowspan="3">项目成果（30%）</td><td>工作完整</td><td colspan="2">能按时完成工作任务的所有环节</td><td>10</td><td></td></tr>
<tr><td>工作规范</td><td colspan="2">能在整个操作过程中规范操作，避免意外事故发生</td><td>10</td><td></td></tr>
<tr><td>汇报展示</td><td colspan="2">能准确表达、汇报工作成果</td><td>10</td><td></td></tr>
<tr><td colspan="5">合计</td><td>100</td><td></td></tr>
<tr><td colspan="2" rowspan="2">综合评价</td><td colspan="2">学生评价（50%）</td><td>教师评价（50%）</td><td colspan="2">综合得分</td></tr>
<tr><td colspan="2"></td><td></td><td colspan="2"></td></tr>
<tr><td colspan="2">综合评语</td><td colspan="5">（工作过程中存在的问题及改进建议）</td></tr>
</table>

任务二　电路基础元件及参数的认知

任务目标

知识目标

1. 掌握电阻器的定义以及常见电阻器的名称。
2. 掌握电容器的概念以及应用。
3. 掌握熔断器的概念，认识其种类、结构和规格等。
4. 掌握开关的定义、主要分类、基本结构、主要参数和常见开关的名称等。
5. 掌握电源的概念及其应用。

技能目标

1. 具备从多途径的信息源中检索专业知识的能力。
2. 具备检查各种电路基础元件的能力。

素养目标

1. 培养学生认真严谨、积极主动的工作态度以及安全生产、文明施工的意识。
2. 培养学生与小组成员、同学之间合作交流、协调工作的意识。
3. 获得分析问题和解决问题的基本方法。
4. 与小组成员交流、讨论学习成果，取长补短，完成自我提升。

任务框图

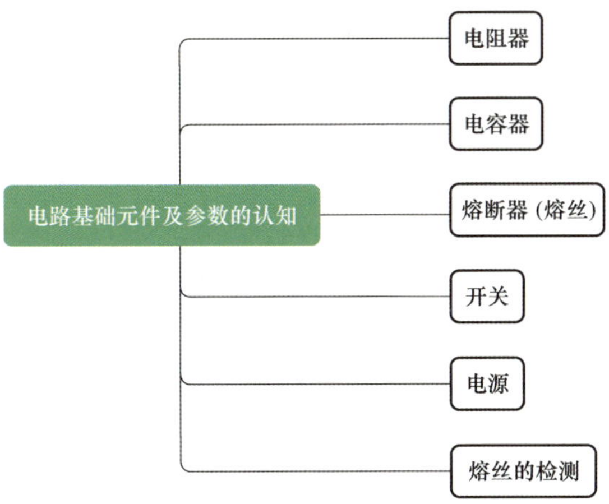

任务导入

某单位新买了一批电子元器件，有电阻器、电容器、开关、熔断器等，在使用前需要抽检这批元器件的质量，应该怎么判断元器件的好坏？

任务分组

学生任务分配表见表 1-2-1。

表 1-2-1 学生任务分配表

班级		组号		指导教师	
组长		学号			
组员	姓名：______	学号：______	姓名：______	学号：______	
	姓名：______	学号：______	姓名：______	学号：______	
	姓名：______	学号：______	姓名：______	学号：______	
	姓名：______	学号：______	姓名：______	学号：______	
任务分工					
（就组织讨论、工具准备、数据采集、数据记录、安全监督、成果展示等工作内容进行任务分工）					

获取信息

电阻基本特性检测

引导问题 1：电阻器是一种通用的电子元件，不同的电阻器具有不同的特点。请你想一想，人们日常生活中常见的电阻器有：______

______

______

考证指南

电动汽车高电压系统评测与维修职业技能等级证书（初级）中的动力蓄电池系统电气、电力电子零部件检查与测试任务就要求考生能够按照电动汽车整车厂维修手册、动力蓄电池系统厂家说明书或各级标准要求，在电动汽车实车或实物模拟装置上进行电动汽车动力蓄电池系统电气、电子零部件外观检测及出厂检验项目测试，包括动力蓄电池热管理系统零部件初步功能简单评估、蓄电池管理系统高压线束绝缘电阻测试、动力蓄电池系统正负极接触器有效性测试、预充电电阻试样外特性测试以及电量传感器试样外特性测试等。通过电动汽车高电压系统评测与维修职业技能等级（初级）考核可获得 1+X 证书中的《电动汽车高电压系统评测与维修职业技能等级证书（初级）》。

知识点提示

一、电阻器

1. 定义

电阻器在日常生活中一般直接称为电阻。电阻器是一个限流元件，一般有两个引脚，可以限制通过它所连支路的电流大小。电阻值不能改变的电阻器称为固定电阻器。电阻值可变的电阻器称为电位器或可调电阻器。

2. 常见的电阻器

（1）定值电阻　如图 1-2-1 所示，定值电阻是指电阻阻值不变的电阻器，就是通常所说的电阻。导体电阻值的大小与导体的长度、横截面面积、材料和温度有关。

对于定值电阻来说，它的长度、横截面面积通常是一定的。制作定值电阻板时，为了能在温度变化情况下保证电阻值近似不变，一般都是选用电阻率与温度几乎无关的材料。图 1-2-2 所示为智能电学套装中的电阻模块，其中，方框框出来的色环电阻以及贴片电阻均属于定值电阻。

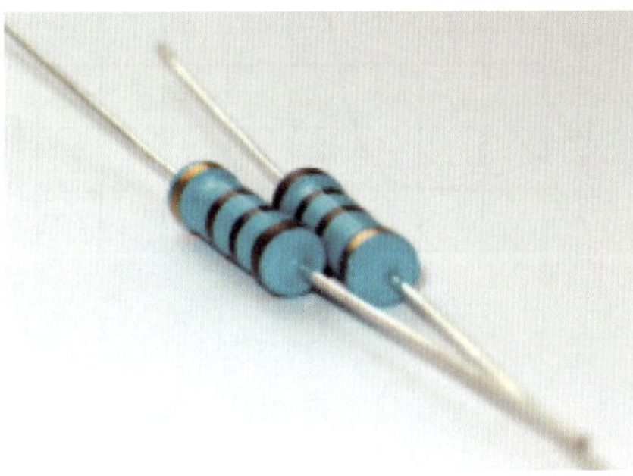

图 1-2-1　定值电阻

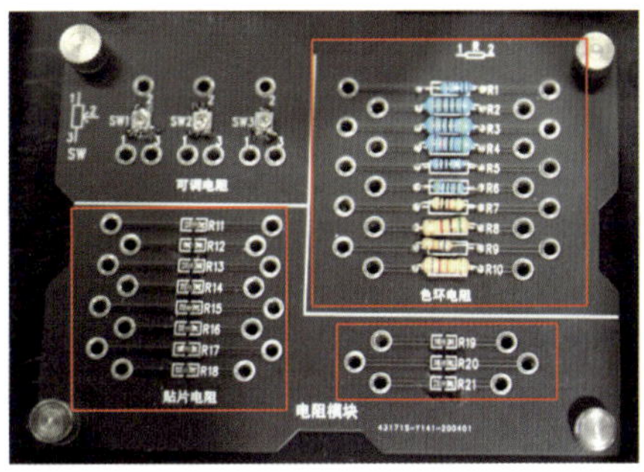

图 1-2-2　智能电学套装中的电阻模块

（2）滑动变阻器　滑动变阻器是常见的电路元件，它可以通过来改变自身的电阻值大小，来控制电路。在电路分析中，滑动变阻器既可以作为一个定值电阻，也可以作为一个变值电阻。滑动变阻器的构成一般包括接线柱、滑片、电阻丝、金属杆和瓷筒等。

滑动变阻器的电阻丝绕在绝缘瓷筒上，电阻丝外面涂有绝缘漆，如图 1-2-3 所示。

（3）热敏电阻　热敏电阻是一种传感器电阻，其电阻值随着温度的变化而改变，如图 1-2-4 所示。按照温度系数不同，热敏电阻分为正温度系数（PTC，Positive Temperature Coefficient）热敏电阻和负温度系数（NTC，Negative Temperature Coefficient）热敏电阻。

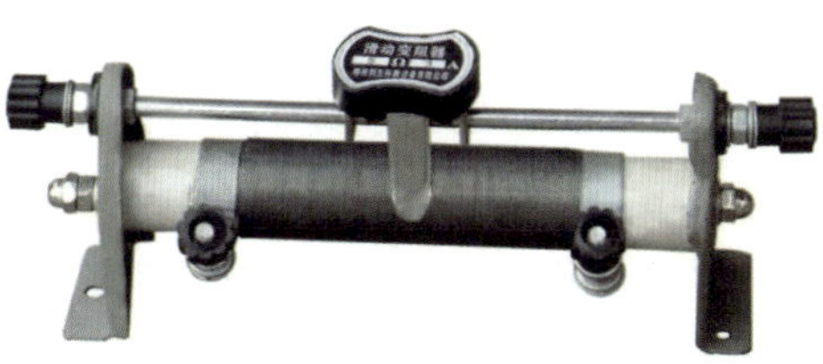

图 1-2-3　滑动变阻器

图 1-2-4　热敏电阻

正温度系数热敏电阻的电阻值随温度的升高而增大，负温度系数热敏电阻的电阻值随温度的升高而减小，它们同属于半导体器件。

负温度系数热敏电阻是电阻值随温度升高而减小的半导体电阻。负温度系数热敏电阻最重要的特征值是电阻 $R20$，表示 20℃时的电阻值，即处于冷态的负温度系数热敏电阻。负温度系数热敏电阻的电路符号如图 1-2-5 所示。

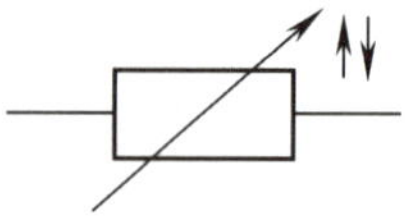

图 1-2-5　负温度系数热敏电阻的电路符号

两个反向箭头表示电阻与温度之间成反比。负温度系数热敏电阻随温度变化的电阻曲线图如图 1-2-6 所示。温度越高，电阻的阻值越低；温度越低，电阻的阻值越高。

负温度系数热敏电阻在车辆中的应用：冷却液温度传感器；机油温度传感器。

正温度系数热敏电阻是电阻值随温度升高而增大的半导体电阻。正温度系数热敏电阻随温度变化的电阻曲线图如图 1-2-7 所示。

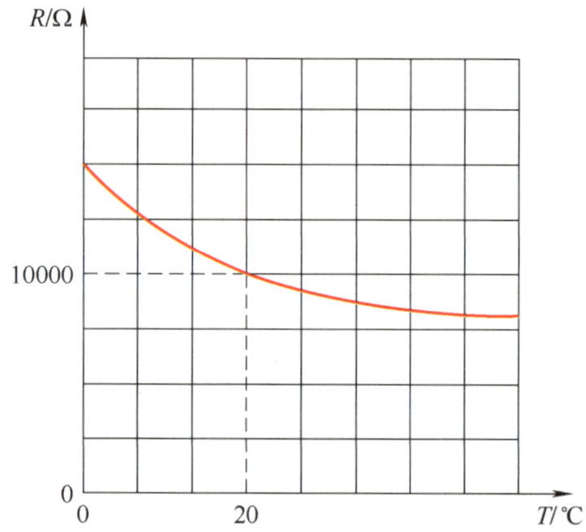

图 1-2-6　负温度系数热敏电阻随温度变化的电阻曲线图

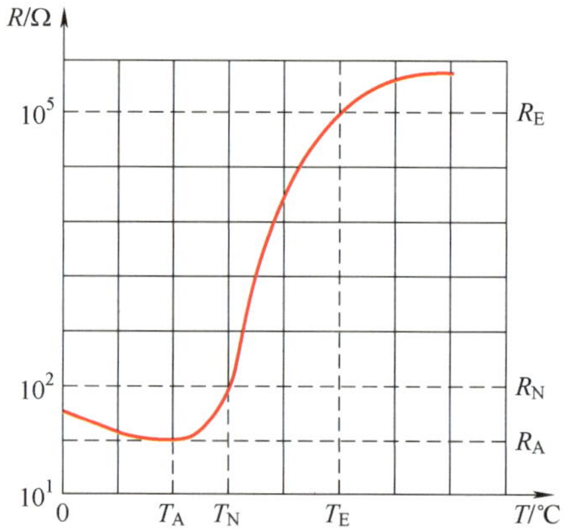

图 1-2-7　正温度系数热敏电阻随温度变化的电阻曲线图

达到初始温度 T_A 时电阻值开始增大，此时为初始电阻 R_A。直至标称温度 T_N 时，电阻都以非线性形式增长。自标称电阻 R_N 起，电阻显著增大。正温度系数热敏电阻工作范围扩大，直至达到最终温度 T_E。正温度系数热敏电阻的电路符号如图 1-2-8 所示。

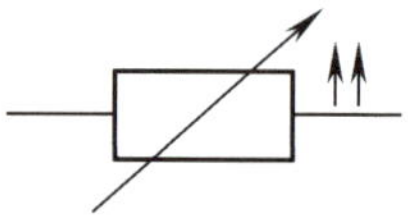

图 1-2-8　正温度系数热敏电阻的电路符号

正温度系数热敏电阻在车辆中的应用：座椅加热器、车外后视镜加热器、后风窗玻璃加热器、氧传感器加热元件。

热敏电阻的主要特点：

① 灵敏度较高，其电阻温度系数要比普通金属大 10 倍以上，能检测出 10^{-6}℃的温度变化。

② 工作温度范围宽，常温器件适用于 -55~315℃，高温器件适用温度高于 315℃（目前最高可达到 2000℃），低温器件适用于 -273~-55℃。

③ 体积小，能够测量其他温度计无法测量的空隙、腔体及生物体内血管的温度。

④ 使用方便，电阻值可在 0.1~100kΩ 间任意选择。

⑤ 易加工成复杂的形状，可大批量生产。

⑥ 稳定性好、过载能力强。

不同类型的热敏电阻外形有所差别，如图 1-2-9 所示。

（4）光敏电阻 如图 1-2-10 所示，光敏电阻或光导管又称为光电导探测器，常用的制作材料为硫化镉，另外还有硒、硫化铝、硫化铅和硫化铋等材料。这些制作材料具有在特定波长的光照射下，其阻值迅速减小的特性。这是由于光照产生的载流子都参与导电，在外加电场的作用下做漂移运动，电子奔向电源的正极，空穴奔向电源的负极，从而使光敏电阻的阻值迅速下降。

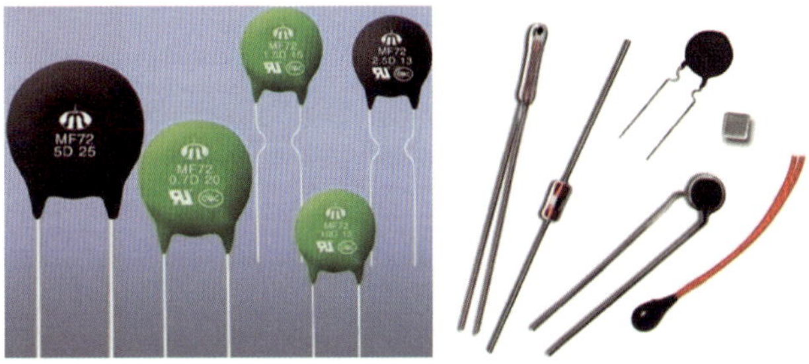
图 1-2-9 不同类型的热敏电阻

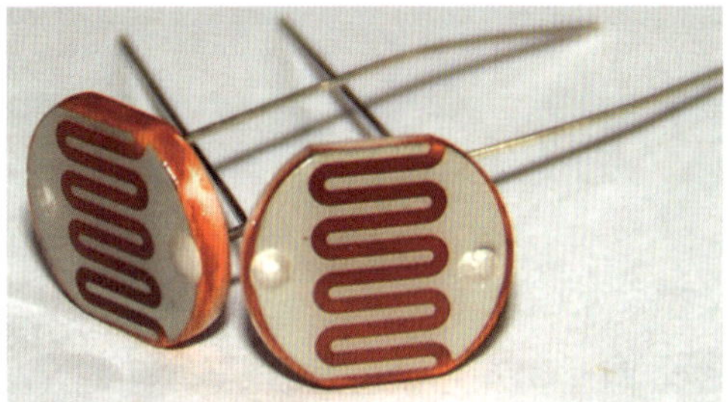
图 1-2-10 光敏电阻

光敏电阻的工作原理是基于内光电效应的。光照越强，阻值就越低，随着光照强度的升高，电阻值迅速减小，亮电阻值可小至 1kΩ 以下。光敏电阻对光线十分敏感，其中一类为在无光照时，呈高阻状态，暗电阻一般可达 1.5MΩ；还有另一类为入射光弱时，电阻减小，入射光强时，电阻增大。

光敏电阻一般用于光的测量、光的控制和光电转换（将光的变化转换为电的变化）。常用的硫化镉光敏电阻由半导体材料制成。光敏电阻对光的敏感性（即光谱特性）与人眼对可见光（波长为 0.4~0.76μm 的光）响应很接近，只要人眼可感受的光，都会引起它的阻值变化。设计光控电路时，都用白炽灯泡（小电珠）光线或自然光线作控制光源，使设计大为简化。图 1-2-11 所示为智能电学套装中的光敏电阻模块。

通常，光敏电阻都制成薄片结构，以便吸收更多的光能。当它受到光的照射时，半导体片的光敏层内就激发出电子——空穴对，参与导电，使电路中电流增强。为了获得高的灵敏度，光敏电阻的电极常采用梳状，它是在一定的掩膜下向光电导薄膜上蒸镀金或铟等金属形成的。光敏电阻及其符号如图 1-2-12 所示。

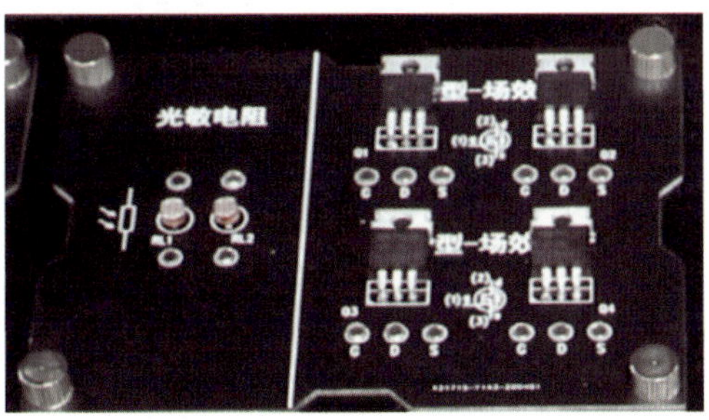

图 1-2-11 智能电学套装中的光敏电阻模块

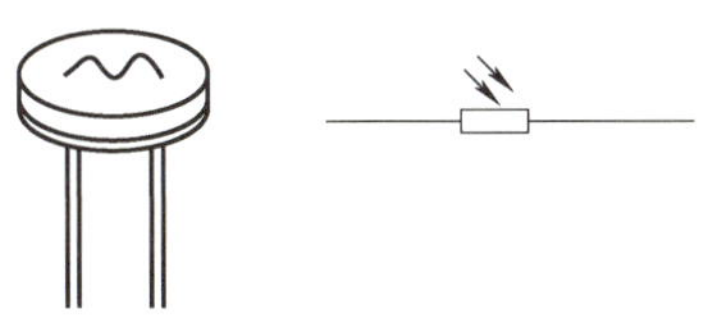
图 1-2-12 光敏电阻及其符号

光敏电阻通常由光敏层、玻璃基片（或树脂防潮膜）和电极等组成。光敏电阻在电路中用字母“R”或“RL”“RG”表示。

光敏电阻常用硫化镉（CdS）制成。它有环氧树脂封装和金属封装两款，同属于导线型（DIP 型）。环氧树脂封装光敏电阻的陶瓷基板直径有 ϕ3mm、ϕ4mm、ϕ5mm、ϕ7mm、 ϕ 11mm、ϕ 12mm、ϕ 20mm、ϕ 25mm 8 种。

引导问题 2：电容器是众多电子元器件中最为常见的一种产品，其应用的范围非常广。请大家想一想，电容器的定义是：________________________________

____

____

知识点提示

二、电容器

两个相互靠近的导体，中间夹一层不导电的绝缘介质，这就构成了电容器，如图 1-2-13 所示。当电容器的两个极板之间加上电压时，电容器就会储存电荷。电容器的电容量在数值上等于一个导电极板上的电荷量与两个极板之间的电压之比。电容器的电容量的基本单位是法拉（F）。在电路图中通常用字母 C 表示电容元件。

图 1-2-13　电容器

电容器在调谐、旁路、耦合、滤波等电路中起着重要的作用。晶体管收音机的调谐电路会用到它，彩色电视机的耦合电路、旁路电路等也会用到它。

引导问题 3：熔丝在电气系统中有大量的应用，对于不同的电气系统，所用熔丝的种类和每种熔丝的特点都有所不同，了解熔丝的种类和特点有利于我们对其进行检查和判断。请你想一想，熔丝的种类有：________________________________

____

____

知识点提示

三、熔断器（熔丝）

1. **熔丝的认识**

当电路中用电器负载过大或电路中有短路的情况，导致电路中电流异常并超过熔丝的额定电流时熔丝熔断，起到保护电路及用电设备的作用，是保护构成汽车电路的导线、用电设备、装置等免遭火灾等事故损害的重要部件。图 1-2-14 所示为智能电学套装中的熔丝模块。

2. **车用熔丝的种类**

随着熔丝的不断发展，产生了不同类型的熔丝，见表 1-2-2 和图 1-2-15。

图 1-2-14　智能电学套装中的熔丝模块

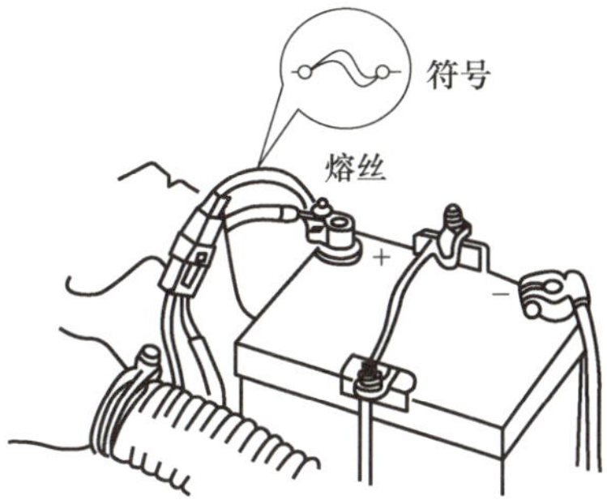

图 1-2-15　熔丝

表 1-2-2　熔丝的发展

年　份	熔丝名称	图　片
1880	插塞式熔丝	
1914	玻璃管熔丝	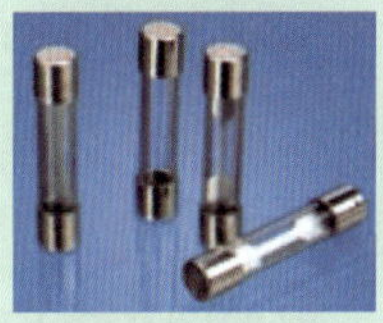
1978	标准片式熔丝	
1982	慢融熔丝	
1991	MINI 熔丝	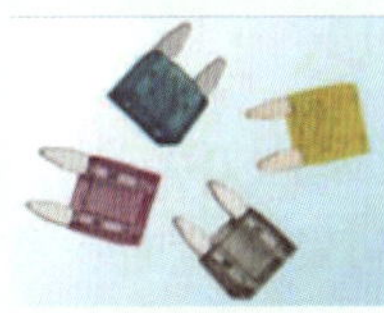
2000	高电压熔丝	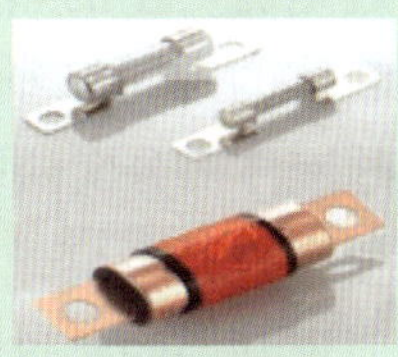

（1）按形状分　可分为插片式、方形、玻璃管式、裸片式和插栓式，见表 1-2-3。

其中，插栓式熔丝可分为小号（M5 或 M6）插栓式熔丝和大号（M8）插栓式熔丝；玻璃管式熔丝可分为 6.35mm × 30mm 玻璃管式熔丝、6.35mm × 31.75mm 玻璃管式熔丝和 10mm × 38mm 玻璃管式熔丝。

表 1-2-3　熔丝形状分类

插片式熔丝	方形熔丝	玻璃管式熔丝	裸片式熔丝	插栓式熔丝
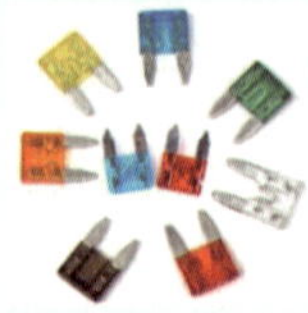				

（2）按熔断速度分　可分为快熔熔丝和慢熔熔丝。

1）快熔熔丝的主要部件是细锡线，用在阻性电路中，保护对电流变化特别敏感的元器件。

2）慢熔熔丝又称为耐浪涌熔丝或延时熔丝，它与快熔熔丝最主要的区别在于对瞬间脉冲电流的承受能力不同，其熔体主要部件是锡 - 铜合金片，主要应用于感性或容性电路中。

一般来说，在刮水器、鼓风机电动机、电动车窗等电路中使用慢熔熔丝，在前照灯电路、后风窗玻璃除霜等电路中使用具有快熔断特性的插片式熔丝。

3. 插片式熔丝的结构与原理

插片式熔丝主要是由电极、熔断体和绝缘体组成，如图 1-2-16 所示。

熔断体是熔丝的核心，熔断时起到切断电流的作用，由比普通导线本身的熔点低的类似于焊料的金属制成。其尺寸通过非常精确的校准，当电流通过熔断体时，因熔断体存在一定的电阻，所以熔断体会发热，使熔断体的温度从环境温度逐渐上升，同时熔丝会通过连接条件散热。当工作电流正常时，熔断体发热和散热达到平衡，熔断体温度会维持在一个固定的水平。熔丝熔断过程如图 1-2-17 所示。

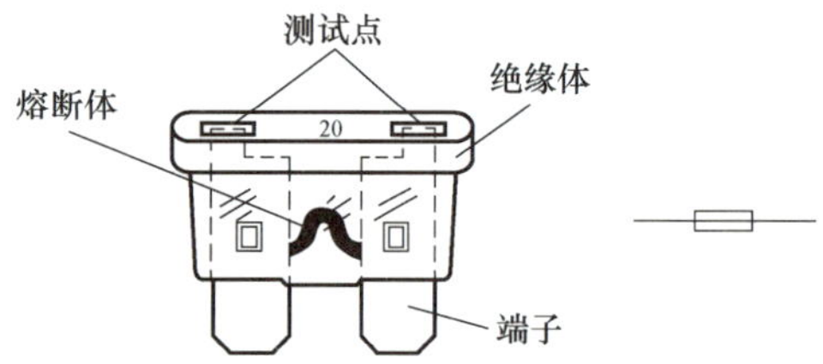

图 1-2-16　插片式熔丝的结构与电路符号

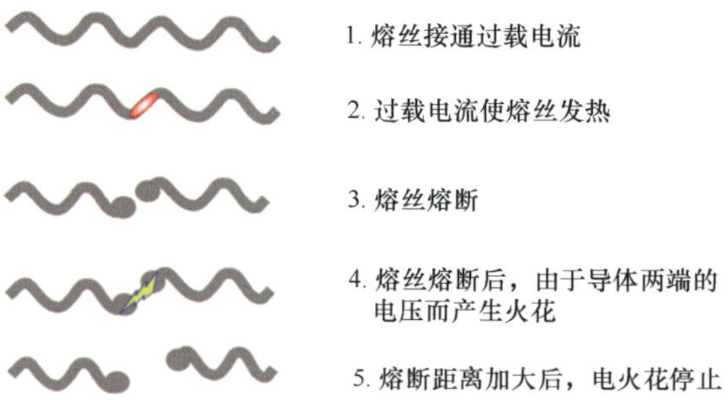

图 1-2-17　熔丝熔断过程

电路发生故障或异常时，如过电流，一般是额定电流 I_n 的 1~6 倍，产生超过额定电流 I_n 的 6 倍的过载电流时，称为电路已发生短路。此时，过电流使得熔断体发热量增加，热平衡被打破，即过电流产生的热量大于熔断体的散热量，熔断体温度持续上升到该金属材料的熔断温度时，熔断体的中间部分从固体变为液体。由于悬空在绝缘体中的金属材料的表面张力及重力使熔断体的液体部分向两端拉开距离和向下垂落，电压引起的飞弧又使得熔断体温度继续上升，进一步飞弧和拉开距离，直至电路电流被完全切断，从而起到保护电路安全的作用。所以，熔丝的工作原理利用的是过电流所散发的热量。熔丝分断时间与电流情况如图 1-2-18 所示。

电极即端子，通常有两个，它是熔断体和电路连接的重要部件，必须有良好的导电性，不应产生明显的安装接触电阻。电极（端子）和熔丝盒插座并不是完全接触，可通过透光观察出来。绝缘体的作用是将熔断体与电极固定成为刚性的整体，以便于安装。同时为了方便检查，在绝缘体的上方两侧设计有测试点并标注有熔丝的类型、额定电压、额定电流及品牌。熔丝参数标注如图 1-2-19 所示。

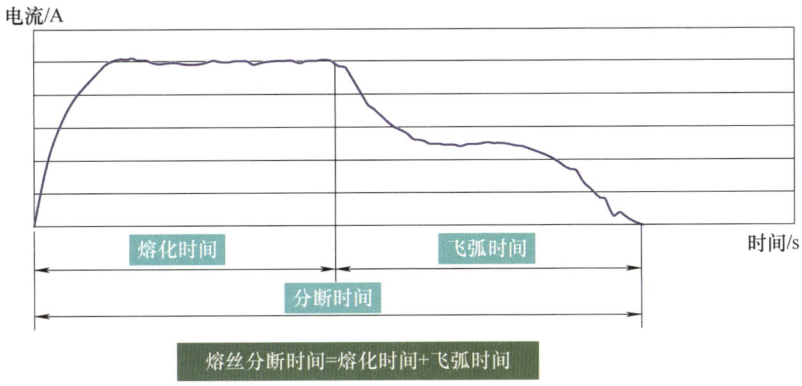

图 1-2-18　熔丝分断时间与电流情况

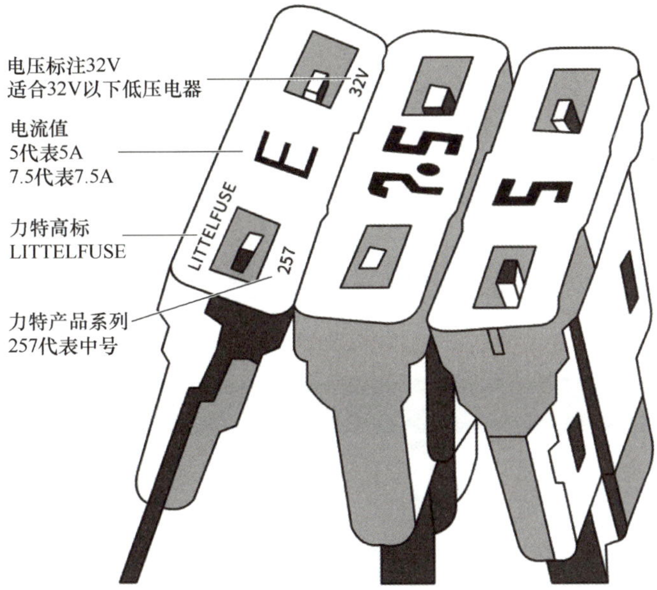

图 1-2-19　熔丝参数标注

为了保证使用安全，熔丝的绝缘体材料必须具有良好的机械强度、绝缘性、耐热性和阻燃性，在使用中不应产生断裂、变形、燃烧及短路等现象。劣质熔丝使用额定电流的 110% 进行寿命试验的熔断情形如图 1-2-20 所示。

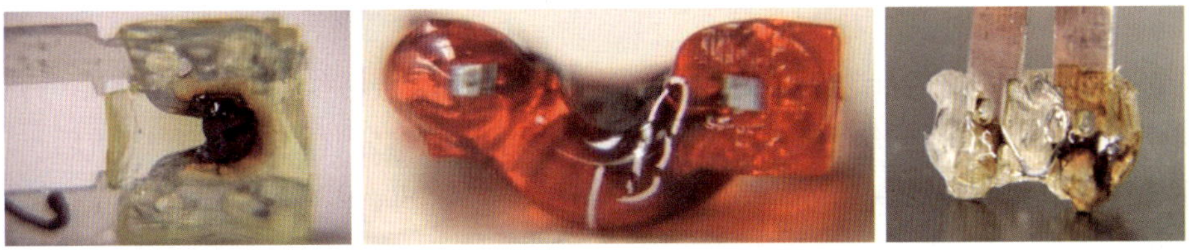

图 1-2-20　劣质熔丝使用额定电流的 110% 进行寿命试验的熔断情形

插片式熔丝按绝缘体和电极的尺寸大小不同可分为中号平角、小号长脚和小号短脚 3 种形式，见表 1-2-4。

4. **熔丝的规格及选择方法**

熔丝在使用过程中有两个重要的工作参数：一个是额定电压，一个是额定电流。使用的时候，要根据电路的电流和电压来选择相对应的熔丝，如图 1-2-21 所示。

表 1-2-4 插片式熔丝的区分

中号平角	小号长脚	小号短脚
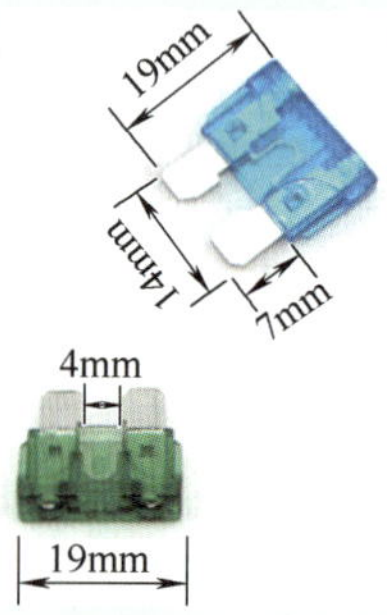	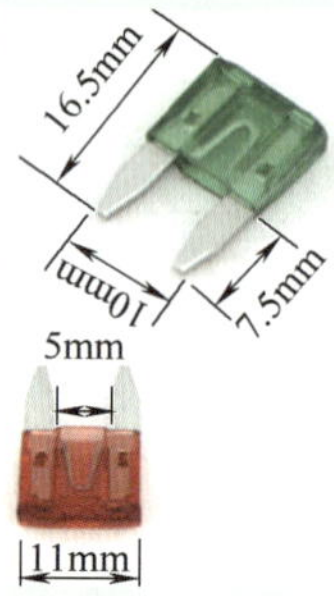	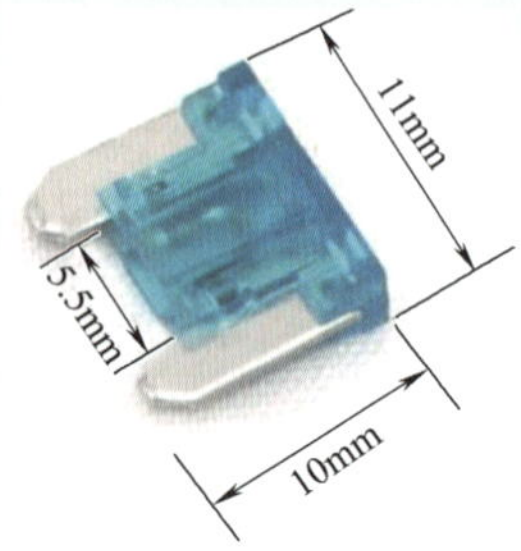
中号适用德系车	小号长脚适用美系车	小号短脚适用日系车

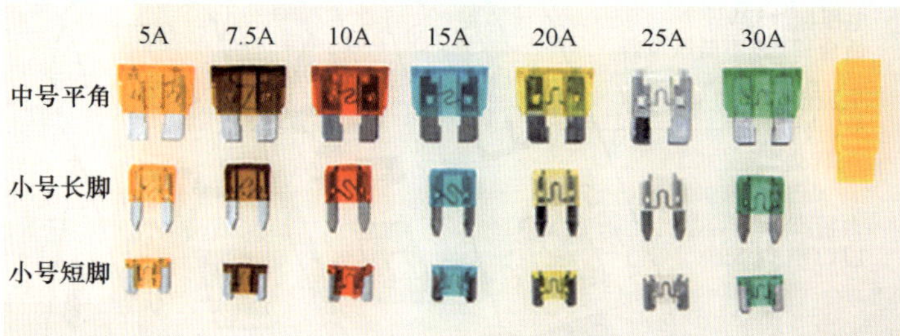

电流额定值	外壳颜色	标准电压降	冷电阻
1A		176mV	123mΩ
2A		141mV	53.5mΩ
3A		137mV	31.1mΩ
4A		136mV	22.8mΩ
5A		128mV	17.85mΩ
7.5A		116mV	10.91mΩ
10A		109mV	7.70mΩ
15A		102mV	4.80mΩ
20A		98mV	3.38mΩ
25A		92mV	2.52mΩ
30A		84mV	1.97mΩ
35A		87mV	1.61mΩ
40A		96mV	1.44mΩ

图 1-2-21 熔丝的规格

（1）额定电压 额定电压是指熔丝的公称额定电压，是熔丝安全保护性能的指标。只有电路中的电压等于或小于熔丝额定电压时，熔丝才可保证熔断体经过电流熔断后，不被击穿，不会持续拉弧或再次导通，从而安全可靠地切断电路。标准的熔丝额定电压值有 32V、125V、250V 和 600V。

（2）额定电流 额定电流是指熔丝的公称额定电流，是一个识别名称，并不能真实地反映它的实际熔断电流和熔断时间。汽车插片式熔丝的规格一般为 2~40A，其安培数值会在熔丝的顶端标注。为避免熔丝外壳的损坏导致看不清顶部标示的安培数，在制作时不同安培数的熔丝采用不同颜色，更换时只要确定其颜色相同即可。有关熔丝颜色有一套国际标准：2A 灰色、3A 紫色、4A 粉色、5A 橘黄、7.5A 咖啡色、10A 红色、15A 蓝色、20A 黄色、25A 无色透明、

30A 绿色、40A 深橘色，如图 1-2-22 所示。

确定熔丝的额定电流：根据被保护电路的稳态工作电流及正常工作状态下相关的使用折损系数，确定熔丝的额定电流。

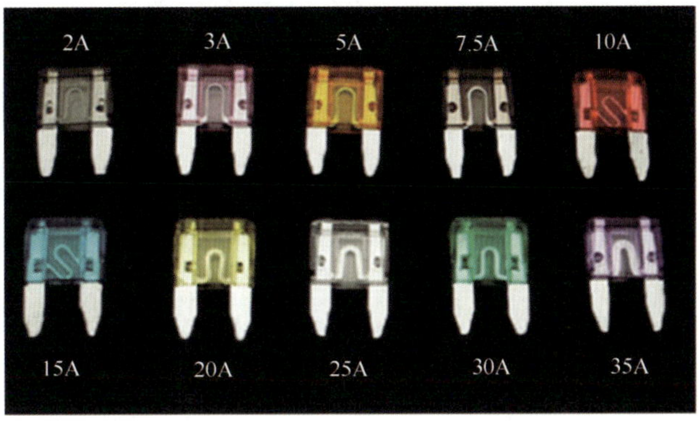

图 1-2-22　熔丝颜色与额定电流对照图

不同认证的熔丝，对额定电流的规范使用有所不同：UL（美规）的熔丝，在 25℃环境温度下，推荐实际使用时的稳定工作电流不超过额定电流的 75%；IEC（欧规）的熔丝实际使用时的稳定工作电流应不超过额定电流的 90% 或 100%。这是因为，熔丝额定电流为熔丝所能承载的电流，是在 25℃环境温度下，采用经控制的实验条件（接触电阻、空气流动、瞬时峰值）确定的。而熔丝的实际使用条件是变化的，为了补偿这些变化，电路设计工程师在为设备设计安全可靠而使用寿命又长的保护电路时，加给熔丝的负荷通常不超过额定值的 75%，以提供足够的过载和短路保护。

另外，熔丝是温度敏感元件，在实际使用中，由于受熔丝周围的工作环境温度的影响及长期的老化等因素的干扰，在实际使用中应再留出 85% 的余量，所以熔丝额定电流应有如下关系式：额定电流≥稳态工作电流 /（0.75×0.85）。

（3）计算选取导线截面积　在确定了熔丝的容量后，为了使熔丝与用电设备、连接导线相适应，发挥其保护电路的作用，必须选择对应熔丝额定电流的适当规格的导线，确保导线因发热不冒烟时的最大电流大于熔丝的最低熔断电流。选取导线截面积时，一般按熔丝额定电流的 135% 来计算选定。

关于导线截面积的计算，可根据流通电流与导线截面积关系经验理论值进行选择，长时间工作的电气设备可选择实际载流量 60% 的导线；短时间工作的用电设备可选用实际载流量 60%~100% 的导线。我国汽车线束标称导线截面积的推荐值见表 1-2-5。

表 1-2-5　我国汽车线束标称导线截面积的推荐值

铜芯导线截面积 /mm²	载流量（60%）	载流量（100%）	铜芯导线截面积 /mm²	载流量（60%）	载流量（100%）
0.5	7.5	12.5	6	33	55
0.75	9.6	16	10	45	75
1	11.4	19	16	63	105
1.5	14.4	24	25	82.8	138
2.5	19.2	32	35	102	170
4	25.2	42	50	129	215

也有专家总结出一些导线截面积经验计算公式：$A=I\rho L/U_d$

式中，I——电流；A——导线截面积；U_d——允许最大电压降损失；ρ——铜导线电阻率，一般取值 0.0185Ω・mm²/m；L——导线长度，单位为 m。

引导问题 4： 我国家用电灯开关生产历史可以追溯至 1913 年美国通用电气公司在上海成立公司。1914 年，钱镛森在上海创办钱镛记电业机械厂，我国开始自己兴办电气企业；1916 年，国内开始生产电器开关产品。请你想一想，开关的种类有：______________

____

____

知识点提示

四、开关

1. 定义

开关是指一个可以使电路开路、使电流中断或使电流流到其他电路的电子元件。最常见的开关是可以操作的机电设备，有一个或数个电子接点。接点的闭合表示电子接点导通，允许电流流过；开关的开路表示电子接点不导通形成开路，不允许电流流过。图 1-2-23 所示为智能电学套装中的开关电路板。

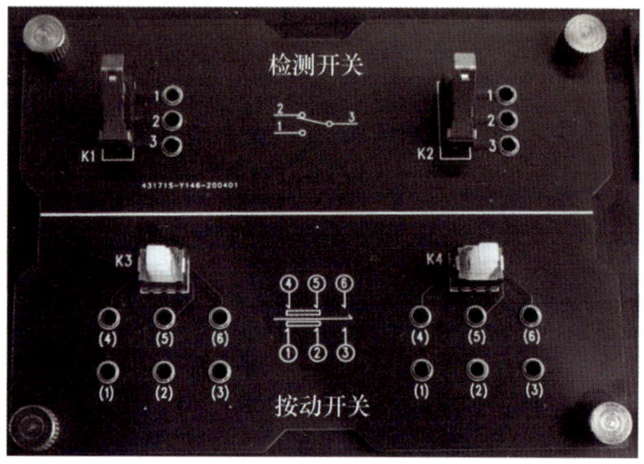

图 1-2-23　智能电学套装中的开关电路板

2. 主要分类

（1）按照用途分类　可分为波动开关、波段开关、录放开关、电源开关、预选开关、限位开关、控制开关、转换开关、隔离开关、行程开关、墙壁开关和智能防火开关等。

（2）按照结构分类　可分为微动开关、船型开关、钮子开关、拨动开关、按钮开关和按键开关等，还有薄膜开关和点开关，见表 1-2-6。

表 1-2-6　按结构分的开关类型及图片

开关类型	对应图片	开关类型	对应图片
微动开关		按钮开关	
船型开关		按键开关	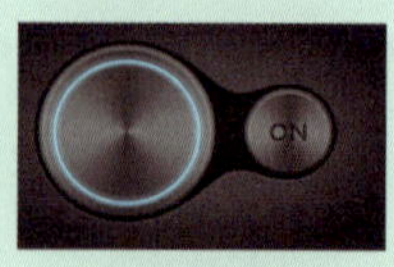
钮子开关		薄膜开关	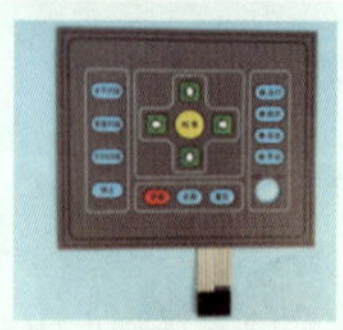
拨动开关		点开关	

（3）按照接触类型分类　可分为 a 型触点、b 型触点和 c 型触点 3 种。接触类型是指“操作（按下）开关后，触点闭合”这种操作状况和触点状态的关系。需要根据用途选择合适接触类型的开关。

（4）按照开关数分类　可分为单控开关、双控开关、多控开关、调光开关、调速开关、门铃开关、感应开关、触摸开关、遥控开关、智能开关、插卡取电开关和浴霸专用开关等。

3. 基本结构

最简单的开关有两个金属触点，两触点接触时使电流形成回路，两触点不接触时电流开路。选用接点金属时需考虑其对抗腐蚀性，因为大多数金属氧化后会形成绝缘的氧化物，使接点无法正常工作。选用接点金属还需考虑其电导率、硬度、机械强度、成本及是否有毒等因素。有时会在接点上电镀抗腐蚀金属，一般会镀在接点的接触面，以避免因氧化物而影响其性能。有时接触面会使用非金属的导电材料，如导电塑胶。开关中除了接点外，也会有可动件使接点导通或不导通，开关可依可动件的不同分为杠杆开关、按键开关和船型开关等，而可动件也可以是其他形式的机械连杆。

4. 主要参数

（1）额定电压　是指开关在正常工作时所允许的安全电压，加在开关两端的电压大于此值，会造成两个触点之间打火击穿。

（2）额定电流　指开关接通时所允许通过的最大安全电流，当电流超过此值时，开关的触点会因电流过大而烧毁。

（3）绝缘电阻　指开关的导体部分与绝缘部分的电阻值，绝缘电阻值应大于 100MΩ。

（4）接触电阻　是指开关在开通状态下，每对触点之间的电阻值，一般要求小于 0.5Ω，此值越小越好。

（5）耐压　指开关对导体及地之间所能承受的最高电压。

（6）使用寿命　是指开关在正常工作条件下，能操作的次数，一般要求在 5000~35000 次。

5. 常见开关

（1）延时开关　延时开关是将电子元件继电器安装于开关之中，延时开、关电路的一种开关。延时开关分为声控延时开关、光控延时开关和触摸式延时开关等。

（2）轻触开关　使用轻触开关时，轻轻点按开关按钮就可使开关接通，当松开手时开关即断开，是靠金属弹片受力弹动来实现通断的。

轻触开关由于体积小、重量轻在电器方面得到广泛的应用，如影音产品、数码产品、遥控器、通信产品、家用电器、安防产品、玩具、计算机产品、医疗器材和汽车按键等。

（3）光电开关　光电开关把发射端和接收端之间光的强弱变化转化为电流的变化以达到探测目的。由于光电开关输出回路和输入回路是电隔离的，所以它可以在许多场合应用。

采用集成电路技术和 SMT 表面安装工艺制造的新一代光电开关器件，具有延时、展宽、外同步、抗相互干扰、可靠性高、工作区域稳定和自诊断等智能化功能。这种新颖的光电开关是一种采用脉冲调制的主动式光电探测系统型电子开关，它所使用的冷光源有红外光、红色光、绿色光和蓝色光等，可非接触、无损伤地迅速控制各种固体、液体、透明体、黑体、柔软体和烟雾等物质的状态和动作。接触式行程开关存在响应速度低、精度差、接触检测容易损坏被检测物及使用寿命短等缺点，当开关接近某一物体时，即发出控制信号，作用距离短，不能直接检测非金属材料。新型光电开关克服了上述缺点，而且体积小、功能多、使用寿命长、精度高、响应速度快、检测距离远以及抗光、电、磁干扰能力强。

这种新型的光电开关已被用作物位检测、液位控制、产品计数、宽度判别、速度检测、定长剪切、孔洞识别、信号延时、自动门传感、色标检出、冲床和剪切机以及安全防护等诸多领域。此外，利用红外线的隐蔽性，还可在银行、仓库、商店、办公室以及其他需要的场合作为防盗警戒之用。

引导问题 5：现代电源技术是应用电力电子半导体器件，综合自动控制、计算机（微处理器）技术和电磁技术的多学科边缘交叉技术，在各种高质量、高效、高可靠性的电源中起关键作用，是现代电力电子技术的具体应用。产生电力的来源有哪些呢？

____

____

知识点提示

五、电源

电源是将其他形式的能量转换成电能并向电路（电子设备）提供电能的装置。例如干电池，如图 1-2-24 所示。

图 1-2-24　干电池

电源自“磁生电”原理，由水力、风力、海潮、水压差、太阳能等可再生能源及烧煤炭、油渣等产生电力。风力发电与水力发电如图 1-2-25 所示。

新能源汽车的常用电源通常分为低压电源和高压电源。低压电源是汽车上为低压设备供电的电源，通常为 12V 或者 24V。高压电源主要用于驱动系统的工作，常见的汽车高压电源为动力蓄电池等，其电压通常达到 200~750V，甚至可达上千伏特。

图 1-2-25　风力发电与水力发电

工作计划

按照前面所学的知识内容和小组内部讨论的结果，制订工作计划（包括资料查阅渠道的落实、任务实施任务中的内容分工等）并填入表 1-2-7。

进行决策

1. 各组派代表阐述资料查询结果。
2. 各组就各自的查询结果进行交流，并分享技巧。
3. 教师结合各组完成的情况进行点评，选出最佳方案。

表 1-2-7 工作计划表

步骤	工作内容	负责人
1		
2		
3		
4		
5		

任务实施

一、熔丝的检测

所需设备及工具：万用表、车用熔丝。

1）ACC 线是起动开关 ACC 档位的输出线，用于控制附件用电设备。当起动开关在 ACC 档位时，表屏显示 12V 为正常。

2）试灯测量，将试灯线一端接入 ACC 线，另一端搭铁，起动开关置于 ACC 档位，试灯亮，则电路正常。

3）直流电压表测量，用万用表的直流电压档，红表笔接 ACC 线，黑表笔搭铁，万用表显示 12V，正常。

4）关闭“起停”开关，熔丝分布位置如图 1-2-26 所示。

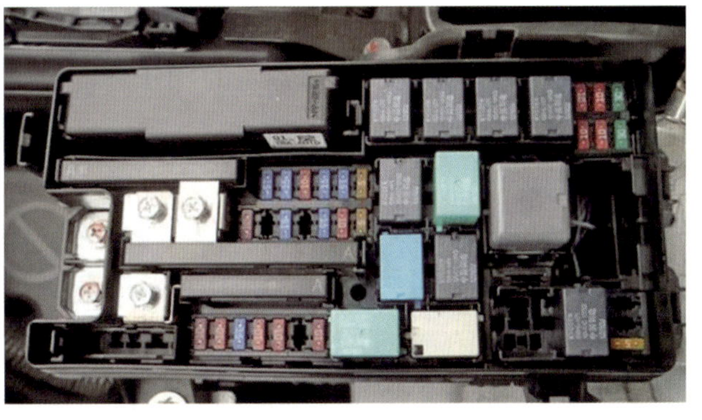

图 1-2-26 熔丝分布位置

按照以下步骤检查熔丝：找到熔丝盒位置，打开熔丝盒盖。新能源汽车熔丝盒通常有 2 个，1 个在驾驶室内，位于驾驶人侧仪表板下方；1 个在前机舱左边。检查方法：拆下代表板盖或打开前机舱盖，拆下熔丝盒盖，检查熔丝是否熔断。

汽车熔丝集中在 1~2 熔丝盒，有些车辅助蓄电池盖上也有熔丝，检查熔丝是否完好。

二、实训工单

请复习本任务所学内容，巩固理论知识和实训内容，并完成实训工单（表 1-2-8）的填写。

表 1-2-8 实训工单

姓名		班级（专业）		完成日期	
任务准备					
序号	设备			数量	
1					
2					
3					
4					
5					

（续）

实施步骤			
记录			完成情况
			已完成□ 未完成□
6S 现场管理			
序号	操作步骤	完成情况	备注
1	建立安全操作环境	已完成□ 未完成□	
2	清理及整理工具、量具	已完成□ 未完成□	
3	清理及复原设备	已完成□ 未完成□	
4	清理场地	已完成□ 未完成□	
5	物品回收和环保	已完成□ 未完成□	
6	完善和检查工单	已完成□ 未完成□	

评价反馈

1. 各组代表展示汇报 PPT，介绍任务的完成过程。

2. 以小组为单位，请对各组的操作过程与操作结果进行自评和互评，并将结果填入学生评价表（表 1-2-9）。

表 1-2-9 学生评价表

姓名		学号			班级				组别				
实训任务													
评价项目	分值	等级				评价对象（组别）							
		A	B	C	D	1	2	3	4	5	6	7	8
方案合理	20	20	15	10	5								
团队合作	20	20	15	10	5								
工作质量	20	20	15	10	5								
工作规范	20	20	15	10	5								
汇报展示	20	20	15	10	5								
合计	100	各组得分											
总结与反思													
（如：学习过程中遇到的问题→如何解决的 / 解决不了的原因→心得体会）													

3. 教师对学生工作过程与工作结果进行评价，并将评价结果填入教师对学生评价表（表 1-2-10）。

表 1-2-10 教师对学生评价表

<table>
<tr><td>姓名</td><td></td><td>学号</td><td></td><td>班级</td><td></td><td>组别</td><td></td></tr>
<tr><td colspan="3">实训任务</td><td colspan="5"></td></tr>
<tr><td colspan="3">评价项目</td><td colspan="3">评价标准</td><td>分值</td><td>得分</td></tr>
<tr><td colspan="3">考勤（10%）</td><td colspan="3">无故意迟到、早退、旷课现象</td><td>10</td><td></td></tr>
<tr><td rowspan="12">工作过程（60%）</td><td rowspan="9">知识目标</td><td rowspan="5">获取信息</td><td colspan="3">掌握电阻器的定义以及认识常见的电阻器</td><td>5</td><td></td></tr>
<tr><td colspan="3">掌握电容器的概念以及应用</td><td>5</td><td></td></tr>
<tr><td colspan="3">掌握熔断器的概念，认识其种类、结构原理和规格等内容</td><td>5</td><td></td></tr>
<tr><td colspan="3">掌握开关的定义、主要分类、基本结构、主要参数和常见开关等内容</td><td>5</td><td></td></tr>
<tr><td colspan="3">掌握电源的概念及其应用</td><td>5</td><td></td></tr>
<tr><td>进行决策</td><td colspan="3">制订工作计划，计划合理可行</td><td>10</td><td></td></tr>
<tr><td rowspan="2">任务实施</td><td colspan="3">学生用万用表测量熔丝的操作方法</td><td>5</td><td></td></tr>
<tr><td colspan="3">根据测量的情况判断熔丝的好坏</td><td>5</td><td></td></tr>
<tr><td>工作态度</td><td colspan="3">认真严谨、积极主动；安全生产、文明施工</td><td>5</td><td></td></tr>
<tr><td rowspan="3">素养目标</td><td>团队合作</td><td colspan="3">与小组成员、同学之间合作交流、协调工作</td><td>5</td><td></td></tr>
<tr><td>工作质量</td><td colspan="3">能按照工作计划操作，按计划完成工作任务</td><td>5</td><td></td></tr>
<tr><td colspan="2" rowspan="3">项目成果（30%）</td><td>工作完整</td><td colspan="3">能按时完成工作任务的所有环节</td><td>10</td><td></td></tr>
<tr><td>工作规范</td><td colspan="3">能在整个操作过程中规范操作，避免意外事故发生</td><td>10</td><td></td></tr>
<tr><td>汇报展示</td><td colspan="3">能准确表达、汇报工作成果</td><td>10</td><td></td></tr>
<tr><td colspan="6">合计</td><td>100</td><td></td></tr>
<tr><td colspan="2" rowspan="2">综合评价</td><td colspan="2">学生评价（50%）</td><td colspan="2">教师评价（50%）</td><td colspan="2">综合得分</td></tr>
<tr><td colspan="2"></td><td colspan="2"></td><td colspan="2"></td></tr>
<tr><td colspan="2">综合评语</td><td colspan="6">（工作过程中存在的问题及改进建议）</td></tr>
</table>

任务三　高压安全与防护用具的认知

任务目标

知识目标

1. 掌握高压安全基础知识。
2. 掌握电流带来的危害。
3. 掌握高压防护措施。

技能目标

1. 具备从多途径的信息源中检索专业知识的能力。
2. 具备正确使用绝缘测试仪的能力。

素养目标

1. 培养学生认真严谨、积极主动的工作态度及安全生产、文明施工的意识。
2. 培养学生与小组成员、同学之间合作交流、协调工作的意识。
3. 获得分析问题和解决问题的基本方法。
4. 与小组成员交流、讨论学习成果，取长补短，完成自我提升。

任务框图

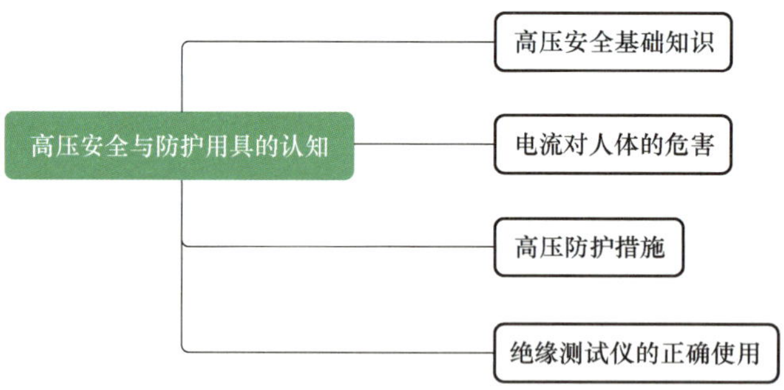

任务导入

很多维修技术人员谈到新能源汽车高压时，都会谈“压”色变。你现在到新能源汽车的售后维修车间实习，主管安排你给其他人员培训避免高压伤害的防护措施，你能做到吗？

任务分组

学生任务分配表见表 1-3-1。

表 1-3-1　学生任务分配表

班　级		组　号		指导教师	
组　长		学　号			
组　员	姓名：________ 学号：________			姓名：________ 学号：________	
	姓名：________ 学号：________			姓名：________ 学号：________	
	姓名：________ 学号：________			姓名：________ 学号：________	
	姓名：________ 学号：________			姓名：________ 学号：________	
任务分工					
（就组织讨论、工具准备、数据采集、数据记录、安全监督、成果展示等工作内容进行任务分工）					

获取信息

引导问题 1：在日常生活中，高压电是指配电线路交流电压超过 1000V 或直流电压超过 1500V 的电接户线。在新能源汽车上，你知道高压电是怎样的吗？请你查阅资料，简要叙述。

____

____

考证指南

在 2022 年全国职业院校技能大赛里的新能源汽车故障诊断与排除中，要求参赛队在作业过程中要熟练地查阅维修资料和电路图，规范使用工、量具和仪器设备，准确地测量技术参数和判断故障点，正确记录作业过程和测试数据，安全文明作业。

知识点提示

一、高压安全基础知识

1. 新能源汽车的高压电

目前主流的新能源汽车主要有 300V 和 500V 两个电压平台。300V 电压平台并不是说新能源汽车中的高压零部件工作电压就是额定的 300V，300V 是一个变量，只要是 300V 以上的新能源汽车都称为 300V 电压平台。要保证新能源汽车拥有足够的功率，而低压系统难以在车上进行合理的布局，因此新能源汽车采用高电压、低电流的控制方式保证车辆的功率，就形成了 300V 和 500V 电压平台的高压系统。例如：吉利帝豪 EV450 的工作电压是 352V，同级别的比亚迪 e5（17 款）的工作电压高达 650V。

（1）纯电动汽车的高压电　纯电动汽车的高压电系统同时具有 2 种：直流高压电和交流高压电。储存在动力蓄电池中的电能以及动力蓄电池高压母线端的电源都属于高压直流电。高压母线的电压通过充配电总成再分配到其他高压部件，如通过高压配电箱分配到电机控制器，此时电机控制器会将高压直流电逆变成三相可调电压、可变频率的交流电。在进行车辆维修时，必须要做好安全防护措施，防止触电，防护措施依据高压电存在形式有所区分。纯电动汽车高压电存在形式及主要部件如图 1-3-1 所示。纯电动汽车高压电存在形式主要有以下 3 种：

1）持续存在。由于动力蓄电池始终存储有电能，无论车辆在任何情况下、有没有达到动力蓄电池的放电条件，动力蓄电池内部持续存在高压电。

2）运行期间存在。运行期间存在是指在起动开关打开，即车辆处于上电状态（仪表 OK 灯或 READY 灯亮）时，存在高压电，主要分为以下两种类型。

① 只要车辆处于上电状态就存在，涉及部件主要包括新能源汽车的逆变器（如电机控制器）、充配电总成、电动压缩机、DC/DC 变换器及与其相连的高压电缆。

② 虽然车辆处于上电状态，但需要接通功能开关才会存在，涉及高压部件主要包括 PTC 加热器和驱动电机。

3）充电期间存在。充电系统部件在车辆充电期间存在高压电，例如：交流充电时，交流充电口、充配电总成、动力蓄电池及与其相连的高压电缆线都存在高压电。充电时动力蓄电池的温度会随着时间的推移逐渐升高，达到 35℃时，车辆会控制空调系统工作，此时电动空调压缩机工作；当新能源汽车冷起动充电时（动力蓄电池的温度低于 5℃时），空调系统会控制 PTC 对动力蓄电池加热，此时 PTC 会存在高压电。

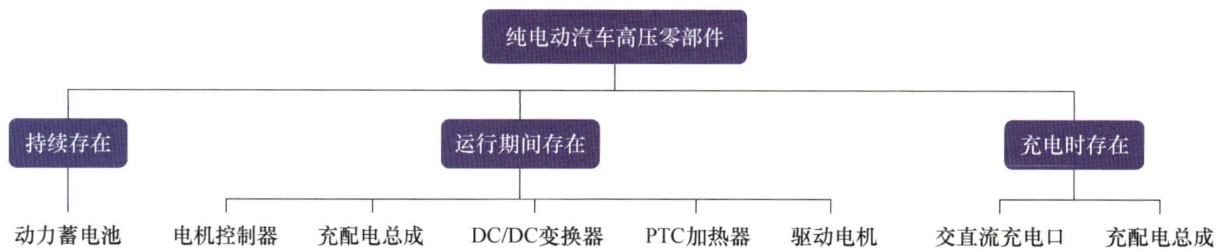

图 1-3-1　纯电动汽车高压电存在形式及主要部件

（2）插电式混合动力电动汽车的高压电　插电式混合动力汽车是在原有的燃油（或燃气）发动机系统中，增加由高压动力蓄电池、高压控制电路和驱动电机组成的电力驱动系统，通过两个动力系统相互配合，达到高效、节能地驱动车辆的目的。除和纯电动汽车相同的高压电存在形式及部件外，其发电机系统也属于高压系统，如比亚迪车系的 BSG 电机系统。

2. **电压等级与安全电压**

（1）工业电压等级　电压等级是指电力系统及电力设备的额定电压级别系列。额定电压是电力系统及电力设备规定的正常电压，即与电力系统及电力设备某些运行特性有关的标称电压。电力系统各点的实际运行电压可以与额定电压有一定程度的偏差，在允许偏差范围内，电力设备及电力系统可以正常运行。

《标准电压（GB/T 156—2017）》对大部分电压等级做出了规定。我国一直采用 50Hz 的标准电压系列。国际上通常使用 IEC 60038 标准，它在尊重各国标准电压体系的前提下，通常协商提供了以 50Hz 和 60Hz 为基本参数的两个标准电压系列，并在每个系列中综合提供了该系列的基本电压等级。

目前，我国将电压等级划分为：

1）安全电压：我国规定安全电压为42V、36V、24V、12V、6V共5种，一般情况下安全电压不超过交流36V和直流50V。虽然36V以下的电压是安全的，但在潮湿的环境中，安全电压会下降到24V甚至12V以下。

2）低压：是指对地电压为1000V及以下。交流系统中的单相220V和三相四线制的380V/220V中性点接地系统均属低压。

3）高压：是指1000V以上的电力传输变电电压或380V以上的配用电电压，范围为10k~220kV。

4）超高压：330~750kV。

5）特高压：1000kV交流或800kV直流以上。

国际上通过ISO标准给出了强制性安全规定，危险电压是：25V以上的交流电、60V以上的直流电。进行危险电压组件方面的工作时，必须遵守安全规定。在车辆制造标准中允许的最大接触电压（根据ECE R100标准）是30V交流电和60V直流电。新能源汽车的标准电压一般为300~650V，虽然按照国家标准进行划分，应该属于低压范围，但是为了和传统车辆12V电源进行区别，通常都称为高电压。

（2）电动汽车电压等级　《电动汽车安全要求》（GB/T 18384—2020）里面的“4. 电压等级”中明确规定，根据最大工作电压，将电气元件或电路分为以下几级，见表1-3-2。

在汽车领域，特别是混合动力电动汽车、燃料电池电动汽车和纯电动汽车，高压电是指：直流电压 $60\text{V}<U\leqslant1500\text{V}$；交流电压 $30\text{V}<U\leqslant1000\text{V}$。B级电压电路指的是大于60V的高压电路。

表1-3-2　电动汽车电压等级

电压等级	最大工作电压 U/V	
	直　流	交　流
A	$0<U\leqslant60$	$0<U\leqslant30$
B	$60<U\leqslant1500$	$30<U\leqslant1000$

引导问题2：为什么高压电会对人体造成伤害？它是如何对人体造成伤害的？请您说一说：____

____

知识点提示

二、电流对人体的危害

1. 电流对人体伤害的原理

人体细胞内液体比例较高导致其在有限范围内具有导电性。如果人体接触带电部件，则电流可能流经人体。

当电流流过人体（图1-3-2）时，会切断神经系统发出的信号（包括通向心脏的信号），导致内脏和组织烧伤，影响人体功能，甚至危及生命。

图1-3-2　电流流过人体

（1）触电效应　高压触电的危害。

1）电击效应：电流低于导通限值时，会有相应的电击反应，从而容易使人因肢体不受控制和失去平衡导致受伤。

2）热效应：电流导入、导出点处会发生烧伤和焦化，也会发生内部烧伤，可能导致肾脏负荷过大，甚至造成致命的伤害。

3）化学效应：血液和细胞液成为电解液并被电解产生有害物质，发生严重的中毒，而中毒情况在几天后才能被发现，因此伤害极大。

4）肌肉刺激效应：所有的身体功能和人体肌肉运动由大脑通过神经系统控制。如果通过人体的电流过高，肌肉开始抽搐，大脑无法控制肌肉组织。例如，握紧的拳头无法打开或者移动，即所谓的“电吸人”现象。如果电流经过了胸腔，肺会产生痉挛（呼吸停止），心脏的跳动节奏会被中断（心室纤维化颤动，无法进行心脏的收缩扩张运动），从而发生死亡。

5）发生静态短路的热效应：设备急剧发热，会导致材料熔化，从而可能发生烧伤事故。

6）由于短路引起火花：金属很快熔化，产生飞溅的火花，飞溅出来的金属颗粒温度超过5000℃，可能引起烧伤。

7）带电高压线路接通和断开时产生的弧光：光辐射可能造成电光性眼炎。

（2）电流的分类　根据电流对人体的身体机能反应和伤害程度，触电电流可分为感知电流、摆脱电流和致命电流（也称心室颤动电流）。

1）感知电流：感知电流指引起人的感觉的最小电流。成年男性的感知电流约为1.1mA，成年女性的感知电流约为0.7mA。

2）摆脱电流：人触电后能自行摆脱电极的最大电流称为摆脱电流。对于不同的人，摆脱电流值不相同。摆脱电流值与个体生理特征、电极形状、电极尺寸等因素有关。成年男性平均摆脱电流约为16mA，最小摆脱电流约为9mA；成年女性平均摆脱电流约为10.5mA，最小摆脱电流约为9mA。

3）致命电流：致命电流指在较短时间内危及生命的最小电流。致命电流一般为50mA。日常生活中一般电流不超过数百毫安。电击致死的主要原因是电流引起心室颤动造成的。人体通电持续时间越长，能量积累越多，越容易引起心室颤动，就越危及生命。人体通过不同电流的反应见表1-3-3所示。

表1-3-3　人体通过不同电流的反应

电流大小	人体反应
0.6~1.5mA	手指开始感觉发麻且无感觉
2~3mA	手指感觉强烈发麻且无感觉
5~7mA	手指肌肉感觉痉挛且手指感觉灼热和刺痛
8~10mA	手摆脱电极已感到困难，有剧痛感（手指关节）
20~25mA	手迅速麻痹，不能自动摆脱电极，呼吸困难
50~80mA	呼吸困难，心房开始震颤
90~100mA	呼吸麻痹，3s后心脏开始麻痹，停止跳动

2. 电流对人体的伤害形式

电流对人体的伤害有电击、电伤和电磁场伤害3种形式。

（1）电击　电击是由于电流通过人体时造成的内部器官在生理上的反应和病变。电击对人体的危害程度主要取决于通过人体电流的大小和通电时间的长短。电流的大小不同，人体的反应也不同，如针刺感、击痛感、昏迷、心室颤动、呼吸困难或停止现象。人体触及带电的导线、漏电设备的外壳或其他带电体，以及由于雷击或电容放电，都可能导致电击，如图 1-3-3 所示。

图 1-3-3　电击事故

1）通过人体的电流大小：外部电压一定时，通过人体电流的大小取决于人体电阻的大小，而人体电阻的大小取决于衣服厚度和材质、皮肤湿度、人体内路径的长度等因素，还与触电者的年龄、性别、健康状况和精神状态有关。例如，电流流过的身体部位处衣服越厚、越干，电阻值越大。如果皮肤上有水或雪，那么身体电阻就会下降。如果身体内电流经过的路径不同，电阻也会不同。阻值和距离为一个近似值，根据各影响因素的不同，实际结果有所不同。表 1-3-4 为电流经过人体不同路径时人体的近似电阻值。

表 1-3-4　电流经过人体不同路径时人体的近似电阻值

测试途径	阻　值
手 - 手	1000Ω
手 - 脚	750Ω
双手 - 脚	500Ω
手 - 胸	450Ω
双手 - 胸	230Ω
双手 - 脚底	300Ω

对于大多数人来说，整个身体的总电阻值是很低的。有主动脉的地方（胸腔部位和躯干）电阻较低，因此，最大的危险发生在电流通过人体心脏时刺激心脏产生的异常震颤。

例如，当一个 288V 直流电压穿过人体两手和心脏时（图 1-3-4），可以通过欧姆定律粗略计算出通过人体的电流：人体电流 $I=U/R$=288V/1080Ω=0.27A。从结果看出，这个电流值远远大于致命电流 50mA，如果在心脏的滞留时间达到 10~15ms 就会致命。

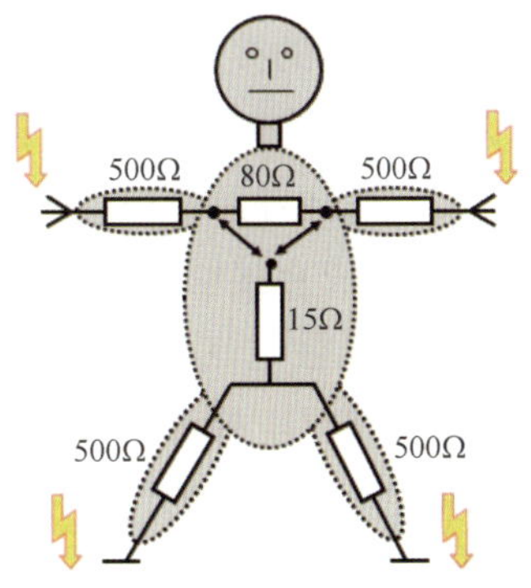

图 1-3-4　人体基本电阻值

2）通电时间对人体的影响：电流持续时间越长，体内积累电荷越多，伤害越严重。随着电击时间增加，人体与所接触带电体表面产生电解，加上人体汗液增多，人体电阻快速下降，流过身体的电流快速增大，电击危害加大。电击持续时间越长，中枢神经反应越强烈，电击危险性越大。心电图显示的心脏收缩与舒张之间约 0.2s 的时间是心脏易损期（易激期）。电击持续时间长必然与心脏易损期重合，使电击的危害加剧。

（2）电伤　电伤是电流的热效应、化学效应或机械效应对人体造成的局部伤害，包括电弧烧伤、烫伤、电烙印、皮肤金属化、电气机械性伤害、电光眼等不同形式的伤害。

3. 触电方式

（1）直接触电　直接接触电击是触及设备和电路正常运行时的带电体发生的电击，如误触接线端子发生的电击，也称为正常状态下的电击。除了隔离和加强绝缘外，一般来说较难进行其他保护，尤其是两相触电。

1）直接触电的分类：我国的低压配电网中，电能以三相交流电的形式输送，简称为三相电，俗称工业用电，其电压为 380V。三相交流电源是由 3 个频率相同、振幅相等、相位依次互差 120° 的交流电势组成的电源。三相交流电的用途很多，工业中大部分的交流用电设备，例如电动机，都采用三相交流电，也就是经常提到的三相四线制。单相电源在日常生活中多为使用，也称为照明用电，电压为 220V。当采用照明电供电时，使用三相电其中的一相对用电设备供电，例如家用电器，而另外一根线是三相四线之中的第 4 根线，也就是其中的中性线（俗称零线），该中性线从三相电的中性点引出。直接触电通常分为单相触电和两相触电。

① 单相触电是指当人站在地面上，人体的某一部位触到某相线而发生的触电现象。在低压供电系统中发生单相触电，人体所承受的电压几乎就是电源的相电压（220V），如图 1-3-5 所示。

② 两相触电是指人体同时接触设备或电路中的两相导体而发生的触电现象。若人体触及一根相线、一根中性线，人体承受的电压为 220V。若人体触及两根相线，人体承受的电压为线电压（380V）。因此，两相触电对人体的危害更大，如图 1-3-6 所示。

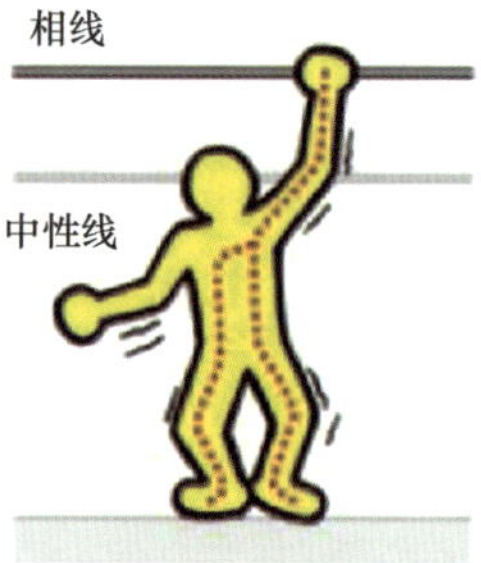

图 1-3-5　单相触电

图 1-3-6　两相触电

2）直接触电的特点

① 人体的接触电压就是全部工作电压。

② 电路中的故障电流就是人体的触电电流。直接接触时，通过人体的电流较大，危险性也较大，往往导致触电伤亡事故。因此，应想方设法防止直接触电。

3）造成直接触电的原因及防护措施。

除了误触电气设备的带电部分外，已停电的设备突然通电，也是造成直接触电的主要原因。尤其在停电检修时，由于作业人员心理准备不足，一旦停电后设备突然通电，就可能造成误伤事故。因此，即使在停电检修时，作业人员也必须清楚地认识到，已停电的设备可能会有突然通电的危险，应认真采取预防措施，并做好个人的防护工作。

直接触电的防护措施主要有以下几种：

①远离（间距）防护；②屏护（障碍）防护；③绝缘防护；④采用安全特低电压；⑤装漏电保护装置（如剩余电流动作保护器或漏电开关等）；⑥电气连锁防护；⑦限制能耗防护。

（2）间接触电

1）间接触电的概念：间接触电是触及正常状态下不带电、因绝缘损坏而带电的物体导致的触电，也称为故障状态下的电击。间接触电大都发生在大风刮断架空线或接户线后，搭落在金属物或广播线上，相线和电杆拉线搭连，电动机等用电设备的线圈绝缘损坏而引起外壳带电等情况下，如图 1-3-7 所示。

2）跨步电压触电：通常跨步电压触电属于间接触电。如果人或牲畜站在距离高压带电导线落地点 10m 以内，就可能发生触电事故。跨步电压触电如图 1-3-8 所示。人受到跨步电压时，电流虽然是沿着人的下半身，从脚经腿、胯部到脚与大地形成通路，看似比较安全，但是人受到较高的跨步电压作用时，双脚会抽筋，使身体倒在地上，这不仅使作用于身体上的电流增加，而且使电流经过人体的路径改变。经验证明，人倒地后电流在体内持续作用 2s 就会致命。

图 1-3-7　大风刮断带电导线

图 1-3-8　跨步电压触电

跨步电压触电一般发生在高压带电导线落地时，但对低压带电导线落地也不可麻痹大意。根据试验，当牛站在水田里，如果前后腿之间的跨步电压达到 10V 左右，牛就会倒下，电流常常会流经它的心脏，触电时间长了，便会死亡。为了防止跨步电压触电，人不得靠近接地故障点，高压为 8m 以内，低压为 4m 以内。当发觉跨步电压威胁时，应立刻把双脚并在一起，然后跳离危险区。

3）间接触电的防护。

① 自动切断供电电源（接地故障保护）。

② 采用双重绝缘或加强绝缘的电气设备（即Ⅱ级电工产品）。

③ 将有触电危险的场所绝缘，构成不导电环境。

④ 采用不接地的局部等电位连接保护，或采取等电位均压措施。

引导问题 3：高压作业时必须要执行防护要求并做好防护措施，否则可能会危害生命安全。你知道有哪些高压电的防护措施？请您说一说：________________________

____

____

知识点提示

三、高压防护措施

1. 高压防护要求

触电防护应包含防止人员与任何带电部件的直接接触和在带电部件的基本绝缘故障的情况下的间接触电防护。对于 A 级电压的电路，不要求提供触电防护。对于任何 B 级电压电路的带电部件，都应为人员提供危险接触的防护。直接接触防护应由带电部件的基本绝缘提供或由遮挡 / 外壳或两者结合来提供。所有的防护及规定都是从安全的角度出发，防止人体及电气设备因触电或短路发生故障、造成事故。

在开始工作之前，技术人员需要阅读、查看汽车厂家所有相关的维修信息。维修信息包括但不限于：解码仪数据、诊断程序、拆除和更换程序、电气布线图、技术服务公告和技术诀窍。如没有提前阅读维修信息，容易错过准备过程中的重要注意事项。在给新能源汽车检修时这类信息通常可通过以下途径获得：

1）该作业车辆的应急处理指南。

2）汽车制造商的维修信息（整车安全防护措施）。

3）原厂家的维修信息（特殊部件的安全防护措施）。

对新能源汽车的非高压部件（如制动系统、悬架系统和车身系统）进行维修时，不需要专业的安全防护措施。对高压系统上的高压组件进行维修时，必须采取特别的防护措施。混合动力电动汽车和纯电动汽车的某些零部件可能有非常强的磁性，如果技术人员身上有植入体内或便携式医疗电子设备，如心脏起搏器或心率转复除颤器，必须向该医疗设备的制造商了解可能会有哪些不利影响，才能对混合动力电动汽车和纯电动汽车进行维护作业。在对混合动力电动汽车或纯电动汽车进行维护作业时，需要与某些零部件保持足够的距离。可能对医疗设备形成干扰的汽车设备包括汽车充电桩、车载式汽车充电器、远程发射机、无线钥匙的信号天线、永磁电动机等。

对新能源汽车进行涉及高压电的使用、维护、检修等作业时，作业人员必须做好预防触电的措施。新能源汽车高压作业人员要求考取低压电工作业特种作业操作证。

2. 基本防护措施

（1）安全距离 为了防止人体触及或过分接近带电体，或防止车辆和其他物体碰撞带电体，以及避免发生各种短路、火灾和爆炸事故，在人体与带电体之间、带电体与地面之间、带电体与带电体之间、带电体与其他物体和设施之间，都必须保持一定的距离，这种距离称为电气安全距离。电气安全距离的大小应符合有关电气安全规程的规定。

在实际中，通常要进行安全距离防护，采取必要措施使人体与带电体之间保持一定的距离（即保持安全距离），以防止人体偶然触及或过分接近带电体而触电。

在具体条件下确定防护间距的大小，应考虑日常工作或生活的安全需要。如在有人经常工作或经常停留的场所，应将带电体装在伸臂范围以外，而且伸臂时手臂的最外点（伸直的手指）与带电体之间应有一定的距离。如果作业中使用长而大的工具，安全间距应适当加大。

（2）工作场所防护要求 为了保证维修过程的安全，在检修新能源汽车时对维修检测工位（图 1-3-9）有以下要求：

1）隔离。

2）内部配备足够亮度的灯光，工作区域的光照强度不应低于 500lx（勒克斯，光照强度单位）。

3）配备消防设备设施，如干粉灭火器、消防栓和水枪等。

4）配备预防触电的设备设施，如为作业地面铺设绝缘垫，为工作电源做好绝缘和触电防护、配备安全接地线、安装触电保护器等。

图 1-3-9　维修检测工位

5）为有触电危险的设备配备安全操作说明。

6）配备安全作业防护用具，如工作服、绝缘手套、绝缘鞋、护目镜、安全头盔、绝缘钩等。

7）配备安全绝缘工具，如绝缘扳手、绝缘套筒、绝缘尖嘴钳、绝缘旋具等。

8）配备急救器材（如除颤仪），保障作业人员的生命安全。

（3）个人防护措施 个人防护用品即在劳动过程中为防御物理、化学、生物等有害因素伤害人体而穿戴和配备的各种物品的总称。需要使用到个人防护用品的区域均会张贴指令标识。指令标识的含义是强制人们必须做出某种动作或采用防范措施的图形标识。指令标识的基本形式是圆形边框，如图 1-3-10 所示。

对于特定的诊断或维修作业，维修人员可能需要在高压零部件附近进行作业。如果有导电物体落到暴露的高压电路上，可能会造成短路事故。例如，在对混合动力电动汽车和纯电动汽车进行维修作业时，由于高压零部件暴露在外，技术人员应取下所有首饰或金属物体，如戒指、手表、项链、工作徽章等，并从衬衫和裤子口袋里取出金属物体，以免这些物体可能会滑落出来造成弧闪隐患，并且将衣物上的金属物移除或遮盖住以避免意外触电。个人防护用品可以分为一般劳动保护用品和特种劳动防护用品。高电压作业的主要个人防护用具如图 1-3-11 所示。

图 1-3-10 个人防护指令标识

图 1-3-11 高电压作业的主要个人防护用具

1）手部的安全防护：为防止在作业时高压触电，需要检查并佩戴高压绝缘手套，如图 1-3-12 所示。如果混合动力电动汽车和纯电动汽车的维修作业中需要使用高压绝缘手套，技术人员必须对手套进行检查、测试，然后才能在车辆上进行维修作业。高压绝缘手套适用于 500~36000V 的工作电压范围，经常使用的绝缘手套每隔 6 个月应至少测试 1 次绝缘性能，偶尔使用的手套需在每次使用后测试绝缘性能是否良好。

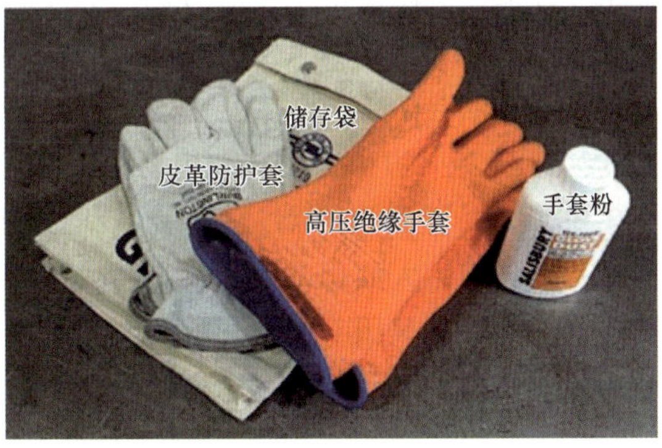

图 1-3-12 手部的安全防护用品

在任何情况下，保存在仓库中的绝缘手套应该每隔 12 个月测试 1 次，间隔时间不能超过 12 个月。常见的绝缘手套规格有 12kV 绝缘手套、17kV 绝缘手套、20kV 绝缘手套、30kV 绝缘手套、35kV 绝缘手套和 40kV 绝缘手套。

2）眼部的安全防护：为防止眼部受到撞击，当在无论任何类型的混合动力电动汽车或纯电动汽车上进行作业时，技术员都必须佩戴相应标准的带侧护板的护目镜。对于其他可能会发生的危害，例如化学品喷溅或溢出造成的化学烧伤，需要更高级别的眼部防护才能达到，一般用于化学实验的全密闭型的护目镜才能达到这样的要求，它在绝大部分电动汽车的维护和维修中使用不到。技术人员需参考制造商提供的维修安全信息，来使用合理的护目镜，如图 1-3-13 所示。

3）头部的安全防护：为防止头部触电，最常见的安全防护用具是电绝缘安全帽，如图 1-3-14 所示。在技术员进行混合动力电动汽车或纯电动汽车举升工位的下方进行作业时，技术员必须佩戴相应标准的电绝缘安全帽。《头部防护　安全帽》（GB 2811—2019）中要求：带有电绝缘性能的特殊型安全帽按耐受电压大小分为 G 级和 E 级。G 级电绝缘测试电压为 2200V，E 级电绝缘测试电压为 20000V。

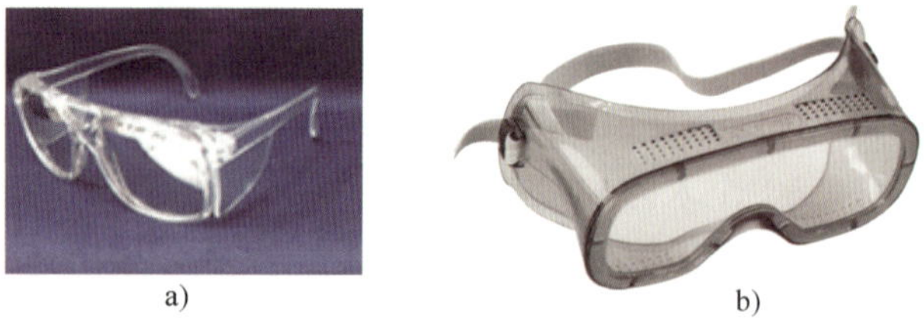

a) b)

图 1-3-13　眼部的安全防护用品

a）带侧护边型　b）全密闭型

4）足部的安全防护：足部常见的危害因素有物体砸伤或刺伤、高低温伤害、化学性伤害、触电伤害与静电伤害等。当在任何类型的混合动力电动汽车或纯电动汽车上作业时，技术员都必须佩戴相应标准的绝缘鞋，如图 1-3-15 所示。应根据工作环境或设备的电压选择相应等级的绝缘鞋。

图 1-3-14　头部的安全防护用品

图 1-3-15　足部的安全防护用品

5）身体的安全防护：防静电工作服是为防止服装上的静电积累，用防静电织物为面料而缝制的工作服。穿防静电工作服可提供额外的安全防护。棉布材料衣服是非合成纤维的，适合在维修高压电时穿，如图 1-3-16 所示。如果穿着合成纤维的衣服可能导致烧伤皮肤，因为这类材料在高温时会熔化黏在皮肤上使伤害进一步加大。

（4）车辆着火防护工具　如果新能源汽车着火时，使用常规的 ABC 干粉灭火器灭火，如图 1-3-17 所示。这种灭火器适用于油或电路火灾。如果只是高压蓄电池着火，推荐使用二氧化碳灭火器，发生大面积或大的火灾时，持续的浇水同样适用于熄灭高压蓄电池着火。但如果使用少量的水，如只用一桶水，是非常危险的，会加剧高压蓄电池火灾的程度。电路着火可以使用四氯化碳或 1211 灭火器进行灭火。

图 1-3-16　身体的安全防护用品

图 1-3-17　车辆着火防护工具

工作计划

按照前面所学的知识内容和小组内部讨论的结果，制订工作计划（包括资料查阅渠道的落实、任务实施任务中的内容分工等）并填入表 1-3-5。

表 1-3-5　工作计划表

步骤	工 作 内 容	负责人
1		
2		
3		
4		
5		

进行决策

1. 各组派代表阐述资料查询结果。
2. 各组就各自的查询结果进行交流，并分享技巧。
3. 教师结合各组完成的情况进行点评，选出最佳方案。

任务实施

一、绝缘测试仪的正确使用

所需设备及工具：绝缘测试仪、插排等。

步骤 1：利用绝缘测试仪测试直流电压时，将鳄鱼夹连接到测试笔上，再将连接好的黑表笔插入 COM 插孔、红表笔插入电压 V 插孔，如图 1-3-18 所示。

步骤 2：按“ON/OFF”键，将绝缘测试仪打开，选择 DC V-AC V 档位，调至直流档位，如图 1-3-19 所示。

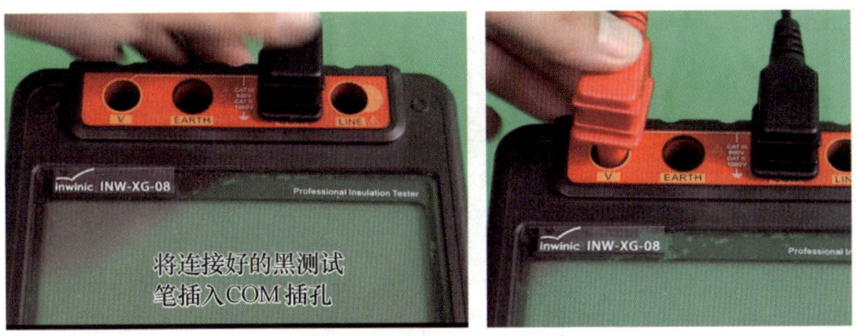

图 1-3-18　连接黑表笔、红表笔

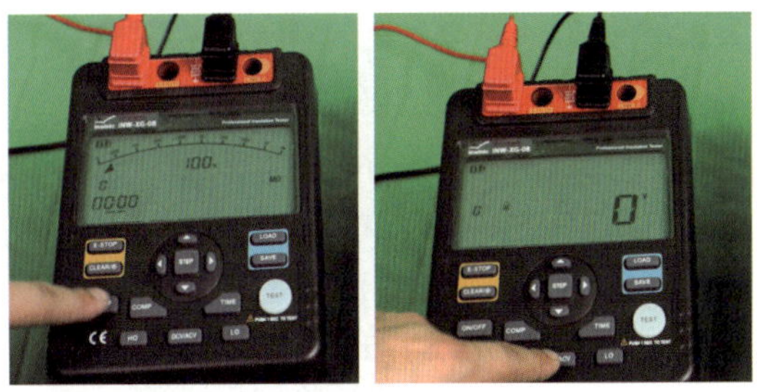

图 1-3-19　打开绝缘测试仪，调至直流档位

步骤 3：将红色鳄鱼夹接到辅助蓄电池正极，黑色鳄鱼夹接到辅助蓄电池负极，测试数据并记录。按下 SAVE 数据保存键，保存当前数值，如图 1-3-20 所示。

步骤 4：进行交流电压的测试，将鳄鱼夹换成红、黑表笔，用红、黑表笔测试交流电压，如图 1-3-21 所示。

步骤 5：选择 DC V-AC V 档位，调至交流档位（图 1-3-22），可以看到屏幕的直流符号切换成交流符号。

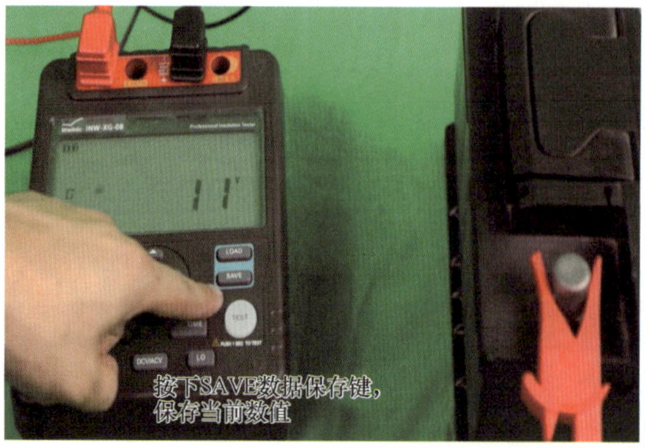

图 1-3-20　按下 SAVE 数据保存键

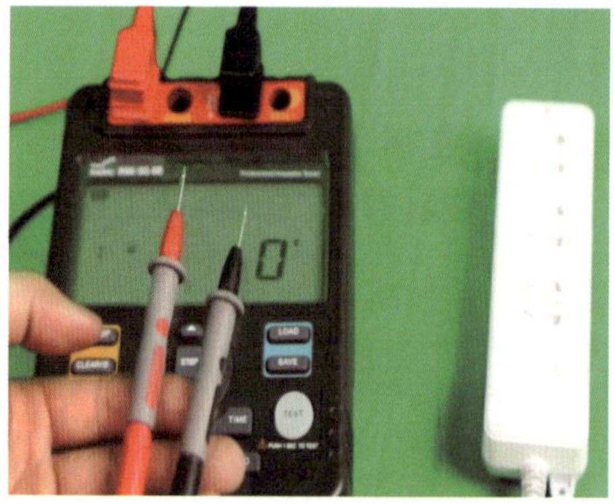

图 1-3-21　用红、黑表笔测试交流电压

步骤 6：测试交流电压，屏幕显示交流数值为 237V，按下数据保存键，保存当前数据，如图 1-3-23 所示。

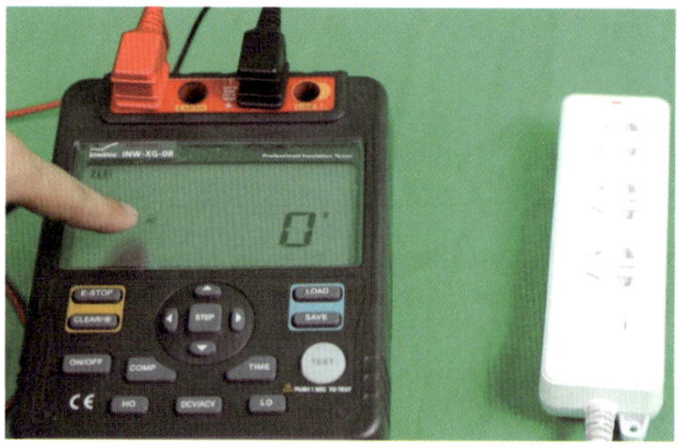

图 1-3-22　档位调至交流档位

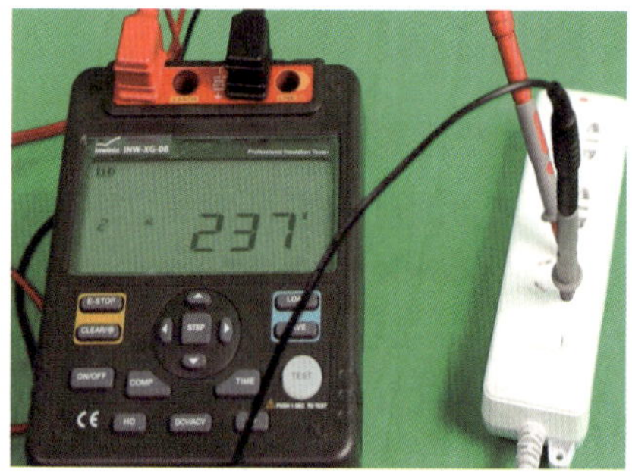

图 1-3-23　测试交流电压

步骤 7：进行绝缘电阻的测量，连接同色的表笔与鳄鱼夹，将红表笔插入 LINE 端口，黑表笔插入 EARTH 端口，如图 1-3-24 所示。

步骤 8：将红色鳄鱼夹夹到被测物体的绝缘层，黑色鳄鱼夹夹到金属部分，打开绝缘测试仪，选择 1000V 耐压值，首先是连续测试模式，按 TIME 键，调至连续测试模式。此时屏幕无定时值，如图 1-3-25 所示。

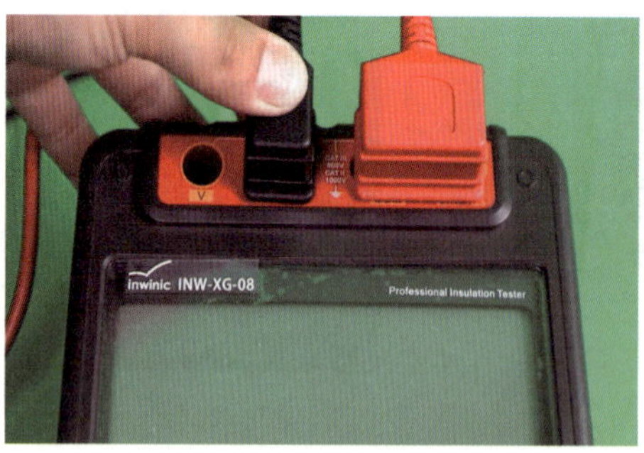

图 1-3-24　红表笔、黑表笔分别插入端口

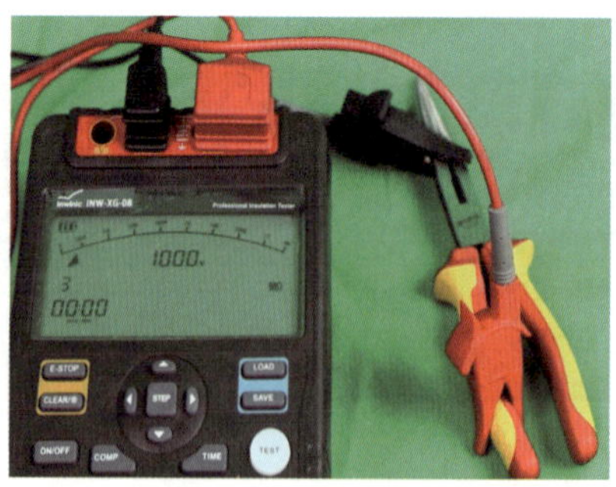

图 1-3-25　连续测试模式

步骤 9：按下 TEST 测试键，测试键红灯亮，再次按测试键，红灯熄灭，结束测量。按下 SAVE 数据保存键，保存数值（图 1-3-26）。屏幕显示的数值为该绝缘工具的绝缘电阻。

步骤 10：使用定时器功能绝缘电阻，按下 TIME 键，调至定时测量模式，此时屏幕上显示 TIME1 和定时数值。用左键、右键和 STEP 键设置时间为 10s。设置完毕后，按下 TEST 测试键，屏幕上 TIME1 闪烁，到设定时间后，自动结束测量。测量出的该数值为绝缘工具的绝缘电阻。TEST 测试键红灯自动熄灭。按下 SAVE 保存键保存数据，如图 1-3-27 所示。

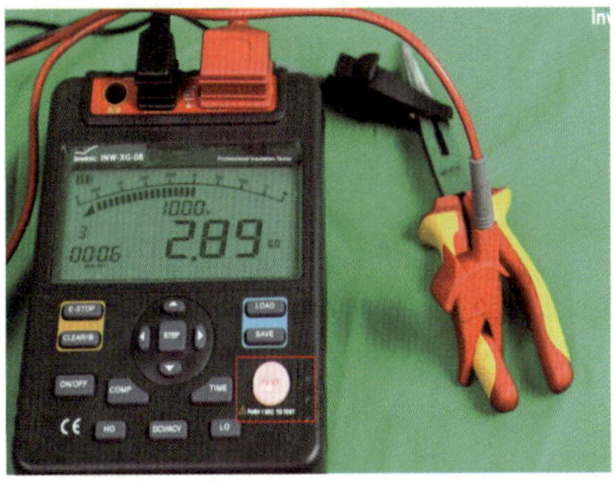

图 1-3-26 结束测量、保存数据

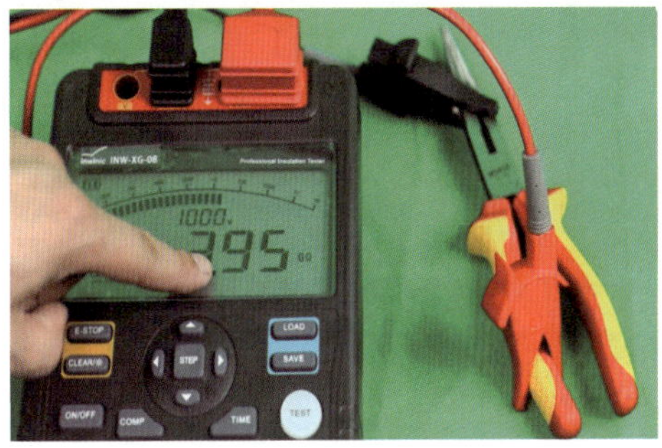

图 1-3-27 测量绝缘电阻

步骤 11：进行极化指数测量绝缘电阻，按下 TIME 键，屏幕上显示 TIME1 和定时器的标志符号。用左键、右键和 STEP 键设置 TIME1 时间，设置为 6s。设置完毕后，再按 TIME 键，屏幕显示 TIME2、定时数值标志、PI，如图 1-3-28 所示。

步骤 12：调节 TIME2 至 15s，按下测试键，当 TIME1 设定时间到达之前，屏幕上 TIME1 标志闪烁。当 TIME2 设定时间到达之前，TIME2 标志闪烁。TIME2 测试结束后，屏幕显示 PI 数值。左、右键循环显示 TIME2 绝缘阻值和 TIME1 绝缘阻值、极化指数，按下 SAVE 数据保存键保存测试结果，如图 1-3-29 所示。

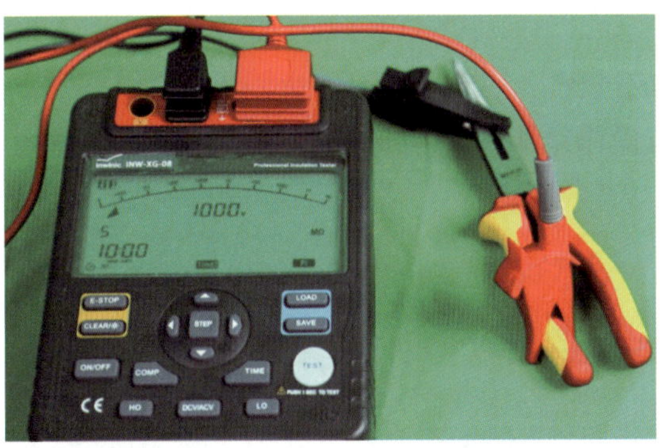

图 1-3-28 极化指数测量绝缘电阻

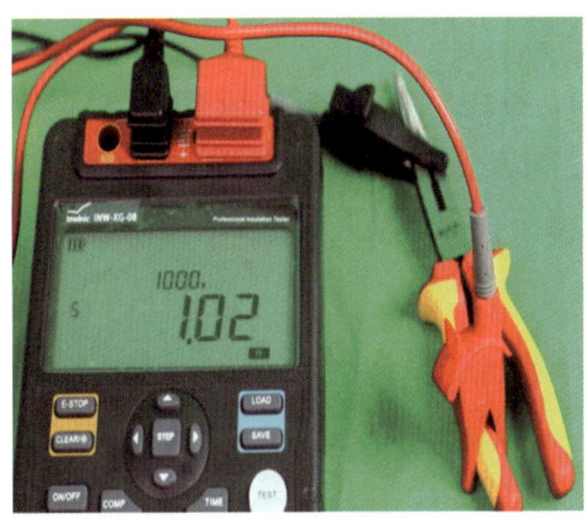

图 1-3-29 设置完毕

二、实训工单

请复习本任务所学内容，巩固理论知识和实训内容，并完成实训工单（表 1-3-6）的填写。

表 1-3-6 实训工单

<table>
<tr><td>姓名</td><td></td><td>班级（专业）</td><td></td><td>完成日期</td><td></td></tr>
<tr><td colspan="6">任务准备</td></tr>
<tr><td>序号</td><td colspan="3">设　备</td><td colspan="2">数　量</td></tr>
<tr><td>1</td><td colspan="3"></td><td colspan="2"></td></tr>
<tr><td>2</td><td colspan="3"></td><td colspan="2"></td></tr>
<tr><td>3</td><td colspan="3"></td><td colspan="2"></td></tr>
<tr><td>4</td><td colspan="3"></td><td colspan="2"></td></tr>
<tr><td>5</td><td colspan="3"></td><td colspan="2"></td></tr>
</table>

（续）

实施步骤	
记　录	完成情况
	已完成□　未完成□

6S 现场管理			
序号	操作步骤	完成情况	备注
1	建立安全操作环境	已完成□　未完成□	
2	清理及整理工具、量具	已完成□　未完成□	
3	清理及复原设备	已完成□　未完成□	
4	清理场地	已完成□　未完成□	
5	物品回收和环保	已完成□　未完成□	
6	完善和检查工单	已完成□　未完成□	

评价反馈

1. 各组代表展示汇报 PPT，介绍任务的完成过程。

2. 以小组为单位，请对各组的操作过程与操作结果进行自评和互评，并将结果填入学生评价表（表 1-3-7）。

表 1-3-7　学生评价表

姓名		学号			班级					组别			
实训任务													
评价项目	分值	等级				评价对象（组别）							
		A	B	C	D	1	2	3	4	5	6	7	8
方案合理	20	20	15	10	5								
团队合作	20	20	15	10	5								
工作质量	20	20	15	10	5								
工作规范	20	20	15	10	5								
汇报展示	20	20	15	10	5								
合计	100	各组得分											
总结与反思													
（如：学习过程中遇到的问题→如何解决的 / 解决不了的原因→心得体会）													

3. 教师对学生工作过程与工作结果进行评价，并将评价结果填入教师对学生评价表（表 1-3-8）。

表 1-3-8 教师对学生评价表

<table>
<tr><td>姓名</td><td></td><td>学号</td><td></td><td>班级</td><td></td><td>组别</td><td></td></tr>
<tr><td colspan="3">实训任务</td><td colspan="5"></td></tr>
<tr><td colspan="3">评价项目</td><td colspan="3">评价标准</td><td>分值</td><td>得分</td></tr>
<tr><td colspan="3">考勤（10%）</td><td colspan="3">无故意迟到、早退、旷课现象</td><td>5</td><td></td></tr>
<tr><td rowspan="11">工作过程（60%）</td><td rowspan="4">知识目标</td><td rowspan="3">获取信息</td><td colspan="3">掌握高压安全基础知识</td><td>5</td><td></td></tr>
<tr><td colspan="3">掌握电流带来的危害</td><td>5</td><td></td></tr>
<tr><td colspan="3">掌握高压防护措施</td><td>5</td><td></td></tr>
<tr><td>进行决策</td><td colspan="3">制订工作计划，计划合理可行</td><td>5</td><td></td></tr>
<tr><td rowspan="4">技能目标</td><td rowspan="4">任务实施</td><td colspan="3">能使用绝缘测试仪测量辅助蓄电池的直流电压</td><td>5</td><td></td></tr>
<tr><td colspan="3">能使用绝缘测试仪测量插排的交流电压</td><td>5</td><td></td></tr>
<tr><td colspan="3">能使用绝缘测试仪测量绝缘工具的绝缘电阻</td><td>10</td><td></td></tr>
<tr><td colspan="3">能进行极化指数测量绝缘电阻</td><td>10</td><td></td></tr>
<tr><td rowspan="3">素养目标</td><td>工作态度</td><td colspan="3">认真严谨、积极主动；安全生产、文明施工</td><td>5</td><td></td></tr>
<tr><td>团队合作</td><td colspan="3">与小组成员、同学合作交流、协调工作</td><td>5</td><td></td></tr>
<tr><td>工作质量</td><td colspan="3">能按照工作计划操作，按计划完成工作任务</td><td>5</td><td></td></tr>
<tr><td colspan="2" rowspan="3">项目成果（30%）</td><td>工作完整</td><td colspan="3">能按时完成工作任务的所有环节</td><td>10</td><td></td></tr>
<tr><td>工作规范</td><td colspan="3">能在整个操作过程中规范操作，避免意外事故发生</td><td>10</td><td></td></tr>
<tr><td>汇报展示</td><td colspan="3">能准确表达、汇报工作成果</td><td>10</td><td></td></tr>
<tr><td colspan="6">合计</td><td>100</td><td></td></tr>
<tr><td colspan="2" rowspan="2">综合评价</td><td colspan="2">学生评价（50%）</td><td colspan="2">教师评价（50%）</td><td colspan="2">综合得分</td></tr>
<tr><td colspan="2"></td><td colspan="2"></td><td colspan="2"></td></tr>
<tr><td colspan="2">综合评语</td><td colspan="6">（工作过程中存在的问题及改进建议）</td></tr>
</table>

情智课堂

18项措施布局储能安全！国家能源局发布《加强电化学储能电站安全管理的通知》！

近年来，随着国内能源高质量发展，新能源结构的主体作用日益凸显，储能发展也迎来了新风口，对实现“碳达峰·碳中和”具有重要意义。

据了解，储能电站是近年来发展较快的新能源技术之一，可以有效满足电力系统的新能源大规模接入需求，有灵活调节的优势，但随着储能电站项目的建设和应用，其火灾危险性也逐渐显现，因此储能行业的消防保护尤为重要。

为支持国内储能产业安全、健康、高速发展，国家相关部门出台了多项政策，明确提出未来发展新型储能必须要强化消防安全管理。

2022 年 5 月 25 日，国家能源局官网发布了《加强电化学储能电站安全管理的通知》（以下简称“通知”）。通知从 7 大方面，18 个具体领域强化了储能电站的安全管理。从储能电站的规划设计、设备选型、竣工验收、并网验收、运行维护管理、应急消防等多个方面对储能电站的安全管理提出要求。

在设备选型方面，坚持质量第一，选用的设备及系统应当符合有关法律法规、国家（行业）标准要求，并通过具备储能专业检测检验资质的机构检验合格。要根据相关技术要求，优选安全、可靠、环保的产品。

在施工验收方面，电化学储能电站建设应当依法委托具备相应资质等级的施工单位。

在并网验收方面，并网验收前，要完成电站主要设备及系统的型式试验、整站调试试验和并网检测。

在运行维护方面，将电化学储能电站的运行维护纳入企业安全生产日常管理，严格落实安全管理规定。

2021 年 8 月 24 日，国家发改委发布了《电化学储能电站安全管理暂行办法（征求意见稿）》。文件提出住房和城乡建设主管部门要加强储能电站设计管理，组织开展储能电站设计与建筑安全相关标准制修订。此外还要建立储能电站安全监管平台，统计发布储能电站安全生产信息，定期开展电站运行安全事故统计、分析、发布等反事故工作。

2021 年 10 月 8 日，国家能源局发布了 4 份文件，分别是《并网调度协议（示范文本）（征求意见稿）》《新能源场站并网调度协议（示范文本）（征求意见稿）》《电化学储能电站并网调度协议（示范文本）（征求意见稿）》《购售电合同（示范文本）（征求意见稿）》。其中，在《电化学储能电站并网调度协议（示范文本）（征求意见稿）》中详细规范了并网双方义务、条件、并网申请、调度运行、充放电计划、设备检修等具体内容。

2022 年 5 月 23 日，国家能源局印发《全国电力安全生产大检查工作方案》（以下简称“方案”），提出 10 个方面、33 项电力安全生产大检查具体要求。方案指出各单位要结合实际，检查电力安全生产工作存在的问题和不足。要求加强电化学储能安全管理，电力企业要将电化学储能电站纳入企业安全生产工作体系，加强电化学储能电站规划设计安全管理。

从储能电站安全性问题已经出台多份政策的情况可以发现，国家对于其重视程度非常高，出台的政策从储能电站建设运维过程中全面进行规范，让储能电站安全实现从设计端到运维端的全面管控。

笔记栏

项目二 新能源汽车电力电子元器件的认知与检测

任务一　电容器的认知与检测

任务目标

知识目标

1. 掌握电容器的基本概念。
2. 掌握电容器的类型。
3. 熟知电容器的应用。

技能目标

1. 具备从多途径的信息源中检索专业知识的能力。
2. 具备检测电容器的能力。

素养目标

1. 培养学生认真严谨、积极主动的工作态度及安全生产、文明施工的意识。
2. 培养学生与小组成员、同学之间合作交流、协调工作的意识。
3. 获得分析问题和解决问题的基本方法。
4. 与小组成员交流、讨论学习成果，取长补短，完成自我提升。

任务框图

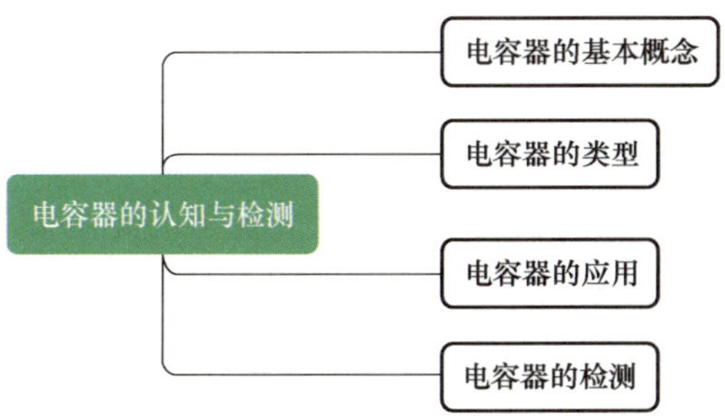

任务导入

在新能源汽车领域，现有的铝电解电容器未来将部分被薄膜电容器取代。目前已有越来越多的公司用薄膜电容器替代电解电容器，如比亚迪秦和特斯拉 Model3 都采用了薄膜电容器。

同时，在 DC/DC 变换器、MCU、BMS 等高压电气单元中，薄膜电容器的使用量也随着新能源汽车的推广和普及而上升。假如你是一名新能源汽车维修工，该如何检测电容器是否正常？

任务分组

学生任务分配表见表 2-1-1。

表 2-1-1　学生任务分配表

班级		组号		指导教师	
组长		学号			
组员	姓名：______	学号：______	姓名：______	学号：______	
	姓名：______	学号：______	姓名：______	学号：______	
	姓名：______	学号：______	姓名：______	学号：______	
	姓名：______	学号：______	姓名：______	学号：______	
任务分工					
（就组织讨论、工具准备、数据采集、数据记录、安全监督、成果展示等工作内容进行任务分工）					

获取信息

超级电容的结构及工作原理

引导问题 1：请你查阅资料，简述电容器的基本概念：______________________________

____

考证指南

在 2022 年全国职业院校技能大赛里的充电设备装调与检修模块中，要求参赛选手进行电路元件的检测。

知识点提示

一、电容器的基本概念

1. 定义

电容器通常简称为电容，用字母 C 表示。

定义 1：电容器，顾名思义，是“装电的容器”，是一种容纳电荷的器件。

定义 2：电容器，任何两个彼此绝缘且相隔很近的导体（包括导线）间都构成一个电容器。

2. 基本结构

电容器种类繁多、形状各异，但其基本结构是一样的，它由两片靠得较近的金属板中间隔以绝缘物质组成。电容器的基本结构如图 2-1-1 所示。

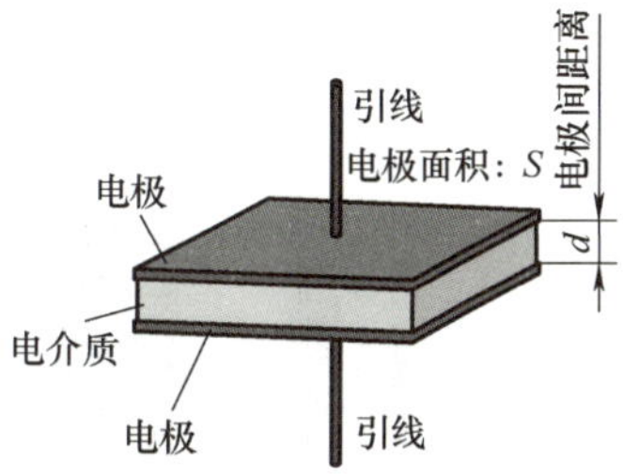

图 2-1-1 电容器的基本结构

3. 计算公式

电容与电容量的关系：

$$1\text{VA}\cdot\text{h}=1\text{W}\cdot\text{h}=3600\text{J} \qquad W=\frac{1}{2}CU^2$$

一个电容器，如果带 1C 的电量时两级间的电势差是 1V，这个电容器的电容就是 1F。电容的大小不是由带电量 Q 或电压 U 决定的，电容的决定式为 $C=\varepsilon_r S/4\pi kd$。其中，$\varepsilon_r$ 是介质的介电常数；S 为电容极板的正对面积；d 为电容极板的距离；k 为静电力常量。常见的平行板电容器，电容为 $C=\varepsilon S/d$（ε 为极板间介质的介电常数，$\varepsilon=\varepsilon_r\varepsilon_0$，$\varepsilon_0=1/4\pi k$）。

电容器的电容量公式

$$C=\frac{\varepsilon S}{d}=\frac{\varepsilon_0\varepsilon_r S}{d}$$

式中，S 为电极面积 /m^2；d 为电极间距离 /m；ε 为极板间介质的介电常数 /（F/m）；ε_0 为真空介电常数 $\varepsilon_0=8.854\times10^{-12}\text{F/m}$；$\varepsilon_r$ 为电介质的相对电容率。

定义式：$C=\dfrac{Q}{U}$

电容器的电动势能计算公式：$E=\dfrac{1}{2}CU^2=\dfrac{1}{2}QU=\dfrac{Q^2}{2C}$

多电容器并联计算公式：$C=C_1+C_2+C_3+\cdots+C_n$

多电容器串联计算公式：$\dfrac{1}{C}=\dfrac{1}{C_1}+\dfrac{1}{C_2}+\dfrac{1}{C_3}+\cdots+\dfrac{1}{C_n}$

三电容器串联：$C=\dfrac{C_1C_2C_3}{C_1C_2+C_2C_3+C_1C_3}$

引导问题 2：市场上有不同类型的电容器，每种电容器都有自己的特性和应用。请你想一想，普通电容器和超级电容器的类型分别有：________________________________

____

____

知识点提示

二、电容器的类型

1. 普通电容器

电容器是由两块金属电极之间夹一层绝缘电介质构成的。当在两金属电极间加上电压时，电极上就会存储电荷，所以电容器是储能元件。任何两个彼此绝缘又相距很近的导体都能组成一个电容器。平行板电容器由电容器的极板和电介质组成。电容器实物图如图 2-1-2 所示。

电容器的电容量取决于导电板的面积、导电板间的距离和两板之间绝缘材料（电介质）的性质。根据实际应用情况可选用非极化电容或极化电容器。电容器的电路符号如图 2-1-3 所示。

图 2-1-2 电容器实物图

图 2-1-3 电容器的电路符号

非极化电容器的两个引出线相同，即可以相互调换，可用直流和交流电压驱动；极化电容器有一个正极引出线和一个负极引出线，这两个引出线不能互换，不能用交流电压驱动。

实际的电路应用中，经常用到的普通电容器也可以分为瓷片电容器、电解电容器、贴片电容器等。图 2-1-4 所示为智能电学套装中的电容模块。

（1）瓷片电容器 瓷片电容器是一种用陶瓷材料作介质，在陶瓷表面涂覆一层金属薄膜，再经高温烧结后作为电极的电容器。它通常用于高稳定振荡回路中，作为回路、旁路电容器及垫整电容器。瓷片电容器具有稳定、绝缘性好、耐高压的优点，缺点是电容量比较小。瓷片电容器及其电路符号如图 2-1-5 所示。

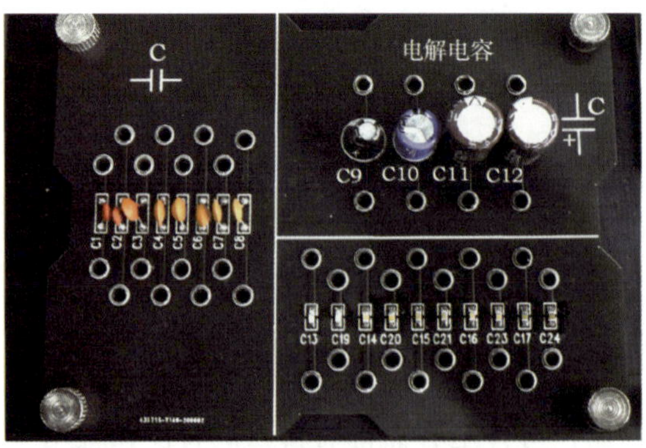

图 2-1-4 智能电学套装中的电容模块

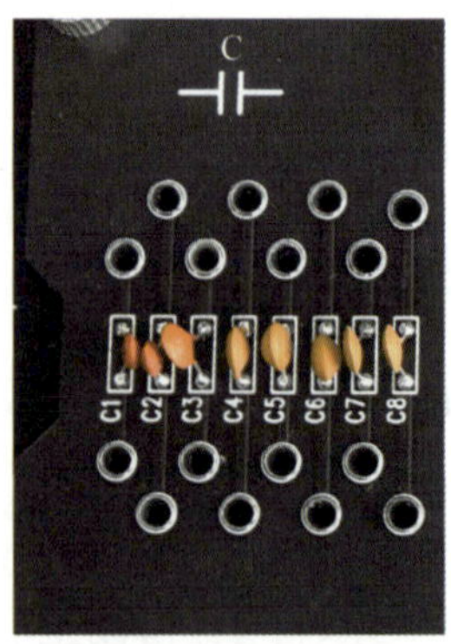

图 2-1-5 瓷片电容器及其电路符号

（2）电解电容器 电解电容器是电容器的一种，金属箔为正极，与正极紧贴金属的氧化膜是电介质，阴极由导电材料、电解质和其他材料共同组成，因电解质是阴极的主要部分而得名。同时电解电容器正、负极不可接错。电解电容器及其电路符号如图 2-1-6 所示。

无极性电解电容器也称为双极性电解电容器，采用双氧化膜结构，类似于将两只有极性电解电容器两个负极相连接后构成，其两个电极分别为两个金属极板（均粘有氧化膜）相连，两组氧化膜中间为电解质。有极性电解电容器通常在电源电路或中频、低频电路中起电源滤波，退耦、信号耦合及时间常数设定，隔直流等作用。无极性电解电容器通常用于音响分频器电路、单相电动机的起动电路。

（3）贴片电容器　贴片电容器全称为多层（积层、叠层）片式陶瓷电容器。图 2-1-7 所示为智能电学套装中的贴片电容器。其电路符号与瓷片电容器的电路符号相同。

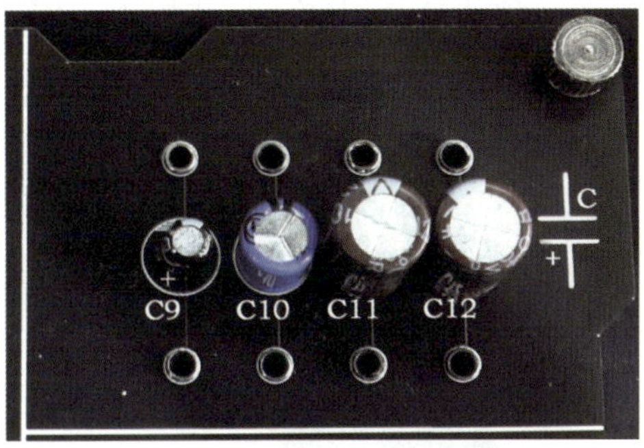

图 2-1-6　电解电容器及其电路符号

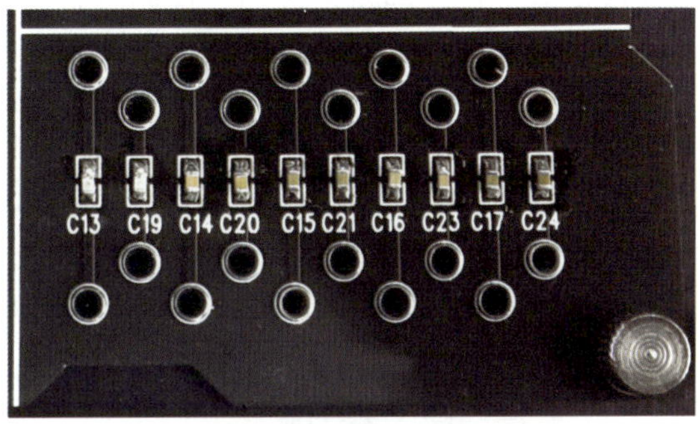

图 2-1-7　智能电学套装中的贴片电容器

2. **超级电容器**

除了普通电容器，还有超级电容器。超级电容器又名电化学电容器、双电层电容器、黄金电容器、法拉电容器，是从 20 世纪七八十年代发展起来的通过极化电解质来储能的一种电化学元件。

它不同于传统的化学电源，是一种介于传统电容器与蓄电池之间、具有特殊性能的电源，主要依靠双电层和氧化还原赝电容电荷储存电能。但在其储能的过程中并不发生化学反应，这种储能过程是可逆的，也正因为此，超级电容器可以反复充、放电数十万次。图 2-1-8 所示为超级电容器。

超级电容器的工作原理和其他种类的双电层电容器一样，都是利用活性炭多孔电极和电解质组成的双电层结构获得超大的容量。

超级电容器突出的优点是功率密度高、充放电时间短、循环寿命长、工作温度范围宽，是世界上已投入量产的双电层电容器中电容量最大的一种。双电层电容器的工作原理如图 2-1-9 所示。

图 2-1-8　超级电容器

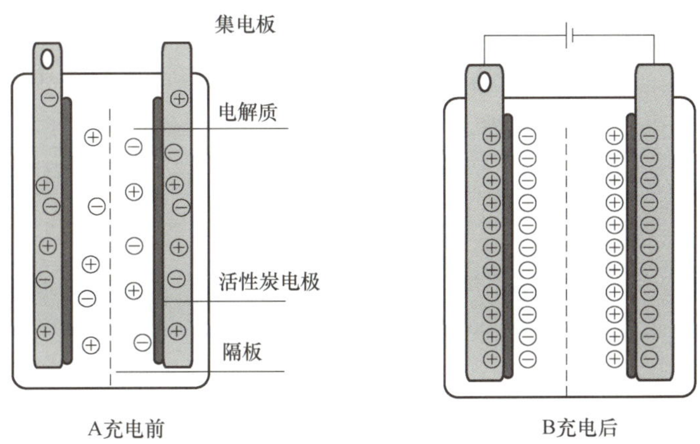

图 2-1-9　双电层电容器的工作原理

根据储能机理的不同，超级电容器可以分为以下两类：

（1）双电层电容器 是在电极与溶液界面通过电子或离子的定向排列造成电荷的对峙而产生的，如图 2-1-10 所示。对一个电极与溶液体系，会在电子导电的电极和离子导电的电解质溶液界面上形成双电层。当在两个电极上施加电场后，溶液中的阴、阳离子分别向正、负电极迁移，在电极表面形成双电层；撤销电场后，电极上的正、负电荷与溶液中的相反电荷离子相互吸引而使双电层稳定，在正、负极间产生相对稳定的电位差。

对某一电极而言，会在一定距离内（分散层）产生与电极上的电荷等量的异性离子电荷，使其保持电中性；当将两极与外电路连通时，电极上的电荷迁移而在外电路中产生电流，溶液中的离子迁移到溶液中呈电中性，这便是双电层电容的充放电原理。

（2）法拉第准电容器 继双层电容器后，又发展出了赝电容器，也称法拉第准电容器，如图 2-1-11 所示。

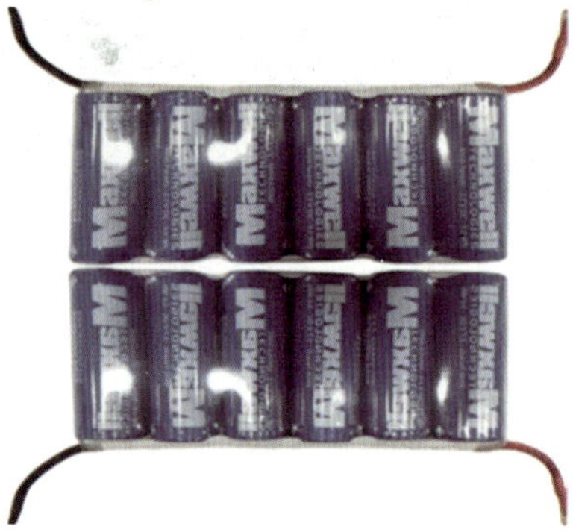

图 2-1-10 双电层电容器

图 2-1-11 法拉第准电容器

其理论模型是在电极表面和近表面或体相中的二维或准二维空间上，电活性物质进行欠电位沉积，发生高度可逆的化学吸脱附和氧化还原反应，产生与电极充电电位有关的电容。对于法拉第准电容器，其储存电荷的过程不仅包括双电层上的存储，而且包括电解液离子与电极活性物质发生的氧化还原反应。

当电解液中的离子（如 H^+、OH^-、K^+ 或 Li^+）在外加电场的作用下由溶液中扩散到电极 / 溶液界面时，会通过界面上的氧化还原反应进入到电极表面活性氧化物的体相中，从而使大量的电荷被存储在电极中。放电时，这些进入氧化物中的离子会通过以上氧化还原反应的逆反应重新返回到电解液中，同时所存储的电荷通过外电路释放出来，这就是法拉第准电容器的充放电机理。

引导问题 3：电容器是电子设备中大量使用的电子元件之一，电容器广泛应用的电路有：____

____

知识点提示

三、电容器的应用

电容器是电子设备中最基础也是最重要的元件之一。电容器的产量占全球电子元器件产品

（其他的还有电阻、电感等）的 40% 以上。基本上所有的电子设备，小到充电器、数码相机，大到航天飞机、火箭等都可以见到它的身影。作为一种最基本的电子元件，电容器对电子设备来说是不可缺少的。

电容器的种类繁多，用途非常广泛，主要应用在电源电路、信号电路、电力系统及工业设备中。

在电源电路和信号电路中，电容器主要用于实现旁路、去耦、滤波、储能、耦合等方面的作用，见表 2-1-2。

表 2-1-2 电容器的作用

序号	参数	内容
1	旁路	旁路电容器的主要功能是产生一个交流分路，把输入信号中的干扰作为滤除对象，可将混有高频电流和低频电流的交流电中的高频成分旁路掉
2	去耦	去耦电容器也称退耦电容器，它的作用是把输出信号中的高频干扰作为滤除对象，防止干扰信号返回电源 高频旁路电容器一般比较小，根据谐振频率一般取 0.1μF、0.01μF 等，而去耦电容器的容量一般较大，可能是 10μF 或者更大
3	滤波	滤波电容器在电源整流电路中，主要用来滤除交流成分，使输出的直流电更加平滑
4	储能	电容器能够储存电能，是一种储能元件，用于在必要的时候释放，例如相机闪光灯、加热设备等。某些电容器的储能水平已经接近锂离子蓄电池的水准，一个电容器储存的电能可以供一部手机使用 1 天
5	耦合	耦合电容器的作用是利用电容器“通交流、阻直流”的特性，将交流信号从前一级传到下一级

工作计划

按照前面所学的知识内容和小组内部讨论的结果，制订工作计划（包括资料查阅渠道的落实、任务实施任务中的内容分工等）并填入表 2-1-3。

表 2-1-3 工作计划表

步骤	工作内容	负责人
1		
2		
3		
4		
5		

进行决策

1. 各组派代表阐述资料查询结果。
2. 各组就各自的查询结果进行交流，并分享技巧。
3. 教师结合各组完成的情况进行点评，选出最佳方案。

任务实施

一、电容器的检测

所需设备及工具：数字万用表、电容器。

用数字万用表检测电容器的检测方法有：

1. **用电容档检测电容器**

某些数字万用表具有测量电容器的功能，其量程分为 2000p、20n、200n、2μ 和 20μ 共 5 档。测量时，可将已放电的电容器两引脚直接插入表板上的 Cx 插孔，选取适当的量程后就可读取显示数据，如图 2-1-12 所示。

图 2-1-12　数字万用表

2000p 档，适用于测量小于 2000pF 的电容器；20n 档，适用于测量 2000pF~20nF 之间的电容器；200n 档，适用于测量 20~200nF 之间的电容器；2μ 档，适用于测量 200nF~2μF 之间的电容器；20μ 档，适用于测量 2~20μF 之间的电容器。

经验证明，有些型号的数字万用表（例如 DT890B+）在测量 50pF 以下的小容量电容器时误差较大，测量 20pF 以下电容器几乎没有参考价值。可采用并联法测量小值电容器。其方法是：先找一只 220pF 左右的电容器，用数字万用表测出其实际容量 C_1，然后把待测小电容器与之并联测出其总容量 C_2，两者之差（C_1−C_2）即是待测小电容器的容量。用此法测量 1~20pF 的小容量电容器很准确。

2. **用电阻档检测电容器**

实践证明，利用数字万用表可观察电容器的充电过程，这实际上是以离散的数字量反映充电电压的变化情况。设数字万用表的测量速率为 n 次 / 秒，在观察电容器的充电过程中，每秒即可看到 n 个彼此独立且依次增大的读数。根据数字万用表的这一显示特点，可以检测电容器的好坏和估测电容量的大小。下面是使用数字万用表电阻档检测电容器的方法，对于未设置电容档的仪表很有实用价值，此方法适用于测量 0.1μF 到几千 μF 的大容量电容器。

1）测量电解电容器任意两极间的漏电阻。

2）交换红、黑表笔，再一次测量电解电容器的漏电阻。

3）如果电解电容器性能良好，在两次测量结果中，阻值大的一次便是正向接法，即红表笔接电解电容器的负极、黑表笔接电解电容器的正极。

3. **用电压档检测电容器**

用数字万用表直流电压档检测电容器，实际上是一种间接测量法，此法可测量 220pF~1μF 的小容量电容器，并且能精确测出电容器漏电流的大小。

二、实训工单

请复习本任务所学内容，巩固理论知识和实训内容，并完成实训工单（表 2-1-4）的填写。

表 2-1-4　实训工单

姓名		班级（专业）		完成日期	
任务准备					
序号	设　备			数　量	
1					
2					
3					
4					
5					

（续）

实施步骤	
记　录	完成情况
	已完成□　未完成□

6S 现场管理			
序号	操作步骤	完成情况	备　注
1	建立安全操作环境	已完成□　未完成□	
2	清理及整理工具、量具	已完成□　未完成□	
3	清理及复原设备	已完成□　未完成□	
4	清理场地	已完成□　未完成□	
5	物品回收和环保	已完成□　未完成□	
6	完善和检查工单	已完成□　未完成□	

评价反馈

1. 各组代表展示汇报 PPT，介绍任务的完成过程。

2. 以小组为单位，请对各组的操作过程与操作结果进行自评和互评，并将结果填入学生评价表（表 2-1-5）。

表 2-1-5　学生评价表

姓名		学号			班级			组别				
实训任务												
评价项目	分值	等　级				评价对象（组别）							
		A	B	C	D	1	2	3	4	5	6	7	8
方案合理	20	20	15	10	5								
团队合作	20	20	15	10	5								
工作质量	20	20	15	10	5								
工作规范	20	20	15	10	5								
汇报展示	20	20	15	10	5								
合计	100	各组得分											
总结与反思													
（如：学习过程中遇到的问题→如何解决的 / 解决不了的原因→心得体会）													

3. 教师对学生工作过程与工作结果进行评价，并将评价结果填入教师对学生评价表（表 2-1-6）。

表 2-1-6 教师对学生评价表

姓名			学号	班级	组别	
实训任务						
评价项目			评价标准		分值	得分
考勤（10%）			无故意迟到、早退、旷课现象		5	
工作过程（60%）	知识目标	获取信息	掌握电容器的基本概念		5	
			掌握电容器的类型		5	
			熟知电容器的应用		5	
		进行决策	制订工作计划，计划合理可行		5	
	技能目标	任务实施	能检查万用表完整性		5	
			能用电容档检测电容器		10	
			能用电阻档检测电容器		10	
			能用电压档检测电容器		5	
	素养目标	工作态度	认真严谨、积极主动；安全生产、文明施工		5	
		团队合作	与小组成员、同学合作交流、协调工作		5	
		工作质量	能按照工作计划操作，按计划完成工作任务		5	
项目成果（30%）		工作完整	能按时完成工作任务的所有环节		10	
		工作规范	能在整个操作过程中规范操作，避免意外事故发生		10	
		汇报展示	能准确表达、汇报工作成果		10	
合计					100	
综合评价			学生评价（50%）	教师评价（50%）	综合得分	
综合评语			（工作过程中存在的问题及改进建议）			

任务二　线圈的认知与检测

任务目标

知识目标

1. 掌握线圈的基本概念。
2. 掌握线圈的类型。
3. 熟知线圈的应用。

技能目标

1. 具备从多途径的信息源中检索专业知识的能力。
2. 具备检测线圈的能力。

素养目标

1. 培养学生认真严谨、积极主动的工作态度及安全生产、文明施工的意识。
2. 培养学生与小组成员、同学之间合作交流、协调工作的意识。
3. 获得分析问题和解决问题的基本方法。
4. 与小组成员交流、讨论学习成果，取长补短，完成自我提升。

任务框图

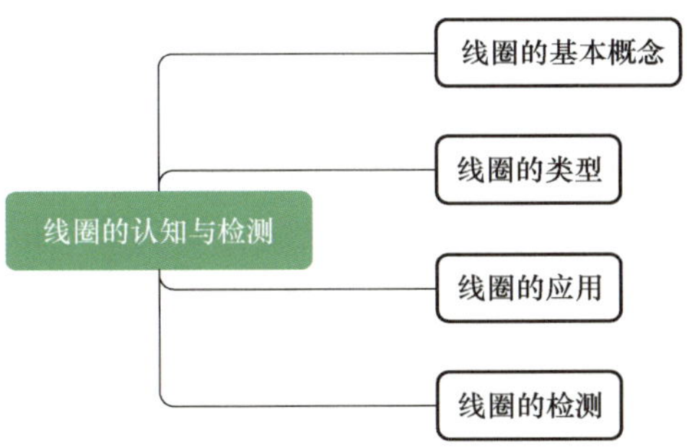

任务导入

新能源汽车蓄电池液冷测试需保证良好的工作性能，避免故障的发生，若线圈被烧毁，需维修人员找出原因，避免发生安全事故。假如你是一名新能源汽车维修工，你如何检测线圈是否正常？

任务分组

学生任务分配表见表 2-2-1。

表 2-2-1　学生任务分配表

班　级		组　号		指导教师	
组　长		学　号			
组　员	姓名：______ 学号：______		姓名：______ 学号：______		
	姓名：______ 学号：______		姓名：______ 学号：______		
	姓名：______ 学号：______		姓名：______ 学号：______		
	姓名：______ 学号：______		姓名：______ 学号：______		
任务分工					
（就组织讨论、工具准备、数据采集、数据记录、安全监督、成果展示等工作内容进行任务分工）					

获取信息

线圈的认知和检测

引导问题 1：英国人斯特金将通有电流的金属线围绕在绝缘的铁棒上，制造了电磁铁线圈。线圈的结构组成有：________________________________

____

____

知识点提示

一、线圈的基本概念

1. 定义

线圈通常指呈环形的导线绕组，最常见的线圈应用有电动机、电感、变压器和环形天线等。电路中的线圈是指电感器，其中导线一圈圈绕起来，导线彼此互相绝缘，而绝缘管可以是空心的，也可以包含铁心或磁粉心。图 2-2-1 所示为线圈及其电路符号。电感器用 L 表示，单位有亨利（H）、毫亨利（mH）、微亨利（μH），$1H=10^3mH=10^6\mu H$。

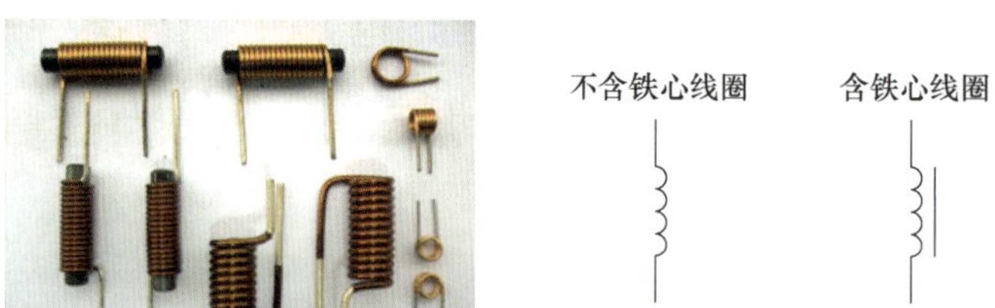

a)　　b)

图 2-2-1　线圈及其电路符号

a）实物图　b）电路符号

2. 结构

线圈通常由骨架、绕组、铁心和屏蔽罩等组成，根据使用场合的不同，有的线圈没有屏蔽罩，有的线圈没有磁心，还有的线圈没有骨架，只有绕组。图 2-2-2 所示为电感线圈。

（1）骨架　骨架常用的材料有陶瓷、塑料以及电工纸板等。骨架的材料对线圈的质量以及稳定性都有一定的影响，一般根据工作的条件选取。

（2）绕组　大多数绕组由绝缘导线在线圈骨架上绕制而成，绝缘导线常用的有各种规格的漆包线及电磁线。一般来说，绕组需要的电感量越大，线圈的匝数越多。选用导线的直径应根据通过绕组的电流值及线圈的 Q 值来确定。通过的电流较大时，要求 Q 值较高，则线圈导线的直径应选粗一些。在电感量小于几个微亨利的情况下，绕组常用裸镀银铜线绕制，以减小导线的表面电阻值，提高线圈的性能。

（3）屏蔽罩　为了减小外界电磁场对线圈的影响以及线圈产生的电磁场对外界电路产生的耦合，往往在结构上使用屏蔽罩将线圈封闭在内，并将其可靠接地，以达到与外界电路隔离的要求。

（4）铁心　线圈装入铁心后，可以使线圈的电感量增大，与同样电感量的无铁心的线圈相比，带铁心的线圈匝数可以减少，从而可以减少线圈的体积和分布电容，同时也提高了线圈的 Q 值。有时为了调节线圈的电感量，可以通过调整铁心在线圈中的位置来实现。铁心通常使用锰锌铁氧体或镍锌铁氧体磁性材料制作，根据使用的不同要求，可以制成各种形状，如图 2-2-3 所示。

图 2-2-2　电感线圈

图 2-2-3　电感线圈铁心

引导问题 2：在元器件市场中，可以看到各种各样类型的线圈，分别按电感形式、导磁体性质、工作性质和绕线结构来分类的线圈有：____

____

____

知识点提示

二、线圈的类型

（1）按电感形式分类　可分为固定电感线圈和可变电感线圈。

（2）按导磁体性质分类　可分为空心线圈、铁氧体线圈、铁心线圈和铜心线圈。

（3）按工作性质分类　可分为天线线圈、振荡线圈、扼流线圈、陷波线圈和偏转线圈。

（4）按绕线结构分类　可分为单层线圈、多层线圈和蜂房式线圈。

引导问题 3：智能产品的应用和推广日益广泛，例如智能卡，它的线圈大小、匝数影响着感应距离，线圈对智能卡来说是最重要的组成部件。请你想一想，线圈在人们生活中实际应用有：____

____

知识点提示

三、线圈的应用

1. 贴片电感线圈

贴片电感线圈（图 2-2-4）广泛应用在共模滤波器、多频变压器、阻抗变压器、平衡及不平衡转换变压器、抑制电子设备 EMI 噪声、个人计算机及外围设备的 USB 电路、液晶显示面板、低压微分信号、汽车遥控式钥匙等。

2. 固定电感线圈

固定电感线圈（图 2-2-5）包括环型线圈、扼流线圈、共模线圈、铁氧体磁珠、功率电感、有贴片型和引脚型等类型，广泛使用在电信、计算机、交流电源和周边设备上。

图 2-2-4 贴片电感线圈

图 2-2-5 固定电感线圈

3. 闭磁路大电流表面贴装功率电感线圈

闭磁路大电流表面贴装功率电感线圈（图 2-2-6）的特点及用途：理想的 DC/DC 变换电感、功率大、高饱和电感器、直流电阻小，适合于大电流、带装或并卷轮包装以便自动表面安装，应用于录放影机电源供应器、录放影机电源供应器、液晶电视机、手提计算机、办公自动化设备、移动通信设备、DC/DC 变换器等。

4. 射频电感线圈

射频电感线圈广泛使用在移动电话、VCO、TCXO 电路和射频收发器模组、全球定位系统、无线网络、蓝牙模组、通信设备、液晶电视、摄影机、笔记本计算机、喷墨印表机、影印机、显示监视器、游戏机、录放影机、光盘机、摄影机、数位相机、汽车电子产品等，如图 2-2-7 所示。

图 2-2-6 闭磁路大电流表面贴装功率电感线圈

图 2-2-7 射频电感线圈

工作计划

按照前面所学的知识内容和小组内部讨论的结果，制订工作计划（包括资料查阅渠道的落实、任务实施任务中的内容分工等）并填入表 2-2-2。

表 2-2-2　工作计划表

步骤	工 作 内 容	负责人
1		
2		
3		
4		
5		

进行决策

1. 各组派代表阐述资料查询结果。
2. 各组就各自的查询结果进行交流，并分享技巧。
3. 教师结合各组完成的情况进行点评，选出最佳方案。

任务实施

一、线圈的检测

所需设备及工具：万用表、贴片电感线圈。

大多数电子元件，如电阻、电容、扬声器等，都是标准化的，但只有部分贴片电感线圈是按照规范生产的产品，如阻流圈、低频阻流圈、振荡线圈等。绝大多数贴片电感线圈是非标准元件，往往要根据实际需要自行制作。

贴片电感线圈的检测首先要检测线圈的参数，然后判断线圈的电感量和质量。为了准确测量电感线圈中的电感量和质量因素 Q 值，一般质量因素 Q 值需要用阻抗分析仪测量。实际工作中一般不进行此测试，通过检查线圈的通断，可判断 Q 值。

首先用万用表电阻档测量线圈的直流电阻值，然后与原器件标注的标称电阻值进行比较。如果测量的电阻值远高于标称电阻值，或者万用表数值不稳定，可以判断线圈断线；如果测量的电阻值很小，则可能出现了严重的短路或部分短路。若检测电阻值与标称电阻值相差不大，可以判定线圈是正常的。

二、实训工单

请复习本任务所学内容，巩固理论知识和实训内容，并完成实训工单（表 2-2-3）的填写。

表 2-2-3　实训工单

姓名		班级（专业）		完成日期	
任务准备					
序号	设　备			数　量	
1					
2					
3					
4					
5					

（续）

实施步骤	
记　录	完成情况
	已完成□　未完成□

6S 现场管理			
序号	操作步骤	完成情况	备　注
1	建立安全操作环境	已完成□　未完成□	
2	清理及整理工具、量具	已完成□　未完成□	
3	清理及复原设备	已完成□　未完成□	
4	清理场地	已完成□　未完成□	
5	物品回收和环保	已完成□　未完成□	
6	完善和检查工单	已完成□　未完成□	

评价反馈

1. 各组代表展示汇报 PPT，介绍任务的完成过程。

2. 以小组为单位，请对各组的操作过程与操作结果进行自评和互评，并将结果填入学生评价表（表 2-2-4）。

表 2-2-4　学生评价表

姓名		学号			班级				组别				
实训任务													
评价项目	分值	等　级				评价对象（组别）							
		A	B	C	D	1	2	3	4	5	6	7	8
方案合理	20	20	15	10	5								
团队合作	20	20	15	10	5								
工作质量	20	20	15	10	5								
工作规范	20	20	15	10	5								
汇报展示	20	20	15	10	5								
合计	100	各组得分											
总结与反思													
（如：学习过程中遇到的问题→如何解决的 / 解决不了的原因→心得体会）													

3. 教师对学生工作过程与工作结果进行评价，并将评价结果填入教师对学生评价表（表 2-2-5）。

表 2-2-5　教师对学生评价表

姓名			学号	班级	组别
实训任务					
评价项目			评价标准	分值	得分
考勤（10%）			无故意迟到、早退、旷课现象	10	
工作过程（60%）	知识目标	获取信息	掌握线圈的基本概念	5	
			掌握线圈的类型	5	
			熟知线圈的应用	5	
		进行决策	制订工作计划，计划合理可行	10	
	技能目标	任务实施	能检测线圈参数	10	
			会使用阻抗分析仪	10	
	素养目标	工作态度	认真严谨、积极主动；安全生产、文明施工	5	
		团队合作	与小组成员、同学合作交流、协调工作	5	
		工作质量	能按照工作计划操作，按计划完成工作任务	5	
项目成果（30%）		工作完整	能按时完成工作任务的所有环节	10	
		工作规范	能在整个操作过程中规范操作，避免意外事故发生	10	
		汇报展示	能准确表达、汇报工作成果	10	
合计				100	
综合评价		学生评价（50%）	教师评价（50%）	综合得分	
综合评语		（工作过程中存在的问题及改进建议）			

任务三　晶闸管的认知与检测

任务目标

知识目标

1. 掌握晶闸管的定义。
2. 掌握晶闸管的结构、电气符号和外形。
3. 熟知晶闸管的类型。
4. 熟知晶闸管的工作原理。

技能目标

1. 具备从多途径的信息源中检索专业知识的能力。
2. 具备检测晶闸管的能力。

素养目标

1. 培养学生认真严谨、积极主动的工作态度及安全生产、文明施工的意识。
2. 培养学生与小组成员、同学之间合作交流、协调工作的意识。
3. 获得分析问题和解决问题的基本方法。
4. 与小组成员交流、讨论学习成果，取长补短，完成自我提升。

任务框图

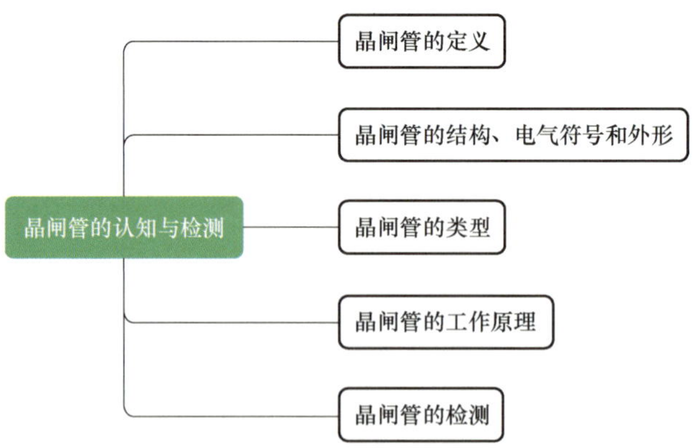

任务导入

晶闸管基本由硅单晶片制成，需要进行腐蚀、抛光、氧化、光刻、扩散、钝化、蒸发、键合、包封、测试等工艺环节。近年来新能源汽车行业快速发展，带动了晶闸管的发展。假如你是一名新能源汽车维修工，如何检测晶闸管是否正常？

任务分组

学生任务分配表见表 2-3-1。

表 2-3-1 学生任务分配表

班级		组号		指导教师	
组长		学号			
组员	姓名：______ 学号：______ 姓名：______ 学号：______ 姓名：______ 学号：______ 姓名：______ 学号：______ 姓名：______ 学号：______ 姓名：______ 学号：______ 姓名：______ 学号：______ 姓名：______ 学号：______				
任务分工					
（就组织讨论、工具准备、数据采集、数据记录、安全监督、成果展示等工作内容进行任务分工）					

获取信息

引导问题 1：从 20 世纪 60 年代开始，由普通晶闸管相继衍生出了快速晶闸管、光控晶闸管、不对称晶闸管及双向晶闸管等各种特性的晶闸管。晶闸管的定义：______________________________

____

晶闸管的认知和检测

知识点提示

一、晶闸管的定义

晶闸管是一种能够通过控制信号控制其导通，但不能控制其截止的半控型器件，如图 2-3-1 所示。由于其导通时刻可控，满足了调压要求。晶闸管具有体积小、效率高、动作迅速、操作方便等特点，因而在生产实际中获得了广泛的应用。晶闸管有许多派生器件，如双向晶闸管（TRIAC）、快速晶闸管（FST）、逆导晶闸管（RCT）和光控晶闸管（LATT）等。

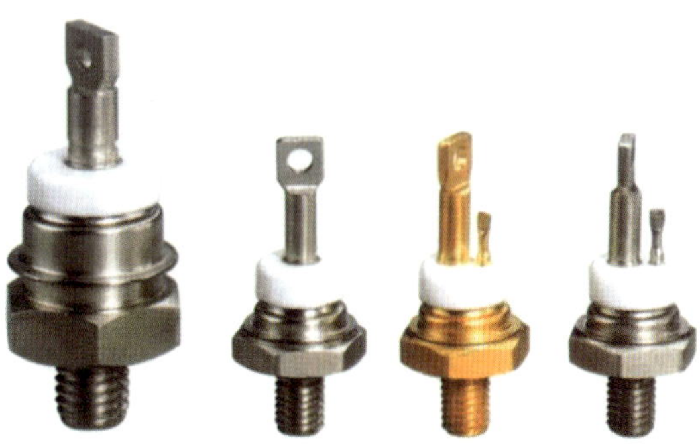

图 2-3-1 晶闸管

引导问题 2：请你想一想，晶闸管的结构有：______________________________

____

知识点提示

二、晶闸管的结构、电气符号和外形

1. 晶闸管的结构和电气符号

晶闸管是一种大功率半导体器件，它的内部是PNPN的4层结构，形成了3个PN结（J_1、J_2、J_3），并对外引出3个电极。晶闸管的等效结构如图2-3-2a所示。由P_1层和N_2层引出的两个电极，分别为阳极A和阴极K，由P_2层引出的电极是门极G，也称控制极。从晶闸管的结构图可知，晶闸管可以看成是由3个二极管连接而成的。晶闸管的电气符号如图2-3-2b所示。

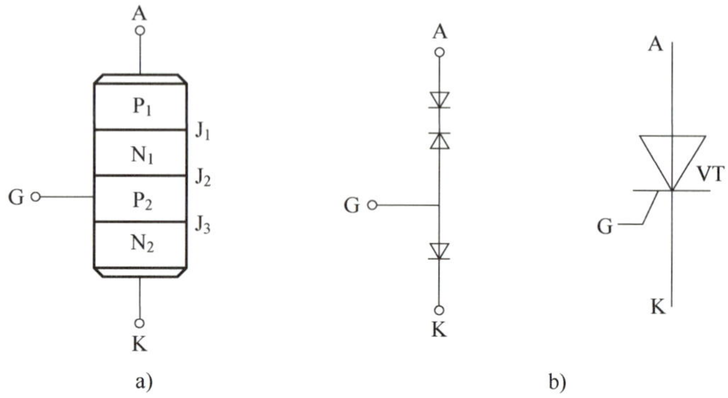

图2-3-2 晶闸管的结构和电气符号

a）等效结构 b）电气符号

2. 晶闸管的外形

晶闸管的外形如图2-3-3所示，图中所示为塑封式、螺栓式、平板式和模块式晶闸管的外形图，常用的是螺栓式和平板式两种。

晶闸管在工作过程中会因损耗而发热，因此必须安装散热器。螺栓式晶闸管靠阳极（螺栓）拧紧在铝制散热器上，可自然冷却；平板式晶闸管由两个相互绝缘的散热器夹紧晶闸管，靠风冷冷却。和功率二极管一样，额定电流大于200A的晶闸管采用平板式外形结构。此外，晶闸管的冷却方式还有水冷、油冷等。

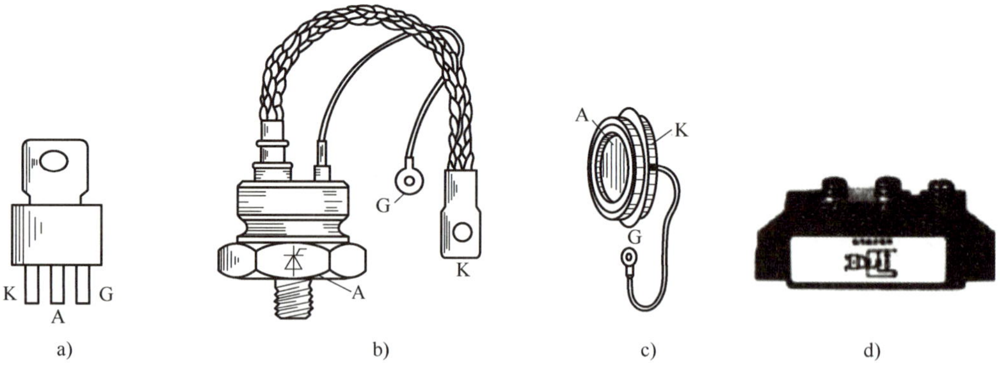

图2-3-3 晶闸管的外形

a）塑封式 b）螺栓式 c）平板式 d）模块式

引导问题3：请你查阅相关资料，晶闸管的类型有：________________

知识点提示

三、晶闸管的类型

1. 按截止、导通及控制方式分类

晶闸管按其截止、导通及控制方式可分为普通晶闸管、双向晶闸管、逆导晶闸管、门极可关断晶闸管（GTO）、BTG晶闸管、温控晶闸管和光控晶闸管等类型。

2. 按引脚和极性分类

晶闸管按其引脚和极性可分为二极晶闸管、三极晶闸管和四极晶闸管。

3. 按封装形式分类

晶闸管按其封装形式可分为金属封装晶闸管、塑封晶闸管和陶瓷封装晶闸管3种类型。其中，金属封装晶闸管可分为螺栓形、平板形、圆壳形等多种；塑封晶闸管可分为带散热片型晶闸管和不带散热片型晶闸管两种。

4. 按电流容量分类

晶闸管按电流容量可分为大功率晶闸管、中功率晶闸管和小功率晶闸管3种。通常，大功率晶闸管多采用金属壳封装，中、小功率晶闸管多采用塑封或陶瓷封装。

5. 按关断速度分类

晶闸管按其关断速度可分为普通晶闸管和高频（快速）晶闸管，如图2-3-4和图2-3-5所示。

图2-3-4 普通晶闸管

图2-3-5 高频（快速）晶闸管

引导问题4：晶闸管推动了半导体技术从弱电领域进入了强电领域，是工业、交通运输、军事科研以至商业、民用电器等方面广泛采用的电子元器件。请概述晶闸管的导通、截止原理：____

____

____

知识点提示

四、晶闸管的工作原理

1. 晶闸管的导通、截止实验

为了说明晶闸管的工作原理，先做一个实验。晶闸管导通、截止条件实验电路如图2-3-6所示。阳极电源E_A通过电位器R_P连接负载R_L（白炽灯），接到晶闸管的阳极A与阴极K，组成晶闸管的主电路。流过晶闸管阳极的电流称为阳极电流 I_A，晶闸管阳极和阴极两端的电压称为阳极电压 U_A。门极电源 E_G 通过电阻 R_g 连接晶闸管的门极 G，与阴极 K 组成控制电路（也称为触发电路）。流过门极的电流称为门极电流 I_G，门极与阴极之间的电压称为门极电压 U_G。通过灯泡的亮暗情况可判断晶闸管的通断情况，见表 2-3-2。该实验分以下 9 个步骤进行。

（1）第 1 步　按图 2-3-6a 接线，阳极和阴极之间加反向电压，门极和阴极之间不加电压，指示灯不亮，晶闸管不导通。

（2）第 2 步　按图 2-3-6b 接线，阳极和阴极之间加反向电压，门极和阴极之间加反向电压，指示灯不亮，晶闸管不导通。

（3）第 3 步　按图 2-3-6c 接线，阳极和阴极之间加反向电压，门极和阴极之间加正向电压，指示灯不亮，晶闸管不导通。

（4）第 4 步　按图 2-3-6d 接线，阳极和阴极之间加正向电压，门极和阴极之间不加电压，指示灯不亮，晶闸管不导通。

（5）第 5 步　按图 2-3-6e 接线，阳极和阴极之间加正向电压，门极和阴极之间加反向电压，指示灯不亮，晶闸管不导通。

（6）第 6 步　按图 2-3-6f 接线，阳极和阴极之间加正向电压，门极和阴极之间加正向电压，指示灯亮，晶闸管导通。

（7）第 7 步　按图 2-3-6g 接线，去掉触发电压，指示灯亮，晶闸管仍导通。

（8）第 8 步　按图 2-3-6h 接线，门极和阴极之间加反向电压，指示灯亮，晶闸管仍导通。

（9）第 9 步　按图 2-3-6i 接线，去掉触发电压，将电位器阻值加大，晶闸管阳极电流减小，当电流减小到一定值时，指示灯熄灭，晶闸管截止。

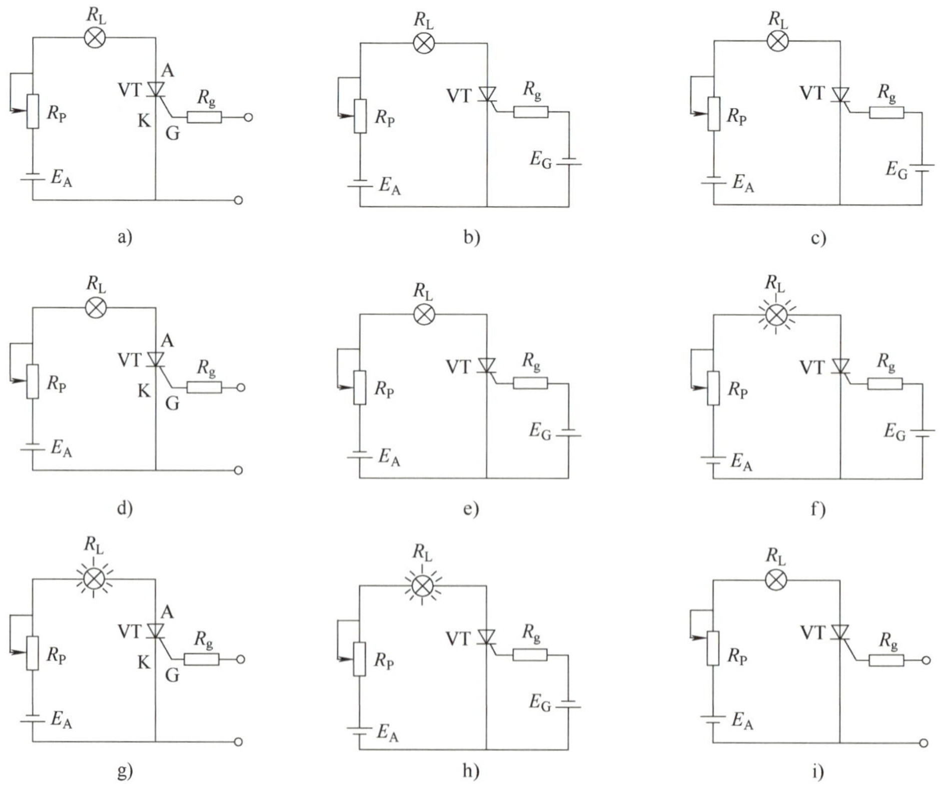

图 2-3-6　晶闸管导通、截止条件实验电路

表 2-3-2　晶闸管导通和截止实验

实验顺序		实验前灯的情况	实验时晶闸管条件		实验后灯的情况	结　论
			门极电压 U_G	阳极电压 U_A		
导通实验	1	暗	反向	零	暗	晶闸管在反向阳极电压作用下，不论门极为何种电压，它都处于截止状态。说明晶闸管具有单向导电性
	2	暗	反向	反向	暗	
	3	暗	反向	正向	暗	
	4	暗	正向	零	暗	晶闸管在正向阳极电压作用下：1）正向截止状态：门极加上反向电压或者不加电压，晶闸管不导通；2）正向导通状态：门极加上正向电压，晶闸管导通（闸流可控特性）
	5	暗	正向	反向	暗	
	6	暗	正向	正向	亮	
截止实验	1	亮	正向	零	亮	已导通的晶闸管在正向阳极电压作用下，门极失去控制作用
	2	亮	正向	反向	亮	
	3	亮	正向	反向	亮	
	4	亮	正向（逐渐减小到接近于零）	任意	暗	晶闸管在导通状态时，当阳极电压减小到接近于零时，晶闸管截止

2. 实验结论

通过上述实验可知，晶闸管导通必须同时具备两个条件：

1）晶闸管阳极和阴极（A-K）间加正向电压。

2）晶闸管门极和阴极（G-K）间加合适的正向电压。

晶闸管一旦导通，门极即失去控制作用。

3. 晶闸管的导通、截止原理

为了进一步说明晶闸管的工作原理，下面通过晶闸管的等效电路来分析。

（1）晶闸管的等效电路　将内部是 4 层 PNPN 结构的晶闸管看成是由 1 个 PNP 型和 1 个 NPN 型晶体管连接而成的等效电路，如图 2-3-7 所示。晶闸管的阳极 A 相当于 PNP 型晶体管 VT_1 的发射极，晶闸管的阴极 K 相当于 NPN 型晶体管 VT_2 的发射极。

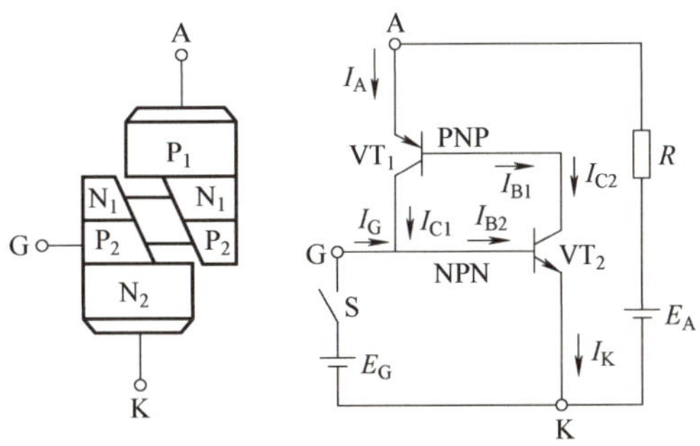

图 2-3-7　晶闸管的等效电路

（2）晶闸管的导通原理　当晶闸管阳极承受正向电压，门极加正向电压时，晶体管 VT_2 处于正向偏置，E_G 产生的门极电流 I_G 就是 VT_2 的基极电流 I_{B2}；VT_2 的集电极电流 $I_{C2}=\beta_2 I_G$。而 I_{C2} 是晶体管 VT_1 的基极电流 I_{B1}，VT_1 的集电极电流 $I_{C1}=\beta_1 I_{C2}=\beta_1\beta_2 I_G$（$\beta_1$ 和 β_2 分别是 VT_1 和 VT_2 的电流放大系数）。电流 I_{C1} 又流入 VT_2 的基极，再一次被放大。这样循环下去，形成了强烈的正反馈，使两个晶体管很快达到饱和导通，这就是晶闸管的导通过程。导通后，晶闸管上的压降很小，电源电压几乎全部加在负载上，晶闸管中流过的电流即负载电流。其正反馈过程如下：

$$I_G\uparrow \rightarrow I_{B2}\uparrow \rightarrow I_{C2}\,(I_{B1})\uparrow \rightarrow I_{C1}\uparrow \rightarrow I_{B2}\uparrow$$

在晶闸管导通后，它的导通状态完全依靠管子本身的正反馈作用来维持，此时 $I_{B2}=I_{C1}+I_G$，而 $I_{C1}\gg I_G$，即使门极电流消失 $I_G=0$，I_{B2} 仍足够大，晶闸管仍将处于导通状态。因此，门极的作用仅是触发晶闸管使其导通，导通后，门极就失去了控制作用。

（3）晶闸管的截止原理　要想使晶闸管截止，必须将阳极电流减小到使之不能维持正反馈的程度，也就是将晶闸管的阳极电流减小到小于维持电流。可采用的方法有：增大负载使晶闸管阳极电流减小到小于一定数值，使其不能维持导通；将阳极电源断开，使阳极电流为零；改变晶闸管阳极电压的方向，即在阳极和阴极间加反向电压，破坏等效晶体管的工作条件。

工作计划

按照前面所学的知识内容和小组内部讨论的结果，制订工作计划（包括资料查阅渠道的落实、任务实施任务中的内容分工等）并填入表 2-3-3。

表 2-3-3　工作计划表

步骤	工作内容	负责人
1		
2		
3		
4		
5		

进行决策

1. 各组派代表阐述资料查询结果。
2. 各组就各自的查询结果进行交流，并分享技巧。
3. 教师结合各组完成的情况进行点评，选出最佳方案。

任务实施

一、晶闸管的检测

所需设备及工具：万用表、绝缘电阻表、晶闸管。

晶闸管俗称可控硅，可以分为单相晶闸管和双相晶闸管，这两种晶闸管的结构分别如图 2-3-8 和 2-3-9 所示。

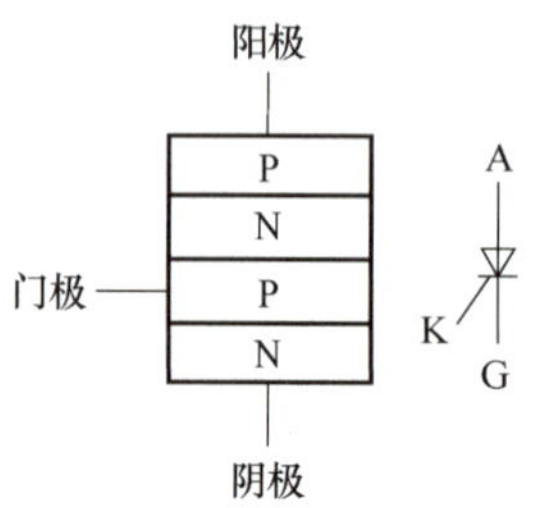

图 2-3-8　单相晶闸管的结构

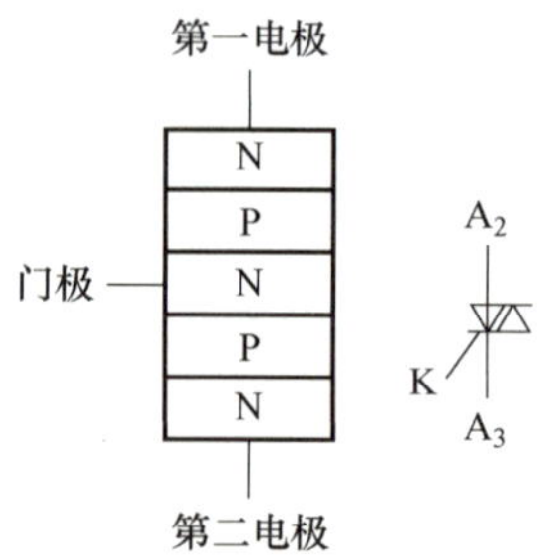

图 2-3-9　双相晶闸管的结构

利用万用表和绝缘电阻表检查逆导晶闸管的好坏，测试内容主要有 3 项：

1. 检查逆导性

选择万用表 R×1 档，黑表笔接 K 极、红表笔接 A 极，电阻值应为 5~10Ω。若阻值为零，说明内部二极管短路；若电阻为无穷大，说明二极管开路。

2. 测量正向直流转折电压 $U(B_0)$

接好电路，再按额定转速摇绝缘电阻表，使 RCT 正向击穿，由直流电压表上读出 $U(B_0)$ 值。

3. 检查触发能力

实例：使用 500 型万用表和 ZC25-3 型绝缘电阻表测量一只 S3900MF 型逆导晶闸管。依次选择 R×1k、R×100、R×10 和 R×1 档测量 A-K 极间反向电阻，同时用读取电压法求出内部二极管的反向导通电压 U_{TR}（实际是二极管正向电压 U_F）。再用绝缘电阻表和万用表 DC 500V 档测得 $U(B_0)$ 值。全部数据见表 2-3-4。由此证明被测 RCT 质量良好。

表 2-3-4　检查触发能力

万用表	绝缘电阻表	电阻值 /Ω	n'（格）	U^0_{TR}/V	U_{TR}/V
R×1k	—	2.6k	10	0.30	—
R×100	—	360	13	0.39	—
R×10	—	52	17	0.51	—
R×1	—	8	22	0.65	—
500V̲	ZC25-3	10M	—	—	320
$V_{TR}=0.03n'$（V）					

注意事项：

1）S3900MF 的 $U_{TR}<0.8V$，宜选 R×1k 档测量。

2）若再用读取电流法求出 I_{TR} 值，还可以绘制反向伏安特性。

① 一般小功率晶闸管不需加散热片，但应远离发热元件，如大功率电阻、大功率晶体管以及电源变压器等。对于大功率晶闸管，必须按照手册上的要求加装散热装置及冷却条件，以保证工作时的温度不超过结温。

② 晶闸管在使用中发生超越和短路现象时，会引发过电流将其烧毁。对于过电流，一般可在交流电源中加装快速熔丝加以保护。快速熔丝的熔断时间极短，一般熔丝的额定电流按晶闸管额定平均电流的 1.5 倍来选择。

③ 交流电源在接通与断开时，有可能在晶闸管的导通或截止过程中出现过电压现象，将其击穿。对于过电压，可采用并联 R_C 吸收电路的方法。因为电容两端的电压不能突变，所以只要在晶闸管的阴极和阳极间并联 R_C 电路，就可以削弱电源瞬间出现的过电压，起到保护晶闸管的作用。也可以采用压敏电阻过电压保护元件进行过电压保护。

二、实训工单

请复习本任务所学内容，巩固理论知识和实训内容，并完成实训工单（表 2-3-5）的填写。

表 2-3-5 实训工单

姓名		班级（专业）		完成日期	
任务准备					
序号	设　备			数　量	
1					
2					
3					
4					
5					
实施步骤					
记　录				完成情况	
				已完成□　未完成□	

6S 现场管理			
序号	操作步骤	完成情况	备　注
1	建立安全操作环境	已完成□　未完成□	
2	清理及整理工具、量具	已完成□　未完成□	
3	清理及复原设备	已完成□　未完成□	
4	清理场地	已完成□　未完成□	
5	物品回收和环保	已完成□　未完成□	
6	完善和检查工单	已完成□　未完成□	

评价反馈

1. 各组代表展示汇报 PPT，介绍任务的完成过程。

2. 以小组为单位，请对各组的操作过程与操作结果进行自评和互评，并将结果填入学生评价表（表 2-3-6）。

表 2-3-6　学生评价表

姓名		学号				班级				组别		
实训任务												
评价项目	分值	等级				评价对象（组别）						
		A	B	C	D	1	2	3	4	5	6	7	8
方案合理	20	20	15	10	5								
团队合作	20	20	15	10	5								
工作质量	20	20	15	10	5								
工作规范	20	20	15	10	5								
汇报展示	20	20	15	10	5								
合计	100	各组得分											
总结与反思													

（如：学习过程中遇到的问题→如何解决的 / 解决不了的原因→心得体会）

3. 教师对学生工作过程与工作结果进行评价，并将评价结果填入教师对学生评价表（表 2-3-7）。

表 2-3-7 教师对学生评价表

<table>
<tr><td>姓名</td><td></td><td>学号</td><td></td><td>班级</td><td></td><td>组别</td><td></td></tr>
<tr><td colspan="3">实训任务</td><td colspan="5"></td></tr>
<tr><td colspan="3">评价项目</td><td colspan="3">评价标准</td><td>分值</td><td>得分</td></tr>
<tr><td colspan="3">考勤（10%）</td><td colspan="3">无故意迟到、早退、旷课现象</td><td>5</td><td></td></tr>
<tr><td rowspan="11">工作过程（60%）</td><td rowspan="5">知识目标</td><td rowspan="4">获取信息</td><td colspan="3">掌握晶闸管的定义</td><td>5</td><td></td></tr>
<tr><td colspan="3">掌握晶闸管的结构、电气符号和外形</td><td>5</td><td></td></tr>
<tr><td colspan="3">熟知晶闸管的类型</td><td>5</td><td></td></tr>
<tr><td colspan="3">熟知晶闸管的工作原理</td><td>5</td><td></td></tr>
<tr><td>进行决策</td><td colspan="3">制订工作计划，计划合理可行</td><td>5</td><td></td></tr>
<tr><td rowspan="3">技能目标</td><td rowspan="3">任务实施</td><td colspan="3">能判断晶闸管的极性</td><td>5</td><td></td></tr>
<tr><td colspan="3">能判断晶闸管的好坏</td><td>10</td><td></td></tr>
<tr><td colspan="3">检测晶闸管的注意事项</td><td>10</td><td></td></tr>
<tr><td rowspan="3">素养目标</td><td>工作态度</td><td colspan="3">认真严谨、积极主动；安全生产、文明施工</td><td>5</td><td></td></tr>
<tr><td>团队合作</td><td colspan="3">与小组成员、同学能合作交流、协调工作</td><td>5</td><td></td></tr>
<tr><td>工作质量</td><td colspan="3">能按照工作计划操作，按计划完成工作任务</td><td>5</td><td></td></tr>
<tr><td colspan="2" rowspan="3">项目成果（30%）</td><td>工作完整</td><td colspan="3">能按时完成工作任务的所有环节</td><td>10</td><td></td></tr>
<tr><td>工作规范</td><td colspan="3">能在整个操作过程中规范操作，避免意外事故发生</td><td>10</td><td></td></tr>
<tr><td>汇报展示</td><td colspan="3">能准确表达、汇报工作成果</td><td>10</td><td></td></tr>
<tr><td colspan="6">合计</td><td>100</td><td></td></tr>
<tr><td colspan="3" rowspan="2">综合评价</td><td>学生评价（50%）</td><td>教师评价（50%）</td><td colspan="3">综合得分</td></tr>
<tr><td></td><td></td><td colspan="3"></td></tr>
<tr><td colspan="3">综合评语</td><td colspan="5">（工作过程中存在的问题及改进建议）</td></tr>
</table>

任务四　功率场效应晶体管的认知与检测

任务目标

知识目标

1. 掌握功率场效应晶体管的定义。
2. 掌握功率场效应晶体管的作用。
3. 掌握功率场效应晶体管的类型。
4. 掌握功率场效应晶体管的结构与符号。
5. 掌握功率场效应晶体管的特点。

技能目标

1. 具备从多途径的信息源中检索专业知识的能力。
2. 具备检测功率场效应晶体管的能力。

素养目标

1. 培养学生认真严谨、积极主动的工作态度及安全生产、文明施工的意识。
2. 培养学生与小组成员、同学之间合作交流、协调工作的意识。
3. 获得分析问题和解决问题的基本方法。
4. 与小组成员交流、讨论学习成果，取长补短，完成自我提升。

任务框图

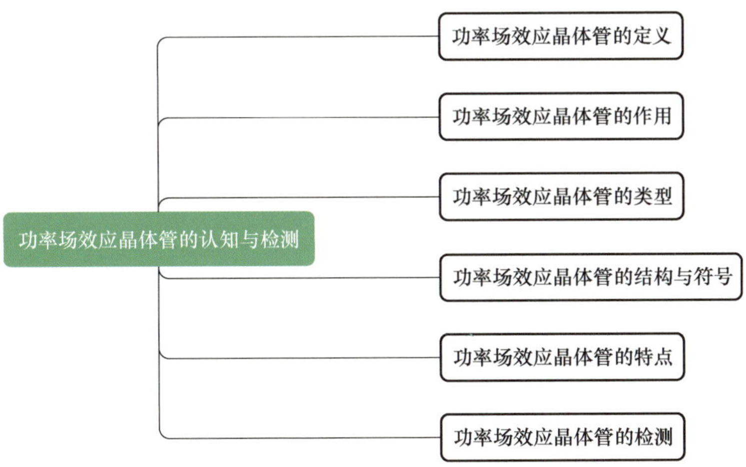

任务导入

新能源汽车动力总成的核心能源转换单元是牵引逆变器，它可以将蓄电池输出的直流电逆变为三相交流电。车辆在工作时频繁起停会导致逆变器中的功率半导体器件需要承受各种冲击力。逆变器的功率密度和电动汽车的动力输出密切相关。车规级功率模块的功率半导体器件主要包括碳化硅基功率金属氧化物半导体场效应晶体管和绝缘栅双极型晶体管（IGBT）。假如你是一名新能源汽车维修工，如何检测功率场效应晶体管是否正常？

任务分组

学生任务分配表见表 2-4-1。

表 2-4-1 学生任务分配表

班 级		组 号		指导教师	
组 长		学 号			
组 员	姓名：____	学号：____	姓名：____	学号：____	
	姓名：____	学号：____	姓名：____	学号：____	
	姓名：____	学号：____	姓名：____	学号：____	
	姓名：____	学号：____	姓名：____	学号：____	
任务分工					
（就组织讨论、工具准备、数据采集、数据记录、安全监督、成果展示等工作内容进行任务分工）					

获取信息

功率场效应晶体管认知与检测

引导问题 1：功率场效应晶体管的发展趋势是提高容量和普及应用，与其他器件结合构成复合管，将多个元件制成组件和模块，进而与控制电路集成在一个模块中。随着频率的进一步提高，将出现能在微波领域工作的大容量功率场效应晶体管。请你概述场效应晶体管（单极型）和功率场效应晶体管（VF）的定义：________

知识点提示

一、功率场效应晶体管的定义

场效应晶体管（单极型）是利用电场效应来控制电流的一种半导体器件，即是电压控制元件。它的输出电流决定于输入电压的大小，基本上不需要信号源提供电流，所以它的输入电阻高，且温度稳定性好，如图 2-4-1 所示。

功率场效应晶体管即金属氧化物半导体场效应晶体管（Metal Oxide Semiconductor Field Effect Transistor，MOSFET），是以金属层（M）的栅极隔着氧化层（O）利用电场的效应来控制半导体（S）的场效应晶体管，如图 2-4-2 所示。

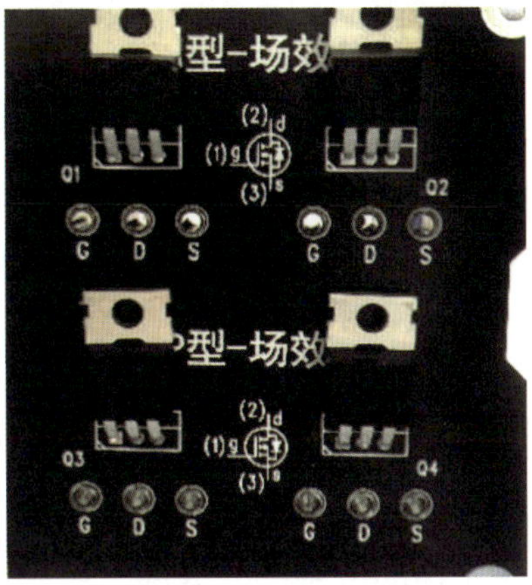

图 2-4-1　场效应晶体管

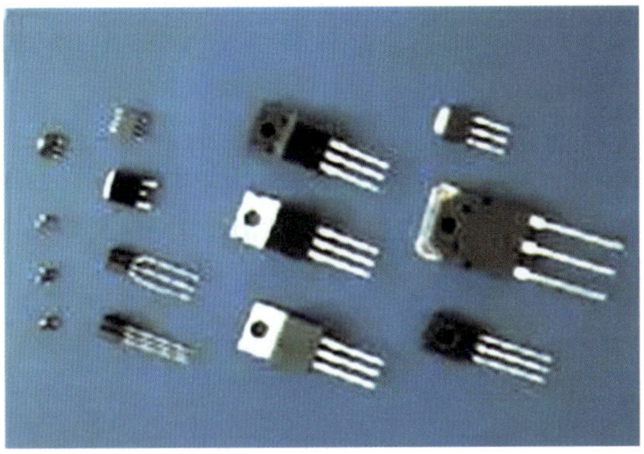

图 2-4-2　功率场效应晶体管

引导问题 2：功率场效应晶体管多作为电子器件应用于各种设备中。请你想一想，功率场效应晶体管的作用有：________________

知识点提示

二、功率场效应晶体管的作用

1）可应用于放大。由于功率场效应晶体管放大器的输入阻抗很高，因此耦合电容可以容量较小，不必使用电解电容器。

2）适合作阻抗变换。常用于多级放大器的输入级作为阻抗变换。

3）可用作可变电阻。

4）可以方便地用作恒流源。

5）可用作电子开关。

引导问题 3：不同的功率场效应晶体管应用于不同的场所，功率场效应晶体管的类型有：________________

知识点提示

三、功率场效应晶体管的类型

1）场效应晶体管分为结型场效应晶体管（JFET）和绝缘栅型场效应晶体管（MOS 管）两大类。

2）按沟道材料和绝缘栅型可分为 N 沟道和 P 沟道两种。

3）按导电方式可分为耗尽型与增强型，结型场效应晶体管均为耗尽型，绝缘栅型场效应晶体管既有耗尽型的，也有增强型的。

4）MOS 场效应晶体管分为 N 沟道耗尽型和增强型、P 沟道耗尽型和增强型四大类。

引导问题 4：不同类型的功率场效应晶体管有不同的结构，用于表示的符号也有所区别。请你查阅资料了解其电路符号。________________________________

____

考证指南

智能新能源汽车职业技能等级要求（初级）中的电子电气系统一般维修任务就涉及检测易熔线、断电器和熔断器（熔丝）是否损坏并在必要时更换，通过智能新能源汽车职业技能等级（初级）考核可获得 1+X 证书中的《智能新能源汽车职业技能等级证书（初级）》。

知识点提示

四、功率场效应晶体管的结构与符号

功率场效应晶体管的结构如图 2-4-3 所示。不同类型功率场效应晶体管的电路图符号如图 2-4-4 所示。

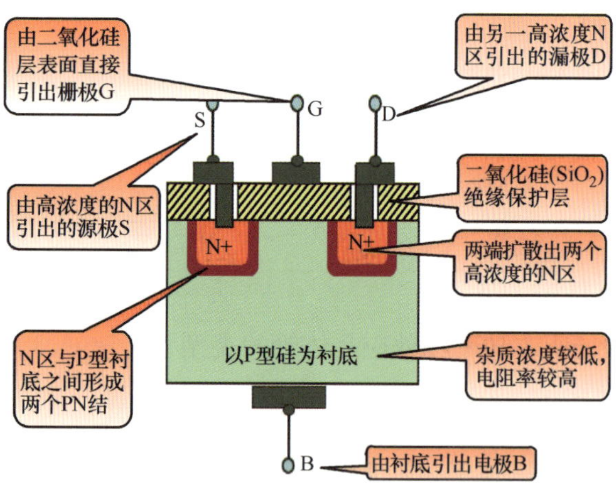

图 2-4-3　功率场效应晶体管的结构

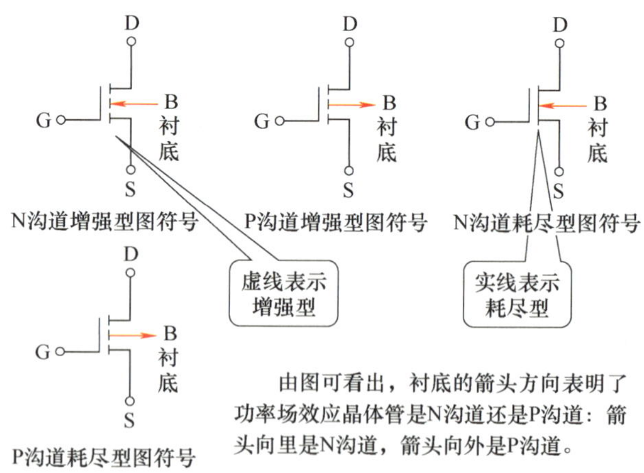

图 2-4-4　不同类型功率场效应晶体管的电路图符号

引导问题 5：由于功率场效应晶体管具有很多优点，所以在电机调速、开关电源等各种领域应用非常广泛。请你想一想，说出功率场效应晶体管的特点有：________________

____

知识点提示

五、功率场效应晶体管的特点

1）功率场效应晶体管是电压控制器件，它通过 U_{GS}（栅源电压）来控制 I_D（漏极电流）。

2）功率场效应晶体管的输入端电流极小，因此它的输入电阻很大。

3）功率场效应晶体管利用多数载流子导电，因此它的温度稳定性较好。

4）功率场效应晶体管组成的放大电路的电压放大系数要小于晶体管组成的放大电路的电压放大系数。

5）功率场效应晶体管的抗辐射能力强。

6）噪声低。

工作计划

按照前面所学的知识内容和小组内部讨论的结果，制订工作计划（包括资料查阅渠道的落实、任务实施任务中的内容分工等）并填入表 2-4-2。

表 2-4-2　工作计划表

步骤	工 作 内 容	负责人
1		
2		
3		
4		
5		

进行决策

1. 各组派代表阐述资料查询结果。
2. 各组就各自的查询结果进行交流，并分享技巧。
3. 教师结合各组完成的情况进行点评，选出最佳方案。

任务实施

一、功率场效应晶体管的检测

所需设备及工具：万用表、功率场效应晶体管。

1. 判定栅极 G

将万用表拨至欧姆档分别测量功率场效应晶体管 3 个管脚之间的电阻，若发现其中一个管脚与另外两个管脚的电阻均呈现无穷大，并且交换表笔后仍为无穷大，说明此管脚为 G 极，因为它和另外两个管脚是绝缘的。

（1）步骤 1　N 沟道检测：红表笔接 G 端，黑表笔接 D 端；红表笔接 S 端，黑表笔接 G 端，如图 2-4-5 所示。

（2）步骤 2　P 沟道检测：红表笔接 D 端，黑表笔接 G 端；红表笔接 S 端，黑表笔接 G

端，如图 2-4-6 所示。

图 2-4-5　N 沟道检测

图 2-4-6　P 沟道检测

2. **判定源极** S、**漏极** D

在源 - 漏之间有一个 PN 结，因此根据 PN 结正、反向电阻存在的差异可识别 S 极与 D 极。用交换表笔法测两次电阻值，其中电阻值较小（一般为几千欧至十几千欧）的一次为正向电阻，若黑表笔接的是 S 极、红表笔接的是 D 极，则为 N 型；若红表笔接的是 S 极、黑表笔接的是 D 极，则为 P 型。

（1）步骤 1　P 型检测：红表笔接 S 端，黑表笔接 D 端，如图 2-4-7 所示。

（2）步骤 2　N 型检测：红表笔接 D 端，黑表笔接 S 端，如图 2-4-8 所示。

图 2-4-7　P 型检测

图 2-4-8　N 型检测

二、实训工单

请复习本任务所学内容，巩固理论知识和实训内容，并完成实训工单（表 2-4-3）的填写。

表 2-4-3 实训工单

姓名		班级（专业）		完成日期	
任务准备					
序号	设备			数量	
1					
2					
3					
4					
5					
实施步骤					
记录				完成情况	
				已完成□ 未完成□	

6S 现场管理			
序号	操作步骤	完成情况	备注
1	建立安全操作环境	已完成□ 未完成□	
2	清理及整理工具、量具	已完成□ 未完成□	
3	清理及复原设备	已完成□ 未完成□	
4	清理场地	已完成□ 未完成□	
5	物品回收和环保	已完成□ 未完成□	
6	完善和检查工单	已完成□ 未完成□	

评价反馈

1. 各组代表展示汇报 PPT，介绍任务的完成过程。

2. 以小组为单位，请对各组的操作过程与操作结果进行自评和互评，并将结果填入学生评价表（表 2-4-4）。

表 2-4-4 学生评价表

姓名				学号		班级			组别			
实训任务												
评价项目	分值	等级				评价对象（组别）							
		A	B	C	D	1	2	3	4	5	6	7	8
方案合理	20	20	15	10	5								
团队合作	20	20	15	10	5								
工作质量	20	20	15	10	5								
工作规范	20	20	15	10	5								
汇报展示	20	20	15	10	5								
合计	100	各组得分											
总结与反思													

（如：学习过程中遇到的问题→如何解决的 / 解决不了的原因→心得体会）

3. 教师对学生工作过程与工作结果进行评价，并将评价结果填入教师对学生评价表（表 2-4-5）。

表 2-4-5　教师对学生评价表

姓名			学号	班级	组别
实训任务					
评价项目			评价标准	分值	得分
考勤（10%）			无故意迟到、早退、旷课现象	5	
工作过程（60%）	知识目标	获取信息	掌握功率场效应晶体管的定义	5	
			掌握功率场效应晶体管的作用	5	
			掌握功率场效应晶体管的类型	5	
			掌握功率场效应晶体管的结构与符号	5	
			掌握功率场效应晶体管的特点	5	
		进行决策	制订工作计划，计划合理可行	5	
	技能目标	任务实施	能判定功率场效应晶体管的栅极 G	10	
			能判定功率场效应晶体管的源极 S、漏极 D	10	
	素养目标	工作态度	认真严谨、积极主动、安全生产、文明施工	5	
		团队合作	与小组成员、同学能合作交流，协调工作	5	
		工作质量	能按照工作计划操作，按计划完成工作任务	5	
项目成果（30%）		工作完整	能按时完成工作任务的所有环节	10	
		工作规范	能在整个操作过程中规范操作，避免意外事故发生	10	
		汇报展示	能准确表达、汇报工作成果	10	
合计				100	
综合评价	学生评价（50%）		教师评价（50%）	综合得分	
综合评语	（工作过程中存在的问题及改进建议）				

任务五　绝缘栅双极型晶体管的认知与检测

任务目标

知识目标

1. 掌握绝缘栅双极型晶体管的定义。
2. 掌握绝缘栅双极型晶体管的结构。
3. 掌握绝缘栅双极型晶体管的性能。
4. 熟知绝缘栅双极型晶体管的针脚。

技能目标

1. 具备从多途径的信息源中检索专业知识的能力。
2. 具备检测绝缘栅双极型晶体管的能力。

素养目标

1. 培养学生认真严谨、积极主动的工作态度及安全生产、文明施工的意识。
2. 培养学生与小组成员、同学之间合作交流、协调工作的意识。
3. 获得分析问题和解决问题的基本方法。
4. 与小组成员交流、讨论学习成果，取长补短，完成自我提升。

任务框图

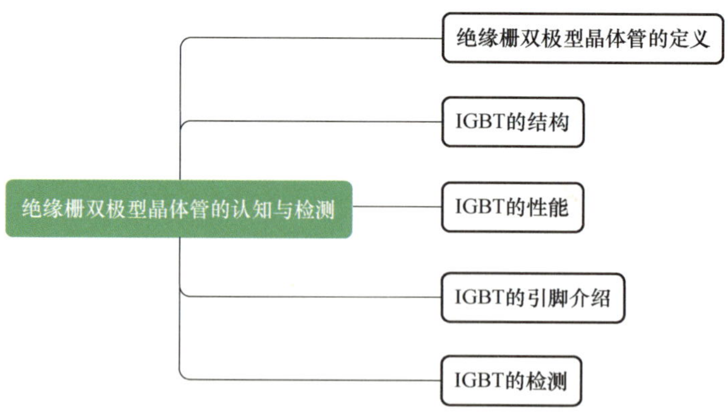

任务导入

绝缘栅双极型晶体管是新能源汽车中的核心元件，在新能源汽车中得到了广泛应用，对整车的性能有着重要的影响。绝缘栅双极型晶体管在新能源汽车中的主要应用在电机控制器、车载充电器（OBC）、车载空调以及为新能源汽车充电的直流充电桩中。假如你是一名新能源汽车维修工，如何检测绝缘栅双极型晶体管是否正常？

任务分组

学生任务分配表见表 2-5-1。

表 2-5-1 学生任务分配表

班级		组号		指导教师	
组长		学号			
组员	姓名：______ 学号：______	姓名：______ 学号：______			
	姓名：______ 学号：______	姓名：______ 学号：______			
	姓名：______ 学号：______	姓名：______ 学号：______			
	姓名：______ 学号：______	姓名：______ 学号：______			
任务分工					
（就组织讨论、工具准备、数据采集、数据记录、安全监督、成果展示等工作内容进行任务分工）					

获取信息

引导问题 1：绝缘栅双极型晶体管（IGBT）具有输入阻抗高、电压控制功耗低、控制电路简单、耐高压、承受电流大等特性，在各种电力变换中获得极广泛的应用。绝缘栅双极型晶体管的定义：____

____

IGBT 的工作原理

知识点提示

一、绝缘栅双极型晶体管的定义

绝缘栅双极型晶体管（Insulate-Gate Bipolar Transistor，IGBT）综合了电力晶体管（Giant Transistor，GTR）和电力场效应晶体管（Power MOSFET）的优点，具有良好的特性，应用领域很广泛。IGBT 有栅极、集电极和发射极 3 个极。

IGBT 驱动器是驱动 IGBT 并对其整体性能进行调控的装置，它不仅影响 IGBT 的动态性能，同时也影响系统的成本和可靠性。驱动器的选择及输出功率的计算决定了换流系统的可靠性。驱动器功率不足或选择错误可能会直接导致 IGBT 和驱动器损坏。按电路隔离方式分，IGBT 驱动器可分成两大类，一类采用光电耦合器；另一类采用脉冲变压器，两者均可实现信号的传输及电路的隔离。

引导问题 2：请你查阅资料，说一说 N 沟道增强型 IGBT 结构的组成有：____________

____

____

知识点提示

二、IGBT的结构

N 沟道增强型 IGBT 的结构如图 2-5-1 所示，N^+ 区称为源区，附于其上的电极称为源极（即发射极 E），N 基极称为漏区。器件的控制区为栅区，附于其上的电极称为栅极（即门极 G）。沟道在紧靠栅区边界形成。在 C、E 两极之间的 P 型区（包括 P^+ 和 P^- 区）（沟道在该区域形成），称为亚沟道区。在漏区另一侧的 P^+ 区称为漏注入区，它是 IGBT 特有的功能区，与漏区和亚沟道区一起形成 PNP 双极晶体管，起发射极的作用，向漏极注入空穴，进行导电调制，以降低器件的通态电压。附于漏注入区上的电极称为漏极（即集电极 C）。

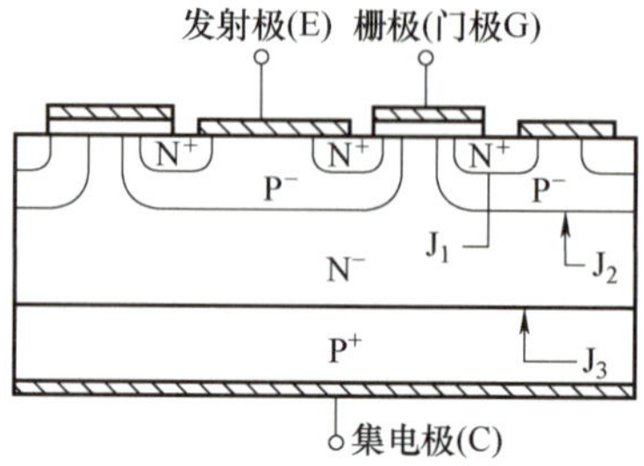

图 2-5-1 N 沟道增强型 IGBT 的结构

IGBT 的开关作用是通过加正向门极电压形成沟道，给 PNP（原来为 NPN）晶体管提供基极电流，使 IGBT 导通。反之，加反向门极电压消除沟道，切断基极电流，使 IGBT 截止。IGBT 的驱动方法和 MOSFET 基本相同，只需控制输入极 N^- 沟道 MOSFET，所以具有高输入阻抗特性。当 MOSFET 的沟道形成后，从 P^+ 基极注入 N^- 层的空穴（少子），对 N^- 层进行电导调制，减小 N^- 层的电阻，使 IGBT 在高电压时也具有低的通态电压。

引导问题 3：各大半导体生产厂商不断开发 IGBT 的高耐压、大电流、高速、低饱和压降、高可靠、低成本的技术，主要采用 1μm 以下制作工艺，研制开发取得一些新进展。IGBT 的性能有：______

______

______

知识点提示

三、IGBT的性能

1）动态驱动能力强，能为 IGBT 的栅极提供具有门极电压的驱动脉冲。

2）能向 IGBT 提供适当的正向门极电压。

3）能向 IGBT 提供足够的反向门极电压。

4）有足够的输入、输出电隔离能力。

5）具有门极电压限幅电路，保护门极不被击穿。

6）输入、输出信号传输无延时。

7）电路简单，成本低。

8）IGBT 损坏时，驱动电路中的其他元件不会随之损坏。

9）当 IGBT 处于负载短路或过电流状态时，能在 IGBT 允许时间内通过逐渐降低门极电压自动抑制故障电流，实现 IGBT 的软关断。

10）在出现短路、过电流的情况下，能迅速发出过电流保护信号，由控制电路进行处理。

引导问题 4：IGBT 具有良好的特性，应用领域很广泛。请简单介绍一下 IGBT 的针脚：________________

____

知识点提示

四、IGBT的引脚介绍

IGBT 的引脚如图 2-5-2 所示。

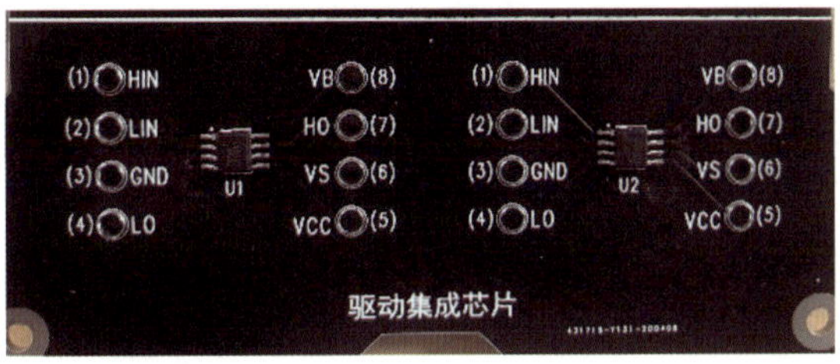

图 2-5-2　IGBT 的引脚

IGBT 的引脚介绍见表 2-5-2。

表 2-5-2　IGBT 的引脚介绍

引脚序号	引脚名称	I/O	描　述
1	HIN	I	逻辑输入控制信号高电平有效，控制高端功率 MOS 管的导通与截止；“0”是关闭功率 MOS 管；“1”是开启功率 MOS 管
2	LIN	I	逻辑输入控制信号高电平有效，控制低端功率 MOS 管的导通与截止；“0”是关闭功率 MOS 管；“1”是开启功率 MOS 管
3	GND	GND	芯片的地端
4	LO	O	输出控制低端 MOS 功率管的导通与截止
5	VCC	Power	芯片工作电源输入端，电压范围 2.8~20V，外接一个高频 0.1uF 旁路电容能降低芯片输入端的高频噪声
6	VS	O	高端悬浮地端
7	HO	O	输出控制高端 MOS 功率管的导通与截止
8	VB	Power	高端悬浮电源

工作计划

按照前面所学的知识内容和小组内部讨论的结果，制订工作计划（包括资料查阅渠道的落实、任务实施任务中的内容分工等）并填入表 2-5-3。

表 2-5-3　工作计划表

步骤	工作内容	负责人
1		
2		
3		
4		
5		

进行决策

1. 各组派代表阐述资料查询结果。
2. 各组就各自的查询结果进行交流，并分享技巧。
3. 教师结合各组完成的情况进行点评，选出最佳方案。

任务实施

一、IGBT的检测

所需设备及工具：万用表、IGBT。

1. 判断极性

万用表选 R×1kΩ 档，用万用表测量，若某一极与其他两极电阻值为无穷大，调换表笔后该极与其他两极的电阻值仍为无穷大，则判断此极为门极（G）。其余两极用万用表测量，若测得电阻值为无穷大，调换表笔后测量阻值较小，则在测量电阻值较小的一次中，红表笔接的是集电极（C）、黑表笔接的是发射极（E）。

2. 判断是否正常

万用表选 R×10kΩ 档，用黑表笔接 IGBT 的集电极（C）、红表笔接 IGBT 的发射极（E），此时万用表的指针在零位。用手指同时接触一下门极（G）和集电极（C），这时 IGBT 被触发导通，万用表的指针摆向阻值较小的方向，并能停住指示在某一位置，然后再次用手指同时接触一下门极（G）和发射极（E），这时 IGBT 被阻断，万用表的指针回零。此时即可判断 IGBT 是正常的。

检测注意事项

任何指针式万用表皆可用于检测 IGBT。注意判断 IGBT 是否正常时，万用表要选 R×10kΩ 档，因 R×1kΩ 档以下各档万用表内部电池电压太低，不能使 IGBT 导通，而无法判断 IGBT 的是否正常。此方法也可以用于检测功率场效应晶体管（P-MOSFET）是否正常。

二、实训工单

请复习本任务所学内容，巩固理论知识和实训内容，并完成实训工单（表 2-5-4）的填写。

表 2-5-4　实训工单

姓名		班级（专业）		完成日期	
任 务 准 备					
序号	设　备			数　量	
1					
2					
3					
4					
5					
实 施 步 骤					
记　录				完 成 情 况	
				已完成☐　未完成☐	

序号	操 作 步 骤	完 成 情 况	备　注
6S 现场管理			
1	建立安全操作环境	已完成☐　未完成☐	
2	清理及整理工具、量具	已完成☐　未完成☐	
3	清理及复原设备	已完成☐　未完成☐	
4	清理场地	已完成☐　未完成☐	
5	物品回收和环保	已完成☐　未完成☐	
6	完善和检查工单	已完成☐　未完成☐	

评价反馈

1. 各组代表展示汇报 PPT，介绍任务的完成过程。

2. 以小组为单位，请对各组的操作过程与操作结果进行自评和互评，并将结果填入学生评价表（表 2-5-5）。

表 2-5-5 学生评价表

姓名		学号			班级			组别			
实训任务											

评价项目	分值	等级				评价对象（组别）							
		A	B	C	D	1	2	3	4	5	6	7	8
方案合理	20	20	15	10	5								
团队合作	20	20	15	10	5								
工作质量	20	20	15	10	5								
工作规范	20	20	15	10	5								
汇报展示	20	20	15	10	5								
合计	100	各组得分											

总结与反思

（如：学习过程中遇到的问题→如何解决的 / 解决不了的原因→心得体会）

3. 教师对学生工作过程与工作结果进行评价，并将评价结果填入教师对学生评价表（表 2-5-6）。

表 2-5-6　教师对学生评价表

<table>
<tr><td>姓名</td><td></td><td>学号</td><td></td><td>班级</td><td></td><td>组别</td><td></td></tr>
<tr><td colspan="3">实训任务</td><td colspan="5"></td></tr>
<tr><td colspan="3">评价项目</td><td colspan="3">评价标准</td><td>分值</td><td>得分</td></tr>
<tr><td colspan="3">考勤（10%）</td><td colspan="3">无故意迟到、早退、旷课现象</td><td>5</td><td></td></tr>
<tr><td rowspan="12">工作过程（60%）</td><td rowspan="5">知识目标</td><td rowspan="4">获取信息</td><td colspan="3">掌握 IGBT 的定义</td><td>5</td><td></td></tr>
<tr><td colspan="3">掌握 IGBT 的结构</td><td>5</td><td></td></tr>
<tr><td colspan="3">掌握 IGBT 的性能</td><td>5</td><td></td></tr>
<tr><td colspan="3">熟知 IGBT 的针脚</td><td>5</td><td></td></tr>
<tr><td>进行决策</td><td colspan="3">制订工作计划，计划合理可行</td><td>5</td><td></td></tr>
<tr><td rowspan="3">技能目标</td><td rowspan="3">任务实施</td><td colspan="3">能判断 IGBT 的极性</td><td>10</td><td></td></tr>
<tr><td colspan="3">能判断 IGBT 是否正常</td><td>10</td><td></td></tr>
<tr><td colspan="3">掌握检测 IGBT 的注意事项</td><td>5</td><td></td></tr>
<tr><td rowspan="3">素养目标</td><td>工作态度</td><td colspan="3">认真严谨、积极主动、安全生产、文明施工</td><td>5</td><td></td></tr>
<tr><td>团队合作</td><td colspan="3">与小组成员、同学能合作交流，协调工作</td><td>5</td><td></td></tr>
<tr><td>工作质量</td><td colspan="3">能按照工作计划操作，按计划完成工作任务</td><td>5</td><td></td></tr>
<tr><td colspan="2" rowspan="3">项目成果（30%）</td><td>工作完整</td><td colspan="3">能按时完成工作任务的所有环节</td><td>10</td><td></td></tr>
<tr><td>工作规范</td><td colspan="3">能在整个操作过程中规范操作，避免意外事故发生</td><td>10</td><td></td></tr>
<tr><td>汇报展示</td><td colspan="3">能准确表达、汇报工作成果</td><td>10</td><td></td></tr>
<tr><td colspan="6">合计</td><td>100</td><td></td></tr>
<tr><td colspan="2" rowspan="2">综合评价</td><td colspan="2">学生评价（50%）</td><td colspan="2">教师评价（50%）</td><td colspan="2">综合得分</td></tr>
<tr><td colspan="2"></td><td colspan="2"></td><td colspan="2"></td></tr>
<tr><td colspan="2">综合评语</td><td colspan="6">（工作过程中存在的问题及改进建议）</td></tr>
</table>

情智课堂

新能源汽车上下游产业的快速发展

新能源产业的发展同时带动了上下游产业的发展，以磁性元器件产业为例，磁性元器件是电力电子的基础，是实现电能和磁能相互转换的基础元器件，广泛应用于家电、通信、能源、汽车、工业、医疗等下游产业。

2021 年初乘联会曾预测 2021 全年国内新能源汽车销量 200 万辆，2025 年销量 600 万辆，5 年 CAGR34.4%，而 2021 年仅 1~10 月国内新能源汽车实际销量就达 213.8 万辆，超过全年预期。磁性元器件为新能源汽车 OBC、DC/DC 变换器等零部件上游，新能源汽车的快速发展给磁性元器件的发展带来了新的契机。

磁性元器件不仅应用于新能源汽车，还应用于充电桩的核心组件中。过去几年我国的充电桩保有量快速增长，车桩比不断降低，充电桩产业的发展也带动了磁性元器件的发展。

磁性元器件的发展对国家和人们的生活又有什么影响呢？

以磁性元器件下游的逆变器行业为例，逆变器主要应用于光伏储能领域，磁性元器件在逆变器成本中占比达 11.9%~15.7%。全球光伏产业链各个环节的主要生产地均在我国，国内逆变器厂家凭借成本、完善的产业链布局、快速发展的市场等优势不断提升全球市场份额，其中华为、阳光电源自 2015 年起稳居市场前二，国内其他厂家如锦浪科技、固德威也迎来快速发展。根据 Wood Mackenzie 数据 2020 行业 CR10 近 80%，前两名华为、阳光电源分别占据 23%、19%，CR2 达 42%，加上其他国内厂家，前十名里国内厂家份额高达 60%。磁性元器件的发展与光伏储能领域的发展相互促进，为解决用电问题出了一份力。

在神舟十四号载人飞船任务中，中国电科九所配套的环行器、隔离器等多款磁性元器件为任务提供了有效助力。环行器为信号发射和接收制订了双向传输的“交通规则”，为信号发射和接收实现同频双工发挥了关键作用。隔离器则可以确保微波信号的单向传输，避免多路径效应、保护信号源、改善匹配、提升信号质量、提高传输效率，为系统稳定运行提供安全保障。磁性元器件，尺寸虽小，也有大能力。

新能源汽车产业的发展影响的从来都不只是新能源汽车从业者，其带动的上下游产业的改变也在潜移默化间影响着人们的生活，为“中国制造”与“中国智造”添砖加瓦。

笔记栏

项目三 典型电路的认知与检测

任务一　整流电路的认知及检测

任务目标

知识目标

1. 掌握整流电路的定义和作用。
2. 熟知整流桥的结构。

技能目标

1. 具备从多途径的信息源中检索专业知识的能力。
2. 具备检测整流桥电路的能力。

素养目标

1. 培养学生认真严谨、积极主动的工作态度及安全生产、文明施工的意识。
2. 培养学生与小组成员、同学之间合作交流、协调工作的意识。
3. 获得分析问题和解决问题的基本方法。
4. 与小组成员交流、讨论学习成果，取长补短，完成自我提升。

任务框图

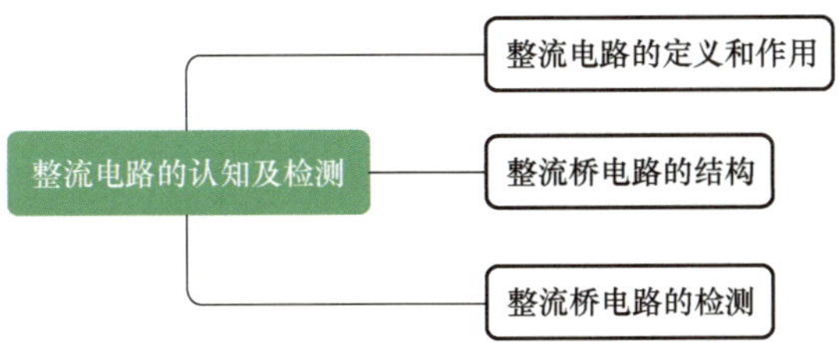

任务导入

电机控制器（MCU）是新能源汽车整车驱动控制系统的核心，可以将动力蓄电池的高压直流电转变为三相交流电，给驱动电机供电，控制车辆的前进、后退。设计电机控制器硬件电路的过程中，用到了大量的电源电路。假如你是一名新能源汽车维修工，如何检测整流电路是否正常？

任务分组

学生任务分配表见表 3-1-1。

表 3-1-1　学生任务分配表

班　级		组　号		指导教师	
组　长		学　号			
组　员	姓名:____	学号:____	姓名:____	学号:____	
	姓名:____	学号:____	姓名:____	学号:____	
	姓名:____	学号:____	姓名:____	学号:____	
	姓名:____	学号:____	姓名:____	学号:____	
任务分工					
（就组织讨论、工具准备、数据采集、数据记录、安全监督、成果展示等工作内容进行任务分工）					

获取信息

整流电路搭建与测量

❓ 引导问题 1：整流电路在直流电动机的调速、发电机的励磁调节、电解、电镀等领域得到广泛应用。20 世纪 70 年代以后，主电路多电硅整流二极管和晶闸管组成。滤波器接在主电路与负载之间，用于滤除脉动直流电压中的交流成分。请你想一想，整流电路的定义是：____

____

知识点提示

一、整流电路的定义和作用

1. 整流电路的定义

整流电路是把交流电能转换为直流电能的电路。大多数整流电路由变压器、整流主电路和滤波器等组成。变压器的作用是实现交流输入电压与直流输出电压间的匹配以及交流电网与整流电路之间的电隔离。

2. **整流电路的作用**

整流电路的作用是将交流降压电路输出的电压较低的交流电转换成单向脉动性直流电，这就是交流电的整流过程。整流电路中，整流二极管是其重要组成部分。经过整流电路之后的电压已经不是交流电压，而是一种含有直流电压和交流电压的混合电压，习惯上称为单向脉动性直流电压。

引导问题 2：近年来，整流桥的高压需求变得越来越紧迫，同时随着工业技术的不断发展，高压技术的研究取得了突破性的进展，采用了新的工艺制造水平，不仅使得成本大大减少，提高了高压整流桥的普及率，而且芯片的性能也趋于稳定。整流桥的耐压普遍由 400V 以下，变为 1000V 以上或者 1600V，可以直接接在家用电源或者是工业电源上，而不需要再提供前端的变压器。整流桥的定义是：________________________________

____

知识点提示

二、整流桥电路的结构

整流桥电路通常是由两只或 4 只整流硅芯片作桥式连接，两只的称为半桥，4 只的称为全桥，如图 3-1-1 所示。整流桥电路外部采用绝缘塑料封装而成，大功率整流桥在绝缘层外添加锌金属壳包封，增强散热性能。

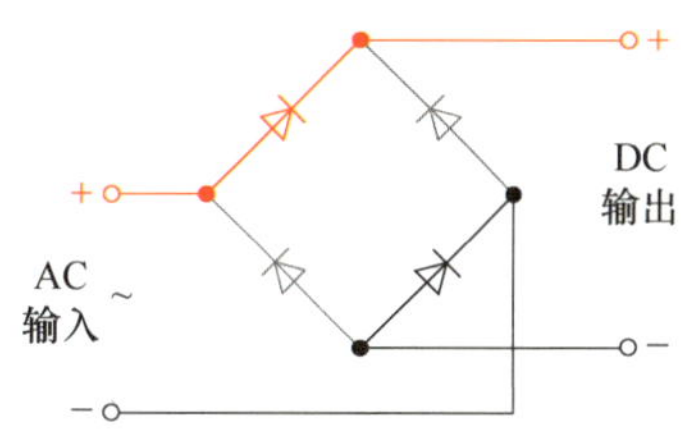

图 3-1-1　整流桥电路的结构

工作计划

按照前面所学的知识内容和小组内部讨论的结果，制订工作计划（包括资料查阅渠道的落实、任务实施任务中的内容分工等）并填入见表 3-1-2。

表 3-1-2　工作计划表

步骤	工 作 内 容	负责人
1		
2		
3		
4		
5		

进行决策

1. 各组派代表阐述资料查询结果。
2. 各组就各自的查询结果进行交流，并分享技巧。
3. 教师结合各组完成的情况进行点评，选出最佳方案。

任务实施

一、整流桥电路的检测

所需设备及工具：万用表、电学实训箱。

整流桥电路由交流电源、整流桥、电阻和发光二极管组成。电路中，整流桥将交流电转换为直流电，电阻防止电流、电压过大，保护发光二极管。当输入交流电源时，整流桥将 AC 转变为 DC，通过电阻限压限流后传到发光二极管，使发光二极管工作，如图 3-1-2 所示。

测量：万用表调到二极管档，然后按照它的正向电流来测量，正向电流为：(－) 到 (AC)、(AC) 到 (+) 刚好是从上到下。

(1) 第 1 步　使用万用表测量 (－) 到 (AC) 的正向导通状态，红表笔接 (－) 极，黑表笔分别接 AC 的两个引脚，都是正向导通，如图 3-1-3 所示。

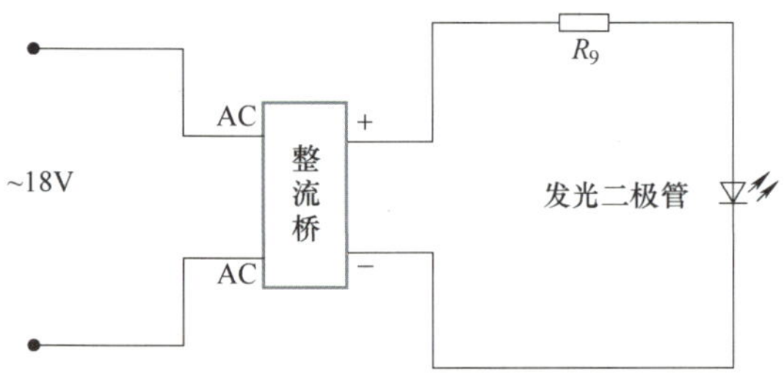

图 3-1-2　整流桥电路

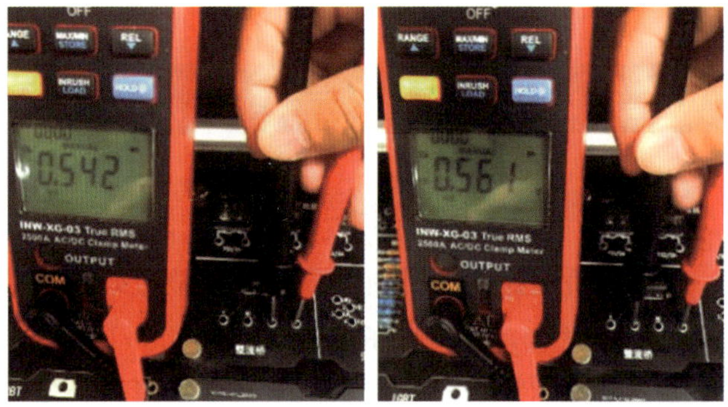
图 3-1-3　使用万用表测量 (－) 到 (AC) 的正向导通状态

(2) 第 2 步　使用万用表测量 (AC) 到 (+) 的正向导通状态，红表笔接分别接 AC 的两个引脚，黑表笔接 (+) 极，都是正向导通，如图 3-1-4 所示。

(3) 第 3 步　进行第 1 步和第 2 步的反向测量。

1) 第 1 步的反向测法，使用万用表测量 (AC) 到 (－) 的正向导通状态，红表笔分别接 AC 的两个引脚，黑表笔接 (－) 极，两次都是反向截止，如图 3-1-5 所示。

图 3-1-4　使用万用表测量 (AC) 到 (+) 的正向导通状态

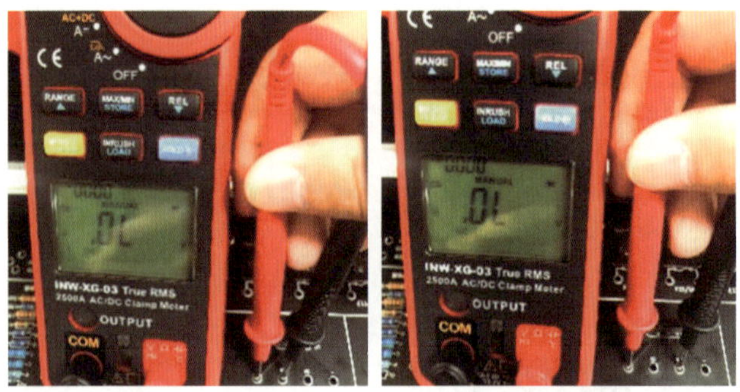
图 3-1-5　使用万用表测量 (AC) 到 (－) 的正向导通状态

2) 第 2 步的反向测法，使用万用表测量 (+) 到 (AC) 的正向导通状态，红表笔接 (+) 极，黑表笔分别接 AC 的两个引脚，两次都是反向截止，如图 3-1-6 所示。

（4）第 4 步　AC 之间相互测量，都应为截止状态，如图 3-1-7 所示。

以上测量阻值表示二极管正常，任何一组测量数值不对应，说明整流桥电路有故障。

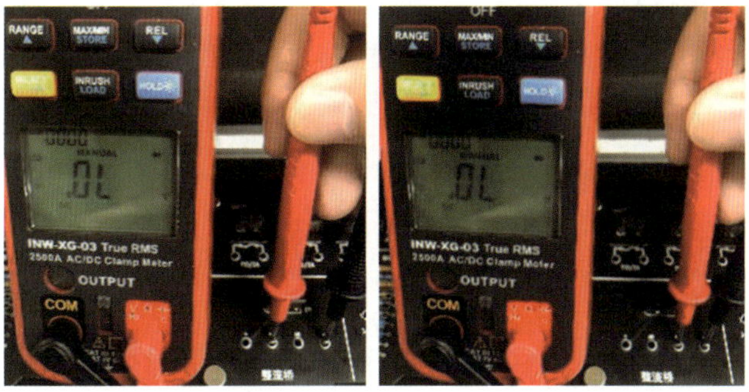

图 3-1-6　使用万用表测量（+）到（AC）的正向导通状态

图 3-1-7　测量 AC 之间的导通状态

二、实训工单

请复习本任务所学内容，巩固理论知识和实训内容，并完成实训工单（表 3-1-3）的填写。

表 3-1-3　实训工单

姓名		班级（专业）		完成日期	

任务准备		
序号	设　备	数　量
1		
2		
3		
4		
5		

实施步骤	
记　录	完成情况
	已完成□　未完成□

6S 现场管理			
序号	操作步骤	完成情况	备　注
1	建立安全操作环境	已完成□　未完成□	
2	清理及整理工具、量具	已完成□　未完成□	
3	清理及复原设备	已完成□　未完成□	
4	清理场地	已完成□　未完成□	
5	物品回收和环保	已完成□　未完成□	
6	完善和检查工单	已完成□　未完成□	

评价反馈

1. 各组代表展示汇报 PPT，介绍任务的完成过程。

2. 以小组为单位，对各组的操作过程与操作结果进行自评和互评，并将结果填入学生评价表（表 3-1-4）。

表 3-1-4 学生评价表

姓名		学号			班级				组别			
实训任务												
评价项目	分值	等级				评价对象（组别）						
		A	B	C	D	1	2	3	4	5	6	7	8
方案合理	20	20	15	10	5								
团队合作	20	20	15	10	5								
工作质量	20	20	15	10	5								
工作规范	20	20	15	10	5								
汇报展示	20	20	15	10	5								
合计	100	各组得分											
总结与反思													
（如：学习过程中遇到的问题→如何解决的 / 解决不了的原因→心得体会）													

3. 教师对学生工作过程与工作结果进行评价，并将评价结果填入教师对学生评价表（表 3-1-5）。

表 3-1-5 教师对学生评价表

<table>
<tr><td>姓名</td><td colspan="2"></td><td colspan="2">学号</td><td>班级</td><td colspan="2">组别</td></tr>
<tr><td colspan="3">实训任务</td><td colspan="5"></td></tr>
<tr><td colspan="3">评价项目</td><td colspan="3">评价标准</td><td>分值</td><td>得分</td></tr>
<tr><td colspan="3">考勤（10%）</td><td colspan="3">无故意迟到、早退、旷课现象</td><td>10</td><td></td></tr>
<tr><td rowspan="8">工作过程（60%）</td><td rowspan="3">知识目标</td><td rowspan="2">获取信息</td><td colspan="3">掌握整流电路的定义和作用</td><td>10</td><td></td></tr>
<tr><td colspan="3">熟知整流桥的结构</td><td>10</td><td></td></tr>
<tr><td>进行决策</td><td colspan="3">制订工作计划，计划合理可行</td><td>10</td><td></td></tr>
<tr><td>技能目标</td><td>任务实施</td><td colspan="3">能够完成整流桥电路的测量</td><td>15</td><td></td></tr>
<tr><td rowspan="3">素养目标</td><td>工作态度</td><td colspan="3">认真严谨、积极主动、安全生产、文明施工</td><td>5</td><td></td></tr>
<tr><td>团队合作</td><td colspan="3">与小组成员、同学之间合作交流，协调工作</td><td>5</td><td></td></tr>
<tr><td>工作质量</td><td colspan="3">能按照工作计划操作，按计划完成工作任务</td><td>5</td><td></td></tr>
<tr><td colspan="2" rowspan="3">项目成果（30%）</td><td>工作完整</td><td colspan="3">能按时完成工作任务的所有环节</td><td>10</td><td></td></tr>
<tr><td>工作规范</td><td colspan="3">能在整个操作过程中规范操作，避免意外事故发生</td><td>10</td><td></td></tr>
<tr><td>汇报展示</td><td colspan="3">能准确表达、汇报工作成果</td><td>10</td><td></td></tr>
<tr><td colspan="6">合计</td><td>100</td><td></td></tr>
<tr><td colspan="3" rowspan="2">综合评价</td><td colspan="2">学生评价（50%）</td><td colspan="2">教师评价（50%）</td><td>综合得分</td></tr>
<tr><td colspan="2"></td><td colspan="2"></td><td></td></tr>
<tr><td colspan="3">综合评语</td><td colspan="5">（工作过程中存在的问题及改进建议）</td></tr>
</table>

任务二　逆变电路的认知及检测

任务目标

知识目标

1. 掌握逆变电路的定义。
2. 熟知逆变电路的工作原理。
3. 掌握逆变电路的类型。
4. 熟知逆变电路的换流方式。

技能目标

1. 具备从多途径的信息源中检索专业知识的能力。
2. 具备检测逆变电路的能力。

素养目标

1. 培养学生认真严谨、积极主动的工作态度及安全生产、文明施工的意识。
2. 培养学生与小组成员、同学之间合作交流、协调工作的意识。
3. 获得分析问题和解决问题的基本方法。
4. 与小组成员交流、讨论学习成果，取长补短，完成自我提升。

任务框图

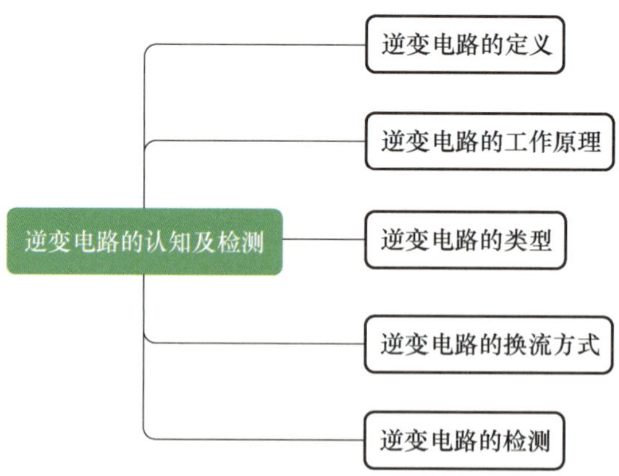

任务导入

新能源汽车的逆变器必须为驱动电机提供 80~200kW 的高功率，能够耐高温且体积小、重量轻。逆变器的关键性能要求高效。假如你是一名新能源汽车维修工，如何检测逆变电路的好坏？

任务分组

学生任务分配表见表 3-2-1。

表 3-2-1　学生任务分配表

班　级		组　号		指导教师	
组　长		学　号			
组　员	姓名：______ 学号：______			姓名：______ 学号：______	
	姓名：______ 学号：______			姓名：______ 学号：______	
	姓名：______ 学号：______			姓名：______ 学号：______	
	姓名：______ 学号：______			姓名：______ 学号：______	
任务分工					
（就组织讨论、工具准备、数据采集、数据记录、安全监督、成果展示等工作内容进行任务分工）					

获取信息

引导问题 1：逆变电路的应用非常广泛。在已有的各种电源中，蓄电池、干电池、太阳能电池等都是直流电源，当需要这些电源向交流负载供电时，就需要逆变电路。请你简单叙述逆变电路的定义：____

____

逆变电路分析与检测

知识点提示

一、逆变电路的定义

将交流电变换成直流电的过程称为整流，把直流电变换成交流电的过程称为逆变，逆变是整流的逆过程。

在逆变电路中，按照负载性质的不同，逆变分为有源逆变和无源逆变两种。如果把逆变电路的输出接到交流电源上，把经过逆变得到的与交流电源同频率的交流电返送到该电源中，这样的逆变称为有源逆变，相应的装置称为有源逆变器；把直流电变换为交流电，直接向非电源负载供电的电路，称为无源逆变电路。

逆变电路经常和变频电路的概念联系在一起，两者既有联系又有区别。变频电路是将一种频率的交流电变换为另一种频率的交流电的电路，可分为交 - 交直接变频电路和交 - 直 - 交间接变频电路。交 - 直 - 交间接变频电路由交 - 直变换电路和直 - 交变换电路两部分组成，交 - 直变换电路即为整流电路，直 - 交变换电路即为逆变电路，直 - 交变换电路是间接变频电路的核心环节。

引导问题 2：逆变电路根据直流侧储能元件形式的不同，可分为电压型逆变电路和电流型逆变电路。请你简单叙述逆变电路的工作原理：________________

____

____

知识点提示

二、逆变电路的工作原理

逆变电路根据直流侧储能元件形式的不同，可分为电压型逆变电路和电流型逆变电路。电流型逆变器给并联负载供电，故又称为并联谐振逆变器。电压型逆变器给串联负载供电，故又称为串联谐振逆变器。

桥式逆变电路的开关状态由加于其控制极的电压信号决定，桥式电路的 PN 端加入直流电压 U_d，A、B 端接向负载。当 VT_1、VT_4 导通而 VT_2、VT_3 截止时，$u_0=U_d$；相反，当 VT_1、VT_4 截止而 VT_2、VT_3 导通时，$u_0=-U_d$。于是当桥中各臂以频率 f（由控制极电压信号重复频率决定）轮番通断时，输出电压 u_0 将成为交变方波，其幅值为 U_d。重复频率为 f，其基波可表示为把幅值为 U_d 的矩形波 u_0 展开成傅立叶级数，得：$u_0=4U_d/\pi$（$\sin\omega t+1/3\ \sin3\omega t+1/5\ \sin5\omega t+\cdots$），由式可见，控制信号频率 f 可以决定输出端频率，改变直流电源电压 U_d 可以改变基波幅值，从而实现逆变的目的，如图 3-2-1 所示。

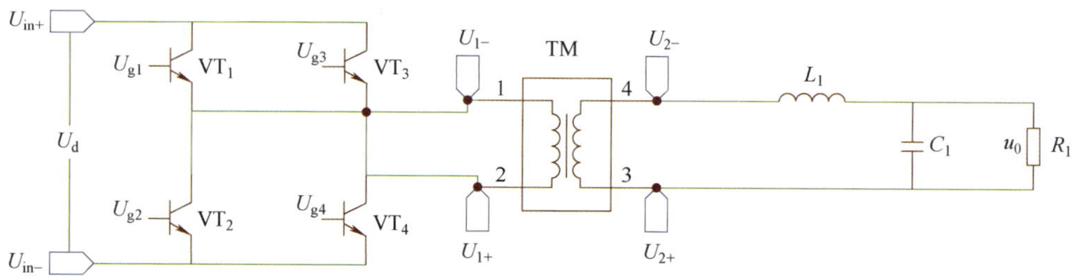

图 3-2-1 逆变电路的工作原理

引导问题 3：为了满足不同用电设备对交流电源性能参数的不同要求，已发展了多种逆变电路。请你简单概括逆变电路的类型：________________

____

____

知识点提示

三、逆变电路的类型

1. 按输出电能的去向分类

逆变电路按输出电能的方向可分为有源逆变电路和无源逆变电路。前者输出的电能返回公共交流电网，后者输出的电能直接输向用电设备。

（1）有源逆变电路 输出交流电输向交流电源的逆变电路。

（2）无源逆变电路 输出交流电直接用于负载的逆变电路。

2. 按直流电源性质分类

逆变电路按直流电源性质可分为由电压型直流电源供电的电压型逆变电路和由电流型直流电源供电的电流型逆变电路。

（1）电压型逆变电路 直流侧并联大电容，使直流电源近似为恒压源的逆变电路。

（2）电流型逆变电路 直流侧串联大电感，使直流电源近似为恒流源的逆变电路。

3. 按主电路的器件分类

逆变电路按主电路的器件可分为由具有自关断能力的全控型器件组成的全控型逆变电路和由无关断能力的半控型器件（如普通晶闸管）组成的半控型逆变电路。半控型逆变电路必须利用换流电压以关断退出导通的器件。若换流电压取自逆变负载端，称为负载换流式逆变电路。这种电路仅适用于容性负载；对于非容性负载，换流电压必须由附设的专门换流电路产生，称为自换流式逆变电路。

4. 按电流波形分类

逆变电路按电流波形可分为正弦逆变电路和非正弦逆变电路。前者开关器件中的电流为正弦波，其开关损耗较小，宜工作于较高频率。后者开关器件电流为非正弦波，因其开关损耗较大，故工作频率较正弦逆变电路低。

5. 按输出相数分类

逆变电路按输出相数可分为单相逆变电路、三相逆变电路和多相逆变电路。一个实际的逆变装置往往涉及上述多个分类，如三相电压型无源逆变电路就涉及前面 3 个分类。

> 引导问题 4：电路在工作过程中，电流从一个支路向另一个支路转移的过程称为换流，也称为换相。逆变电路的换流方式有：________________________________
>
> ____

知识点提示

四、逆变电路的换流方式

电路在工作过程中，电流从一个支路向另一个支路转移的过程称为换流，也称为换相。在逆变电路中有以下几种换流方式。

1. 电网电压换流

将电网的负电压施加到欲关断的晶闸管上使其关断的换流方式称为电网电压换流。可控整流电路、有源逆变电路、相控交 - 交变频电路等均采用电网电压换流。这种换流方式不需要全控型器件，也无须附加换流电路，但不适用于没有交流电网的电路。

2. 器件换流

在采用 IGBT、P-MOSFET、GTO 和 GTR 等全控型器件的电路中，利用全控型器件的自关断能力进行换流称为器件换流。

3. 强迫换流

采用专门的换流电路，给要关断的晶闸管强迫施加反向电压或反向电流的换流方式称为强迫换流。强迫换流通常利用附加电容中存储的能量实现，因此也称为电容换流。

强迫换流可使逆变电路的输出频率不受电源频率的限制，但需附加换流电路，同时要增加晶闸管的电压、电流定额，对晶闸管的动态特性要求较高。

在强迫换流方式中，由换流电路内的电容直接提供换流电压的方式称为直接耦合式强迫换流，其原理图如图 3-2-2 所示。在晶闸管 VT 处于通态时，预先给电容 C 充电。合上开关 S，就可给晶闸管施加反向电压使其关断。这种给晶闸管加上反向电压使其关断的换流称为电压换流。

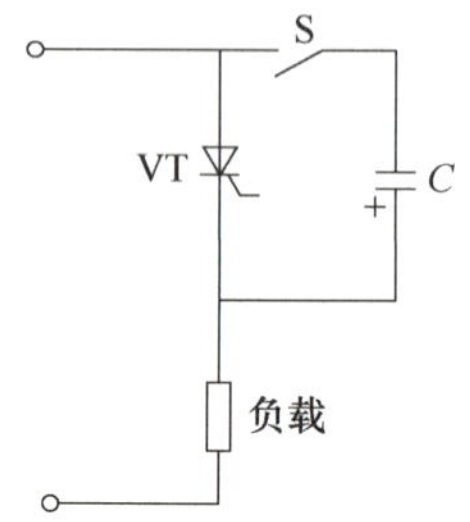

图 3-2-2 直接耦合式强迫换流原理图

4. 负载换流

由负载提供换流电压的换流方式称为负载换流，也称为负载谐振换流方式。凡是负载电流的相位超前于负载电压的场合，例如电容性负载，均可实现负载换流。

工作计划

按照前面所学的知识内容和小组内部讨论的结果，制订工作计划（包括资料查阅渠道的落实、任务实施任务中的内容分工等）并填入表 3-2-2。

表 3-2-2 工作计划表

步骤	工作内容	负责人
1		
2		
3		
4		
5		

进行决策

1. 各组派代表阐述资料查询结果。
2. 各组就各自的查询结果进行交流，并分享技巧。
3. 教师结合各组完成的情况进行点评，选出最佳方案。

任务实施

一、逆变电路的检测

所需设备及工具：万用表、新能源整流逆变电路搭接实训箱。

1. 基于变压器和晶体管的逆变电路的认知

（1）变压器的认知　变压器是利用电磁感应的原理来改变交流电压的装置，主要构件是一次线圈、二次线圈和铁心（磁心）。其主要功能有电压变换、电流变换、阻抗变换、隔离、稳压（磁饱和变压器）等。

（2）晶体管的认知　晶体管是一种固体半导体器件（包括二极管、场效应管、晶闸管等，有时特指双极型器件），具有检波、整流、放大、开关、稳压、信号调制等多种功能。晶体管作为一种可变电流开关，能够基于输入电压控制输出电流。与普通机械开关不同，晶体管利用电信号来控制自身的开合，所以开关速度可以非常快，实验室中的切换速度可达 100GHz 以上。

（3）现象　将 12V 直流电输入，经过电路变压后，转变为 220V 交流电输出。

2. 基于变压器和晶体管的逆变电路的搭接

搭接电路：变压器和晶体管逆变电路由可调直流电源 12V、插件电阻、安规电容、涤纶电容、整流二极管、2 个 PNP 晶体管、线圈和变压器等组成，如图 3-2-3 所示。

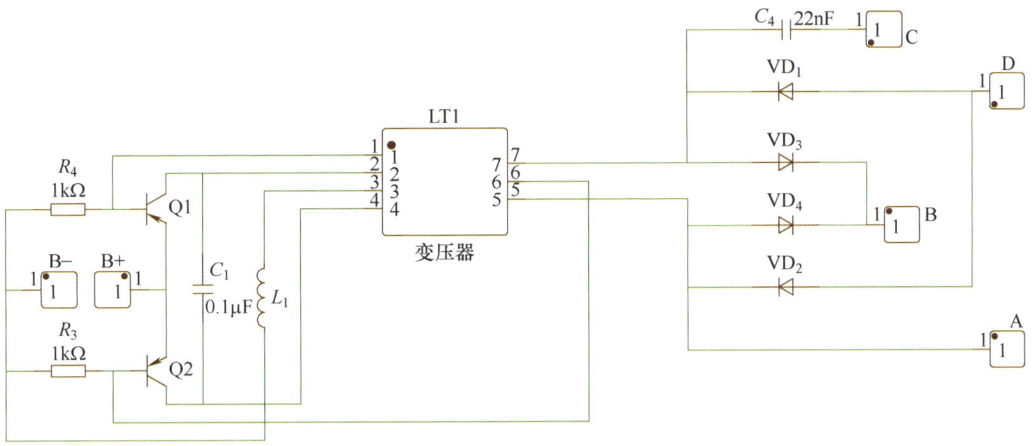

图 3-2-3　变压器和晶体管逆变电路

接通电路，其中左边 B+、B− 为 12V 直流电源输入端，右边 A、B、C、D 为 12V 直流电源输出端。将万用表调至交流电压档，可以在实训箱中测出电路图 A 和 C 两端的交流电压值为 220V，如图 3-2-4 所示。

图 3-2-4　测出电路图 A 和 C 两端的交流电压值

二、实训工单

请复习本任务所学内容，巩固理论知识和实训内容，并完成实训工单（表 3-2-3）的填写。

表 3-2-3　实训工单

姓名	班级（专业）	完成日期
任务准备		
序号	设　　备	数　　量
1		
2		
3		
4		
5		

（续）

实施步骤	
记　录	完成情况
	已完成□　未完成□

6S 现场管理			
序号	操作步骤	完成情况	备　注
1	建立安全操作环境	已完成□　未完成□	
2	清理及整理工具、量具	已完成□　未完成□	
3	清理及复原设备	已完成□　未完成□	
4	清理场地	已完成□　未完成□	
5	物品回收和环保	已完成□　未完成□	
6	完善和检查工单	已完成□　未完成□	

评价反馈

1. 各组代表展示汇报 PPT，介绍任务的完成过程。

2. 以小组为单位，对各组的操作过程与操作结果进行自评和互评，并将结果填入学生评价表（表 3-2-4）。

表 3-2-4　学生评价表

姓名		学号			班级				组别				
实训任务													
评价项目	分值	等级				评价对象（组别）							
		A	B	C	D	1	2	3	4	5	6	7	8
方案合理	20	20	15	10	5								
团队合作	20	20	15	10	5								
工作质量	20	20	15	10	5								
工作规范	20	20	15	10	5								
汇报展示	20	20	15	10	5								
合计	100	各组得分											
总结与反思													
（如：学习过程中遇到的问题→如何解决的 / 解决不了的原因→心得体会）													

3. 教师对学生工作过程与工作结果进行评价，并将评价结果填入教师对学生评价表（表 3-2-5）。

表 3-2-5　教师对学生评价表

<table>
<tr><td>姓名</td><td></td><td>学号</td><td></td><td>班级</td><td></td><td>组别</td><td></td></tr>
<tr><td colspan="3">实训任务</td><td colspan="5"></td></tr>
<tr><td colspan="3">评价项目</td><td colspan="3">评价标准</td><td>分值</td><td>得分</td></tr>
<tr><td colspan="3">考勤（10%）</td><td colspan="3">无故意迟到、早退、旷课现象</td><td>10</td><td></td></tr>
<tr><td rowspan="11">工作过程（60%）</td><td rowspan="5">知识目标</td><td rowspan="4">获取信息</td><td colspan="3">能够描述逆变电路的定义</td><td>5</td><td></td></tr>
<tr><td colspan="3">能够熟知逆变电路的工作原理</td><td>5</td><td></td></tr>
<tr><td colspan="3">能够描述逆变电路的类型</td><td>5</td><td></td></tr>
<tr><td colspan="3">能够熟知逆变电路的换流方式</td><td>5</td><td></td></tr>
<tr><td>进行决策</td><td colspan="3">制订工作计划，计划合理可行</td><td>5</td><td></td></tr>
<tr><td rowspan="2">技能目标</td><td rowspan="2">任务实施</td><td colspan="3">能熟知基于变压器和晶体管的逆变电路的认知</td><td>10</td><td></td></tr>
<tr><td colspan="3">能完成基于变压器和晶体管的逆变电路的搭接</td><td>10</td><td></td></tr>
<tr><td rowspan="3">素养目标</td><td>工作态度</td><td colspan="3">认真严谨、积极主动；安全生产、文明施工</td><td>5</td><td></td></tr>
<tr><td>团队合作</td><td colspan="3">与小组成员、同学之间合作交流、协调工作</td><td>5</td><td></td></tr>
<tr><td>工作质量</td><td colspan="3">能按照工作计划操作，按计划完成工作任务</td><td>5</td><td></td></tr>
<tr><td colspan="2" rowspan="3">项目成果（30%）</td><td>工作完整</td><td colspan="3">能按时完成工作任务的所有环节</td><td>10</td><td></td></tr>
<tr><td>工作规范</td><td colspan="3">能在整个操作过程中规范操作，避免意外事故发生</td><td>10</td><td></td></tr>
<tr><td>汇报展示</td><td colspan="3">能准确表达、汇报工作成果</td><td>10</td><td></td></tr>
<tr><td colspan="6">合计</td><td>100</td><td></td></tr>
<tr><td colspan="2" rowspan="2">综合评价</td><td colspan="2">学生评价（50%）</td><td colspan="2">教师评价（50%）</td><td colspan="2">综合得分</td></tr>
<tr><td colspan="2"></td><td colspan="2"></td><td colspan="2"></td></tr>
<tr><td colspan="2">综合评语</td><td colspan="6">（工作过程中存在的问题及改进建议）</td></tr>
</table>

任务三　稳压电路的认知及检测

任务目标

知识目标

1. 能够描述稳压电路的定义。
2. 能够熟知稳压电路的原理。
3. 能够掌握稳压电路的类型。

技能目标

1. 具备从多途径的信息源中检索专业知识的能力。
2. 具备检测稳压电路的能力。

素养目标

1. 培养学生认真严谨、积极主动的工作态度及安全生产、文明施工的意识。
2. 培养学生与小组成员、同学之间合作交流、协调工作的意识。
3. 获得分析问题和解决问题的基本方法。
4. 与小组成员交流、讨论学习成果，取长补短，完成自我提升。

任务框图

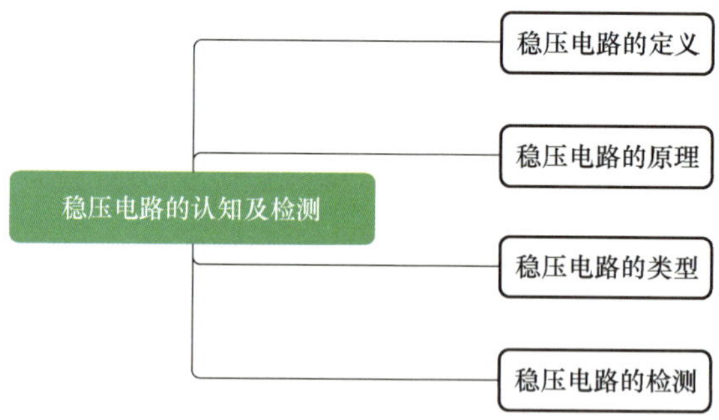

任务导入

新能源汽车出现故障时不要尝试自行检修，尤其是没有任何电力知识储备的汽车用户更要注意。汽车稳压器的作用是使汽车的电量供应在安全的电压范围内。假如你是一名新能源汽车维修工，如何检测稳压电路是否正常？

任务分组

学生任务分配表见表 3-3-1。

表 3-3-1　学生任务分配表

班　级		组　号		指导教师	
组　长		学　号			
组　员	姓名：______	学号：______	姓名：______	学号：______	
	姓名：______	学号：______	姓名：______	学号：______	
	姓名：______	学号：______	姓名：______	学号：______	
	姓名：______	学号：______	姓名：______	学号：______	
任务分工					
（就组织讨论、工具准备、数据采集、数据记录、安全监督、成果展示等工作内容进行任务分工）					

获取信息

引导问题 1：稳压电路能提供稳定的直流电源，广为各种电子设备采用。请你想一想，稳压电路的定义是：________________________________

____

稳压电路分析与检测

知识点提示

一、稳压电路的定义

稳压电路是指在输入电压、负载、环境温度、电路参数等发生变化时，仍能保持输出电压恒定的电路。

引导问题 2：对于初学者来说，稳压电路的工作原理以及作用是比较重要的知识。请你根据直流稳压器的结构框图，简单概述稳压电路的原理：________________________________

____

____

知识点提示

二、稳压电路的原理

典型的直流稳压器的结构框图如图 3-3-1 所示。交流输入电压 e_1 由变压器 T_p 变成电压 e_2，经整流、滤波后向调整电路（稳压电路）输送一个不稳定的脉动的直流电压 U_i。因 U_i 或稳压电路输出电流 I_0 的变动而引起输出电压 U_0 变化时，调整电路使 U_0 保持原值或者只有极小的变动。调整电路中的调整管工作在线性放大区的称为线性电源，工作在非线性区的称为开关电源。线性电源分为简单稳压电路、并联稳压电路、串联稳压电路和集成化稳压电路。

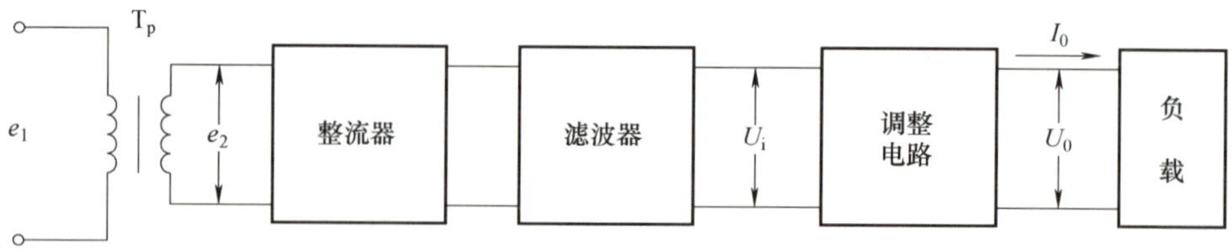

图 3-3-1 典型的直流稳压器的结构框图

引导问题 3：请你查阅资料，简述稳压电路的类型：________________

____

知识点提示

三、稳压电路的类型

稳压电路种类繁多，按输出电流的类型可分为直流稳压电路和交流稳压电路；按稳压电路与负载的连接方式可分为串联稳压电路和并联稳压电路；按调整管的工作状态可分为线性稳压电源和开关稳压电源；按电路类型可分为简单稳压电路、反馈型稳压电路和带有放大环节的稳压电路。

1. 直流稳压电路

整流滤波电路能将正弦交流电压变换成较为平滑的直流电压，但是，一方面，由于输出电压平均值取决于变压器二次电压有效值，所以当电网电压波动时，输出电压平均值将随之产生相应的波动；另一方面，由于整流滤波电路内阻的存在，当负载变化时，内阻上的电压将产生变化，于是输出电压平均值也将随之产生相反的变化。例如，如果负载电阻减小，则负载电流增大，内阻上的电流也随之增大，其压降必然增大，输出电压平均值必将相应减小。因此，整流滤波电路输出电压会随着电网电压的波动而波动，随着负载电阻的变化而变化。为了获得稳定性好的直流电压，必须采取稳压措施。

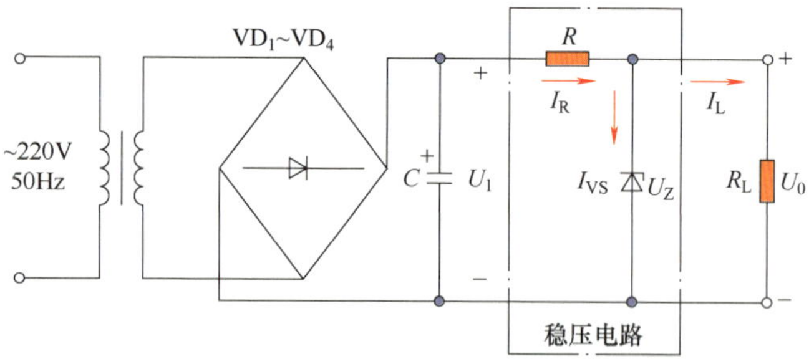

图 3-3-2 稳压二极管组成的稳压电路

由稳压二极管 VS 和限流电阻 R 组成的稳压电路是一种最简单的直流稳压电源，如图 3-3-2 所示中点画线框内所示。其输入电压 U_1 是整流滤波后的电压，输出电压 U_0 就是稳压管的稳定电压 U_Z，R_L 是负载电阻。

从稳压管稳压电路可得两个基本关系是 $U_1=U_R+U_0$，$I_R=I_{DZ}+I_L$。

对任何稳压电路都应从两个方面考察其稳压特性，一是设置电网电压波动，研究其输出电压是否稳定；二是设置负载变化，研究其输出电压是否稳定。

在图 3-3-2 所示稳压二极管稳压电路中，当电网电压升高时，稳压电路的输入电压 U_1 随之增大；但是，由于 $U_0=U_Z$，根据稳压管的伏安特性，U_Z 的增大使 I_{VS} 急剧增大；根据 $I_n=I_{VS}+I_L$，I_R 必然随着 I_{VS} 急剧增大，U_R 会同时随着 I_R 而急剧增大；根据 $U_1=U_R+U_0$，U_R 的增大必将使输出电压 U_0 减小。因此，只要参数选择合适，R 上的电压增量就可以与 U_1 的增量近似相等，从而使 U_0 基本不变。

综上所述，在稳压二极管所组成的稳压电路中，利用稳压管所起的电流调节作用，通过限

流电阻 R 上电压或电流的变化进行补偿，来达到稳压的目的。限流电阻 R 是必不可少的元件，它既限制稳压管中的电流使其正常工作，又与稳压管相配合以达到稳压的目的。一般情况下，在电路中如果有稳压管存在，就必然有与之匹配的限流电阻。

2. 开关稳压电路

开关稳压电路是调整管（功率管）以开关方式工作的稳压电路。与线性稳压电路相比，它的功率转换效率可大于 90%，动态稳压性能好，可省去工频变压器，体积和质量都大幅度减小，在电网电压大范围变化下仍能调节输出电压，使其保持稳定。

常用的实现开关控制的方法有使用自激式开关稳压器、脉宽调制式开关稳压器和直流变换式开关稳压器等。

采用直流变换器的开关稳压电路的框图如图 3-3-3 所示。对工频电压直接整流 - 滤波后获得的直流电压，由开关管变为高频电压。后者经高频换流变压器变为一定的电压，再经高频整流 - 滤波以后给出所需的输出电压 u_0；开关管的工作受脉冲调制器和驱动放大器的控制。当输出电压 u_0 发生变化时，来自输出端的取样信号经比较电路产生误差信号，然后通过脉冲调制器来控制开关管的开关工作，从而使直流变换器的输出保持稳定。开关管是在饱和区断续工作的，所以功耗比线性电源的调整管小，因而效率较高。大功率电力稳压器由补偿变压器、调压器、控制电路、检测电路和操作电路组成。

3. 串联稳压电路

图 3-3-4 所示的是简单的串联型稳压电源。VT 是调整管，调节输出电压，它与负载电阻是串联的。R_1 给 VT 提供合适的偏置，使 VT 工作在放大状态；利用晶体管电流放大作用可以提高输出电流。同时 R_1 是限流电阻，保护 VS 管。VS 管稳定晶体管基极的电位。

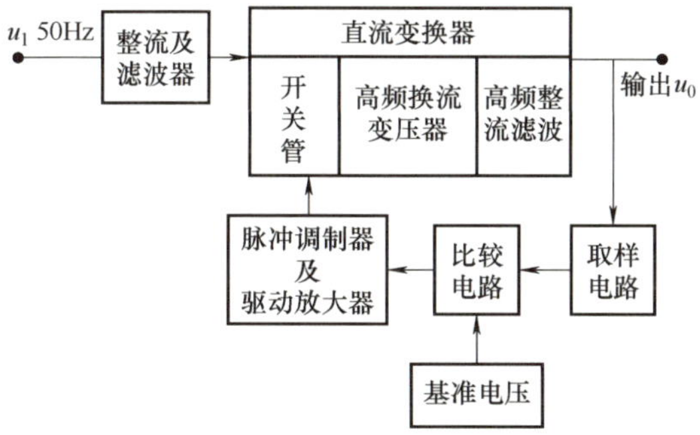

图 3-3-3 采用直流变换器的开关稳压电路框图

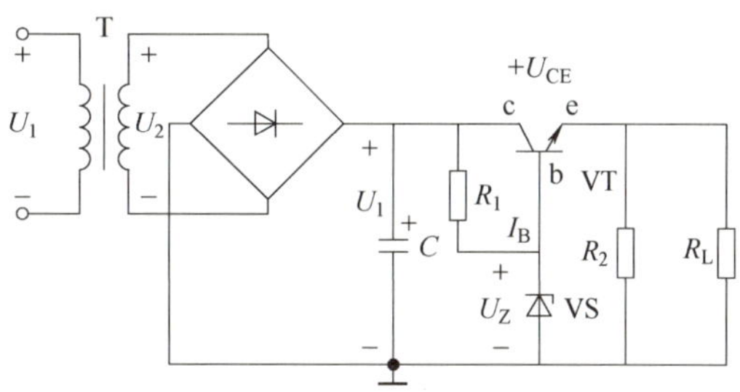

图 3-3-4 简单的串联型稳压电源

简单串联型稳压电路的优点是电路简单，调试方便。由于晶体管具有电流放大作用，它的输出电流较大，但是它的输出电压不能调节，$U_0=U_Z-U_{BE1}$，其中 U_{BE1} 基本上是不变的。其稳压灵敏度不够，稳压效果差，所以要进行改进。

工作计划

按照前面所学的知识内容和小组内部讨论的结果，制订工作计划（包括资料查阅渠道的落实、任务实施任务中的内容分工等）并填入表 3-3-2。

进行决策

1. 各组派代表阐述资料查询结果。
2. 各组就各自的查询结果进行交流，并分享技巧。

3. 教师结合各组完成的情况进行点评，选出最佳方案。

表 3-3-2　工作计划表

步骤	工作内容	负责人
1		
2		
3		
4		
5		

任务实施

一、稳压电路的检测

所需设备及工具：稳压电路图。

稳压电路的检测主要检查以下性能：

1）当稳压电路的输入电压在一定范围波动时，输出电压的稳定性。

2）输出电压在不带负载与带负载时的稳定性。

3）带轻负载与重负载的稳定性（允许范围内）。

4）输出过电流、过电压和短路保护的可靠性。

1. 基于稳压二极管的稳压电路的认知

定义：利用稳压二极管反向击穿特性组成的电路。

组成：由电源、稳压二极管、电阻、发光二极管组成。

2. 基于稳压二极管的稳压电路的搭建

原理：电路属于串联电路，稳压二极管反向串联在电路中，具有稳压的作用，如图 3-3-5 所示。电路方向为：$U+$ →稳压二极管→ R_7 → LED → GND。

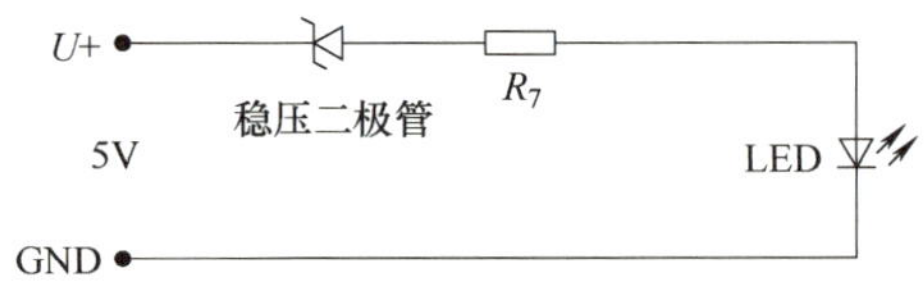

图 3-3-5　稳压电路

二、实训工单

请复习本任务所学内容，巩固理论知识和实训内容，完成实训工单（表 3-3-3）的填写。

表 3-3-3　实训工单

姓名		班级（专业）		完成日期	
任务准备					
序号	设　备			数　量	
1					
2					
3					
4					
5					

（续）

实施步骤	
记　录	完成情况
	已完成□　未完成□

6S 现场管理			
序号	操作步骤	完成情况	备　注
1	建立安全操作环境	已完成□　未完成□	
2	清理及整理工具、量具	已完成□　未完成□	
3	清理及复原设备	已完成□　未完成□	
4	清理场地	已完成□　未完成□	
5	物品回收和环保	已完成□　未完成□	
6	完善和检查工单	已完成□　未完成□	

评价反馈

1. 各组代表展示汇报 PPT，介绍任务的完成过程。

2. 以小组为单位，对各组的操作过程与操作结果进行自评和互评，并将结果填入学生评价表（表 3-3-4）。

表 3-3-4　学生评价表

姓名		学号			班级				组别				
实训任务													
评价项目	分值	等级				评价对象（组别）							
		A	B	C	D	1	2	3	4	5	6	7	8
方案合理	20	20	15	10	5								
团队合作	20	20	15	10	5								
工作质量	20	20	15	10	5								
工作规范	20	20	15	10	5								
汇报展示	20	20	15	10	5								
合计	100	各组得分											
总结与反思													
（如：学习过程中遇到的问题→如何解决的 / 解决不了的原因→心得体会）													

3. 教师对学生工作过程与工作结果进行评价，并将评价结果填入教师对学生评价表（表 3-3-5）。

表 3-3-5 教师对学生评价表

<table>
<tr><td>姓名</td><td></td><td>学号</td><td></td><td>班级</td><td></td><td>组别</td><td></td></tr>
<tr><td colspan="3">实训任务</td><td colspan="5"></td></tr>
<tr><td colspan="3">评价项目</td><td colspan="3">评价标准</td><td>分值</td><td>得分</td></tr>
<tr><td colspan="3">考勤（10%）</td><td colspan="3">无故意迟到、早退、旷课现象</td><td>10</td><td></td></tr>
<tr><td rowspan="9">工作过程（60%）</td><td rowspan="4">知识目标</td><td rowspan="3">获取信息</td><td colspan="3">能够描述稳压电路的定义</td><td>5</td><td></td></tr>
<tr><td colspan="3">能够熟知稳压电路的原理</td><td>5</td><td></td></tr>
<tr><td colspan="3">能够掌握稳压电路的类型</td><td>5</td><td></td></tr>
<tr><td>进行决策</td><td colspan="3">制订工作计划，计划合理可行</td><td>10</td><td></td></tr>
<tr><td rowspan="2">技能目标</td><td rowspan="2">任务实施</td><td colspan="3">能熟知基于稳压二极管的稳压电路</td><td>10</td><td></td></tr>
<tr><td colspan="3">能完成基于稳压二极管的稳压电路的搭建</td><td>10</td><td></td></tr>
<tr><td rowspan="3">素养目标</td><td>工作态度</td><td colspan="3">认真严谨、积极主动；安全生产、文明施工</td><td>5</td><td></td></tr>
<tr><td>团队合作</td><td colspan="3">与小组成员、同学之间合作交流、协调工作</td><td>5</td><td></td></tr>
<tr><td>工作质量</td><td colspan="3">能按照工作计划操作，按计划完成工作任务</td><td>5</td><td></td></tr>
<tr><td colspan="2" rowspan="3">项目成果（30%）</td><td>工作完整</td><td colspan="3">能按时完成工作任务的所有环节</td><td>10</td><td></td></tr>
<tr><td>工作规范</td><td colspan="3">能在整个操作过程中规范操作，避免意外事故发生</td><td>10</td><td></td></tr>
<tr><td>汇报展示</td><td colspan="3">能准确表达、汇报工作成果</td><td>10</td><td></td></tr>
<tr><td colspan="6">合计</td><td>100</td><td></td></tr>
<tr><td colspan="2" rowspan="2">综合评价</td><td colspan="2">学生评价（50%）</td><td colspan="2">教师评价（50%）</td><td colspan="2">综合得分</td></tr>
<tr><td colspan="2"></td><td colspan="2"></td><td colspan="2"></td></tr>
<tr><td colspan="2">综合评语</td><td colspan="6">（工作过程中存在的问题及改进建议）</td></tr>
</table>

任务四　滤波电路的认知及检测

任务目标

知识目标

1. 能够描述滤波电路的基本概念。
2. 能够熟知滤波电路的类型。

技能目标

1. 具备从多途径的信息源中检索专业知识的能力。
2. 具备检测滤波电路的能力。

素养目标

1. 培养学生认真严谨、积极主动的工作态度及安全生产、文明施工的意识。
2. 培养学生与小组成员、同学之间合作交流、协调工作的意识。
3. 获得分析问题和解决问题的基本方法。
4. 与小组成员交流、讨论学习成果，取长补短，完成自我提升。

任务框图

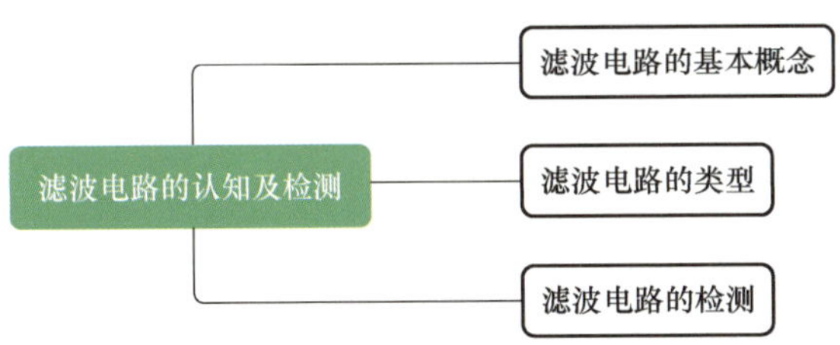

任务导入

现有的新能源汽车中使用的滤波器采用一级 LC 滤波方式，即设置一个共模电感和一组电容，这组电容中包括消除差模干扰的 x 电容和消除共模干扰的 y 电容。通过共模电感、x 电容和 y 电源进行搭配滤波，可消除高压直流电的电磁辐射。

任务分组

学生任务分配表见表 3-4-1。

表 3-4-1 学生任务分配表

班级		组号		指导教师	
组长		学号			
组员	姓名：______	学号：______	姓名：______	学号：______	
	姓名：______	学号：______	姓名：______	学号：______	
	姓名：______	学号：______	姓名：______	学号：______	
	姓名：______	学号：______	姓名：______	学号：______	
任务分工					
（就组织讨论、工具准备、数据采集、数据记录、安全监督、成果展示等工作内容进行任务分工）					

获取信息

滤波电路
分析与检测

引导问题 1：请你查阅资料，为什么要在整流电路后加上滤波电路呢？请简要概述原因。

______

______

知识点提示

一、滤波电路的基本概念

滤波电路常用于滤去整流输出电压中的纹波，一般由电抗元件组成，如在负载电阻两端并联电容 C，或与负载串联电感 L，以及由电容、电感组合而成的各种复式滤波电路。

整流电路能将交流电转变为直流电，但由于交流电压大小时刻在变化，故整流后流过负载的电流大小也时刻变化。例如，当变压器线圈的正半周交流电压逐渐上升时，经二极管整流后流过负载的电流会逐渐增大；当线圈的正半周交流电压逐渐下降时，经整流后流过负载的电流会逐渐减小，不稳定的电流流过负载，导致负载无法正常工作。为了让流过负载的电流大小稳定不变或变化尽量小，需要在整流电路后加上滤波电路。

引导问题 2：只允许一定频率范围内的信号成分正常通过，而阻止另一部分频率成分通过的电路，称为滤波器或滤波电路。滤波电路的类型有哪些？请简要概述出来。

______

______

知识点提示

二、滤波电路的类型

常用的滤波电路有无源滤波电路和有源滤波电路两大类，见表 3-4-2。

表 3-4-2 无源滤波电路和有源滤波电路的区别

类型	无源滤波电路	有源滤波电路
特点	无源滤波电路的结构简单，易于设计，但它的通带放大倍数及其截止频率都随负载而变化，因而不适用于信号处理要求高的场合	有源滤波电路一般由 RC 网络和集成运放组成，因而必须在合适的直流电源供电的情况下才能使用，同时可以进行放大
组成	若滤波电路元件仅由无源元件（电阻、电容、电感）组成，则称为无源滤波电路	若滤波电路不仅由无源元件，还由有源元件（双极型管、单极型管、集成运放）组成，则称为有源滤波电路
主要形式	有电容滤波、电感滤波和复合滤波（包括倒 L 型、LC 型、LC-π 型和 RC-π 型等）	有源 RC 滤波，也称为电子滤波器
应用	无源滤波电路通常用在功率电路中，例如直流电源整流后的滤波，或者大电流负载时采用 LC（电感、电容）电路滤波	有源滤波电路的负载不影响滤波特性，因此常用于信号处理要求高的场合，但电路的组成和设计较复杂。有源滤波电路不适用于高电压大电流的场合，只适用于信号处理

常见无源滤波电路有电容滤波电路、电感滤波电路和复合滤波电路等。

1. 电容滤波电路

电容滤波是利用电容充、放电原理工作的。电容滤波电路及电压波形如图 3-4-1 所示。

电容滤波电路如图 3-4-1a 所示，电容 C 为滤波电容。220V 交流电压经变压器 T_1 降压后，在 L_2 上得到如图 3-4-1b 所示的 U_2 电压。在没有滤波电容 C 时，负载 R_L 得到电压为 U_{L1}，U_{L1} 电压随 U_2 电压波动而波动，波动变化很大，如 t_1 时刻 U_{L1} 电压最大，t_2 时刻 U_{L1} 电压变为 0，这样时大时小、时有时无的电压使负载无法正常工作，在整流电路之后增加滤波电容可以解决这个问题。

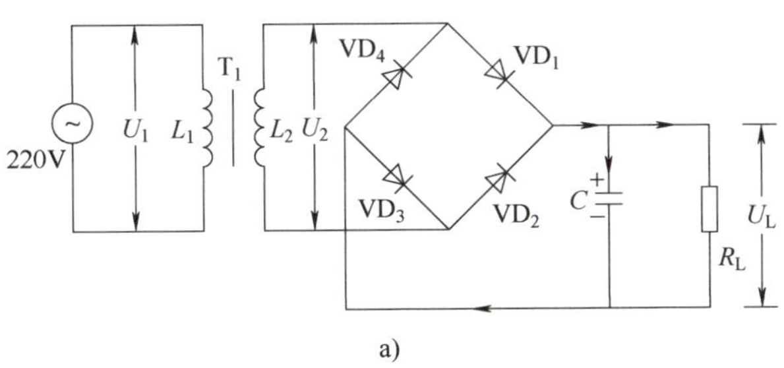

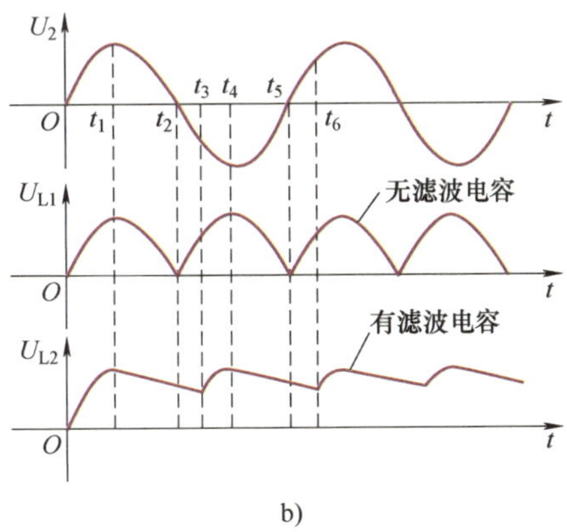

图 3-4-1 电容滤波电路及电压波形

a）电路 b）电压波形

电容使整流电路输出电压波动变小的功能称为滤波。电容滤波的实质是在输入电压高时通过充电将电能存储起来，而在输入电压较低时通过放电将电能释放出来，从而保证负载得到波动较小的电压。电容滤波与水缸蓄水相似，如果自来水供应紧张，白天不供水或供水量很小，而晚上供水量很大，为了保证一整天能正常用水，可以在晚上供水量大时一边用水一边用水缸蓄水（相当于给电容充电），而在白天水少或无水时水缸可以供水（相当于电容放电），这里的水缸就相当于电容。

电容能使整流输出电压波动变小，电容的容量越大，其两端的电压波动越小，即电容容量越大，滤波效果越好。容量大和容量小的电容可相当于大水缸和小茶杯，大水缸蓄水多，在停水时可以供较长时间的用水，而小茶杯蓄水少，停水时供水时间短，还会造成用水时有时无。

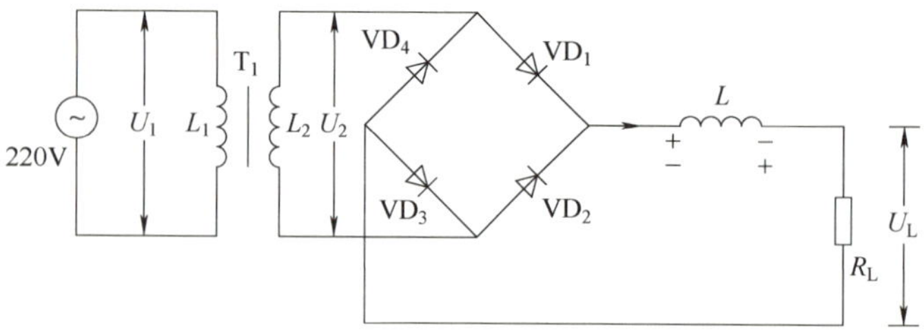

图 3-4-2　电感滤波电路

2. 电感滤波电路

电感滤波是利用电感储能和放能原理工作的。电感滤波电路如图 3-4-2 所示。

在图 3-4-2 所示的电路中，电感 L 为滤波电感。220V 交流电压经变压器 T_1 降压后，在 L_2 上得到 U_2 电压。

从上面分析可知，当输入电压高使输入电流大时，电感产生电动势对电流进行阻碍，避免流过负载的电流过大，而当输入电压低使输入电流小时，电感产生反电动势，反电动势产生的电流与变小的整流电流一起流过负载，避免流过负载的电流减小，这样就使得流过负载的电流大小波动较小。

电感滤波的效果与电感的电感量有关，电感量越大，流过负载的电流波动越小，滤波效果越好。

3. 复合滤波电路

单独的电容滤波或电感滤波效果往往不理想，因此可将电容、电感和电阻组合起来构成复合滤波电路。复合滤波电路的滤波效果比较好，其特点见表 3-4-3。

表 3-4-3　复合滤波电路的特点

类型	输出电压	波形	带负载能力	使整流二极管所受冲击电流
LC 滤波电路	比较稳定	—	较强	大大减小
LC-π 型滤波电路	高	平滑	较差	仍存在较大的冲击电流
RC-π 型滤波电路	高	平滑	较差	功耗较大

（1）LC 滤波电路　LC 滤波电路由电感和电容构成，其结构如图 3-4-3 中点画线框内部分所示。

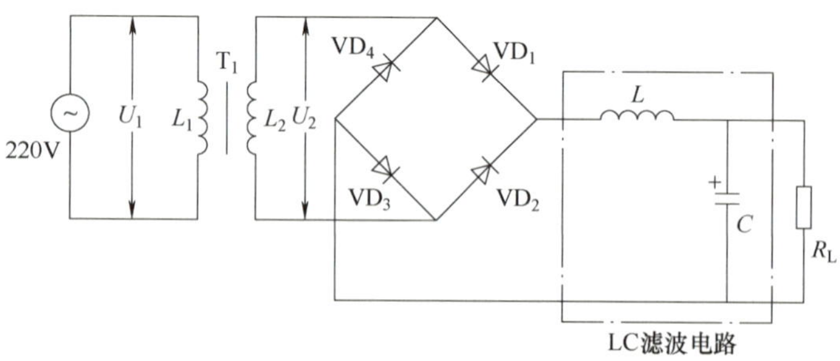

图 3-4-3　LC 滤波电路

整流电路输出的脉动直流电压先由电感 L 滤除大部分波动成分，少量的波动成分由电容 C 进一步滤掉，从而供给负载的电压波动很小。

LC 滤波电路带负载能力很强，即使负载变化时，输出电压也比较稳定。另外，由于电容接在电感之后，在刚接通电源时，电感会对突然流过的浪涌电流产生阻碍，从而减小浪涌电流对整流二极管的冲击。

（2）LC-π 型滤波电路　LC-π 型滤波电路由一个电感和两个电容接成 π 型构成，其结构如图 3-4-4 中点画线框内部分所示。

整流电路输出的脉动直流电压依次经电容 C_1、电感 L 和电容 C_2 滤波后，波动成分基本被滤掉，从而供给负载的电压波动很小。

LC-π 滤波电路滤波效果比 LC 滤波电路好，但它的带负载能力较差。由于电容 C_1 接在电感之前，故刚接通电源时，变压器二次线圈通过整流二极管对 C_1 充电的浪涌电流很大，为了缩短浪涌电流的持续时间，一般要求 C_1 的容量小于 C_2 的容量。

（3）RC-π 型滤波电路　RC-π 型滤波电路用电阻替代电感，并与电容接成 π 型构成。RC-π 型滤波电路如图 3-4-5 中点画线框内部分所示。

整流电路输出的脉动直流电压经电容 C_1 滤除部分波动成分后，在通过电阻 R 时，波动电压在 R 上产生一定压降，从而使 C_2 上波动电压大大减小。R 阻值越大，滤波效果越好。

RC-π 型滤波电路成本低、体积小，但电流在经过电阻时有电压降和损耗，会导致输出电压下降，所以这种滤波电路主要用在负载电流不大的电路中；另外，要求 R 的阻值不能太大，一般为几十至几百欧，且满足 $R<<R_L$。

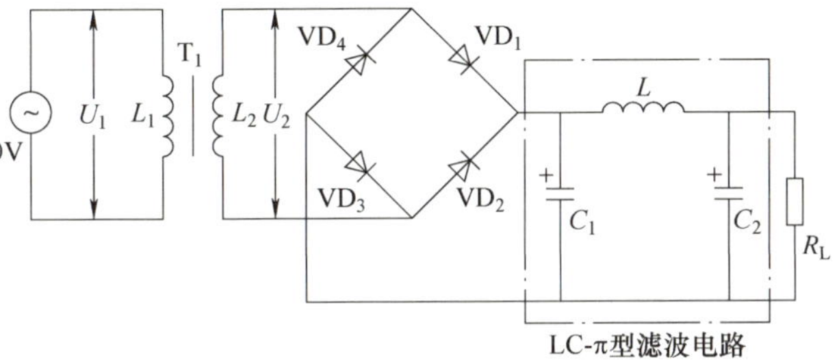

图 3-4-4　LC-π 型滤波电路

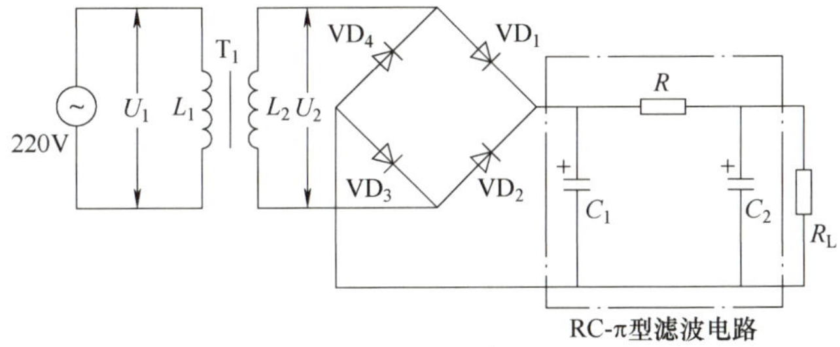

图 3-4-5　RC-π 型滤波电路

工作计划

按照前面所学的知识内容和小组内部讨论的结果，制订工作计划（包括资料查阅渠道的落实、任务实施任务中的内容分工等）并填入表 3-4-4。

表 3-4-4　工作计划表

步骤	工作内容	负责人
1		
2		
3		
4		
5		

进行决策

1. 各组派代表阐述资料查询结果。
2. 各组就各自的查询结果进行交流，并分享技巧。
3. 教师结合各组完成的情况进行点评，选出最佳方案。

任务实施

一、滤波电路的检测

所需设备及工具：万用表、电学实训箱。

1. 基于二极管的半桥整流滤波电路的认知

（1）定义　交流电压经整流后输出的是单向脉动的直流电压，既含有直流成分又含有交流成分。要想得到稳定的直流电，需要对整流后的波形进行整形，利用电容把直流隔断、让交流通过（隔直通交），而电感把交流隔断、让直流通过（隔交通直）。电容的作用是保留直流成分，把交流成分滤掉（交流通过电容返回电源）；电感的作用是通过直流成分，把交流成分进行隔离、滤波，这样的电路称为 LC 型滤波电路。

半桥整流滤波电路是利用整流二极管与电容、电感的特性而组成的电路，电容并联在电路中保留直流成分，把交流成分滤掉（交流通过电容返回电源），而电感串联在电路中通过直流成分，把交流成分进行隔离、滤波，这样就能得到满足发光二极管所需要的直流电压。

（2）组成　二极管半桥整流滤波电路由单相交流电源、变压器、整流二极管、电阻、发光二极管、电容、电感组成。

2. 基于二极管的半桥整流滤波电路的搭建

（1）步骤 1　当变压器输出电压 >0 时，整流二极管导通，二极管工作时，工作电路方向如图 3-4-6 所示。

（2）步骤 2　当变压器输出电压 <0 时，整流二极管截止，输出电流为 0，二极管不工作时，工作电路方向如图 3-4-7 所示。

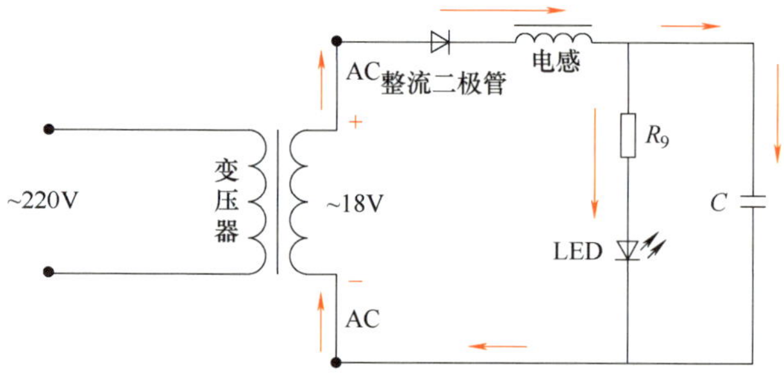

图 3-4-6　二极管工作时，工作电路方向

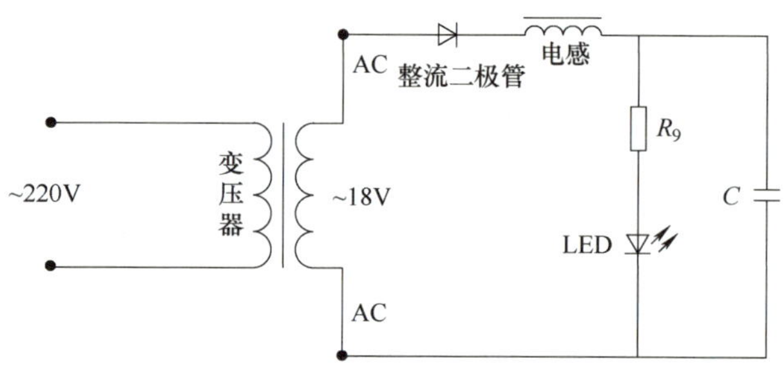

图 3-4-7　二极管不工作时，工作电路方向

二、实训工单

请复习本任务所学内容，巩固理论知识和实训内容，并完成实训工单（表 3-4-5）的填写。

表 3-4-5　实训工单

姓名		班级（专业）		完成日期	
任务准备					
序号	设　备			数　量	
1					
2					
3					
4					
5					

笔记栏

（续）

实施步骤	
记　录	完成情况
	已完成□　未完成□

6S 现场管理			
序号	操作步骤	完成情况	备　注
1	建立安全操作环境	已完成□　未完成□	
2	清理及整理工具、量具	已完成□　未完成□	
3	清理及复原设备	已完成□　未完成□	
4	清理场地	已完成□　未完成□	
5	物品回收和环保	已完成□　未完成□	
6	完善和检查工单	已完成□　未完成□	

评价反馈

1. 各组代表展示汇报 PPT，介绍任务的完成过程。

2. 以小组为单位，请对各组的操作过程与操作结果进行自评和互评，并将结果填入学生评价表（表 3-4-6）。

表 3-4-6　学生评价表

姓名		学号				班级				组别			
实训任务													
评价项目	分值	等　级				评价对象（组别）							
		A	B	C	D	1	2	3	4	5	6	7	8
方案合理	20	20	15	10	5								
团队合作	20	20	15	10	5								
工作质量	20	20	15	10	5								
工作规范	20	20	15	10	5								
汇报展示	20	20	15	10	5								
合计	100	各组得分											
总结与反思													
（如：学习过程中遇到的问题→如何解决的 / 解决不了的原因→心得体会）													

3. 教师对学生工作过程与工作结果进行评价，并将评价结果填入教师对学生评价表（表 3-4-7）。

表 3-4-7 教师对学生评价表

<table>
<tr><td>姓名</td><td colspan="2"></td><td>学号</td><td>班级</td><td>组别</td></tr>
<tr><td colspan="3">实训任务</td><td colspan="3"></td></tr>
<tr><td colspan="3">评价项目</td><td>评价标准</td><td>分值</td><td>得分</td></tr>
<tr><td colspan="3">考勤（10%）</td><td>无故意迟到、早退、旷课现象</td><td>10</td><td></td></tr>
<tr><td rowspan="8">工作过程（60%）</td><td rowspan="3">知识目标</td><td rowspan="2">获取信息</td><td>能够描述滤波电路的基本概念</td><td>5</td><td></td></tr>
<tr><td>能够熟知滤波电路的类型</td><td>5</td><td></td></tr>
<tr><td>进行决策</td><td>制订工作计划，计划合理可行</td><td>10</td><td></td></tr>
<tr><td rowspan="2">技能目标</td><td rowspan="2">任务实施</td><td>熟知基于二极管的半桥整流滤波电路</td><td>10</td><td></td></tr>
<tr><td>能完成基于二极管的半桥整流滤波电路的搭建</td><td>10</td><td></td></tr>
<tr><td rowspan="3">素养目标</td><td>工作态度</td><td>认真严谨、积极主动；安全生产、文明施工</td><td>5</td><td></td></tr>
<tr><td>团队合作</td><td>与小组成员、同学之间合作交流、协调工作</td><td>5</td><td></td></tr>
<tr><td>工作质量</td><td>能按照工作计划操作，按计划完成工作任务</td><td>10</td><td></td></tr>
<tr><td colspan="2" rowspan="3">项目成果（30%）</td><td>工作完整</td><td>能按时完成工作任务的所有环节</td><td>10</td><td></td></tr>
<tr><td>工作规范</td><td>能在整个操作过程中规范操作，避免意外事故发生</td><td>10</td><td></td></tr>
<tr><td>汇报展示</td><td>能准确表达、汇报工作成果</td><td>10</td><td></td></tr>
<tr><td colspan="4">合计</td><td>100</td><td></td></tr>
<tr><td rowspan="2">综合评价</td><td colspan="2">学生评价（50%）</td><td>教师评价（50%）</td><td colspan="2">综合得分</td></tr>
<tr><td colspan="2"></td><td></td><td colspan="2"></td></tr>
<tr><td>综合评语</td><td colspan="5">（工作过程中存在的问题及改进建议）</td></tr>
</table>

情智课堂

锂离子蓄电池：电气时代的“白色石油”

作为动力蓄电池的核心原材料，“锂”一直有“白色石油”的美誉，是发展储能和新能源汽车不可或缺的元素。

锂离子蓄电池之所以被拿来与石油作比较，归根结底在于新能源汽车和传统燃油车的对比。

当前，在全球碳中和浪潮下，新能源汽车行业迎来爆发式增长，部分传统车企相继停产燃油车。根据中汽协数据，2022 年上半年，新能源汽车销量连续 6 个月实现同比增长，即使是在国内车市整体下滑的 3~5 月，新能源汽车销量依旧分别实现 114.1%、44.6% 和 105.2% 的大幅增长。

研究机构彭博社 NEF 数据显示，我国在锂离子蓄电池市场的份额目前可能高达 80%。全球十大电动汽车电池生产商中有 6 家位于我国，全球每 10 块电动车电池中有 3 块由宁德时代生产，这样的优势已延伸至整个供应链。

宁德时代董事长曾毓群此前表示，由于本地化生产需求，公司正和所有主流海外车企商谈如何落地服务。“海外客户希望公司从下一个定点周期开始，即 2026 年之后，甚至到 2035 年，加大供应比例，成为其最主要的供应商。”

凭借锂离子蓄电池，我国企业正迅速占领欧美市场，并主导全球锂离子蓄电池供应链。不少国家也纷纷尝试在锂离子蓄电池供应链中获取更多市场份额。根据美国能源部数据，到 2025 年美国将有 13 家新的电池超级工厂上线。另有预测表明，到 2035 年欧洲或将新增 35 家超级工厂，用于加工锂资源或生产锂离子蓄电池。

在业内人士看来，虽然碳中和背景下，锂离子蓄电池有可能代替近百年来石油在能源领域中的地位，但目前全球仍然依赖石油，未来电池技术还有着巨大的发展潜力和进步空间。

新能源汽车的发展不仅创造了新的经济增长点，带动了相关产业的发展，更保障了我国的能源供应和低碳发展。同学们也可以在课余时间对新能源汽车产业的上下游产业和重要性做一个调查，给自己做一个职业规划。

笔记栏

项目四 新能源汽车电压转换电路的检测

任务一 DC/DC变换电路的分析与检测

任务目标

知识目标

1. 能够描述 DC/DC 变换电路的基本概念。
2. 能够熟知 DC/DC 变换电路的类型。

技能目标

1. 具备从多途径的信息源中检索专业知识的能力。
2. 具备检测 DC/DC 变换电路的能力。

素养目标

1. 培养学生认真严谨、积极主动的工作态度及安全生产、文明施工的意识。
2. 培养学生与小组成员、同学之间合作交流、协调工作的意识。
3. 获得分析问题和解决问题的基本方法。
4. 与小组成员交流、讨论学习成果，取长补短，完成自我提升。

任务框图

- DC/DC变换电路的分析与检测
  - DC/DC变换电路的基本概念
  - DC/DC变换电路的类型
  - DC/DC变换电路的检测

任务导入

新能源汽车 DC/DC 变换器是电压变换装置，可以将动力蓄电池高电压转换为恒定低电压给全车电气设备供电，又可以给辅助蓄电池充电。隔离型 DC/DC 变换器在工作过程中首先将高电压进行直流变交流的逆变，然后通过整流将交流电变为低压直流电，通过变压器实现隔离，对新能源汽车的车载安全更加有益。

任务分组

学生任务分配表见表 4-1-1。

表 4-1-1　学生任务分配表

班　级		组　号		指导教师	
组　长		学　号			
组　员	姓名：______ 学号：______			姓名：______ 学号：______	
	姓名：______ 学号：______			姓名：______ 学号：______	
	姓名：______ 学号：______			姓名：______ 学号：______	
	姓名：______ 学号：______			姓名：______ 学号：______	
任务分工					
（就组织讨论、工具准备、数据采集、数据记录、安全监督、成果展示等工作内容进行任务分工）					

获取信息

引导问题 1：请你查阅资料，简述 DC/DC 变换电路的定义：______________________________

____

____

DC/DC 升降压原理

知识点提示

一、DC/DC变换电路的基本概念

DC/DC（直流 - 直流）变换电路的功能是将直流电变为另一固定电压或可调电压的直流电，包括直接直流变换电路和间接直流变换电路。

1）直接直流变换电路也称为斩波电路，它的功能是将直流电变为另一固定电压或可调电压的直流电，一般是指直接将直流电变为另一直流电，这种情况下输入与输出之间不隔离。

2）间接直流变换电路是在直流变换电路中增加了交流环节，在交流环节中通常采用变压器实现输入、输出间的隔离，因此也称为带隔离的直流 - 直流变换电路。

直流变换技术被广泛应用于可控直流开关稳压电源和直流电动机的调速控制，它因有体积

小、重量轻、效率高等优点在电气、通信等领域得到了广泛的应用。在直流斩波器中，由于输入端为直流电源，电流无自然过零点，半控元件的切换只能通过强迫换流电路来实现。为了简化变流电路，直流斩波器以全控型电力电子器件等具有自关断能力的器件作为开关器件。

引导问题 2：电能只能从电源传送给负载的直流电压变换电路称为单象限直流斩波器。请简述单象限直流变换电路的类型：____

____

知识点提示

二、DC/DC变换电路的类型

电能只能从电源传送给负载的直流电压变换电路称为单象限直流斩波器，降压式、升压式、升 - 降压式直流斩波器都属于单象限直流变换电路。

1. **降压式直流斩波电路（Buck 变换器）**

（1）电路结构　降压式直流斩波器又称为 Buck 变换器，它是一种输出电压等于或小于输入电压的直流变换器，它的输出电压的平均值 U_0 恒小于输入电压 U_S，主要用于开关电源以及需要直流降压的环节。降压式直流斩波电路如图 4-1-1 所示。电路中的控制开关管 VT 采用全控器件 IGBT，也可使用 GTR、P-MOSFET 等其他全控器件；电路中的二极管 VD 起续流作用，在 VT 截止时为电感 L 储存的能量提供续流通路；为获得平直的输出直流电压，输出端采用了 LC 低通滤波电路，R 为负载，U_S 为输入直流电源，U_0 为输出直流平均电压。电路输出端的滤波电容器足够大，以保证输出电压恒定。

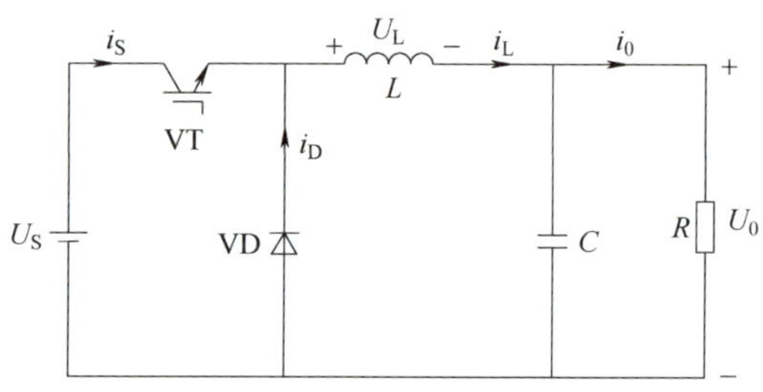

图 4-1-1　降压式直流斩波电路

为了分析稳态特性，简化推导公式的过程，特作如下假定：

1）开关管、二极管是理想元件，可在瞬间导通或截止，没有导通压降，截止时没有漏电流。

2）电感、电容是理想元件。

3）输出电压中的纹波电压与输出电压的比值很小，可忽略不计。

根据电感电流是否连续，Buck 变换器有连续导电模式、不连续导电模式和临界连续状态 3 种工作模式。连续导电模式是指输出滤波电感 L 的电流总大于零；不连续导电模式是指在开关管截止期间有一段时间流过电感的电流为零；在这两种工作方式之间有一个工作边界，称为电感电流临界连续状态，即在开关管截止期末，电感的电流刚好降为零。

（2）工作原理　Buck 变换器电感电流连续的两种工作状态如图 4-1-2 所示。当电感 L 足够大时，电流连续。下面分析其工作情况。

1）在开关管 VT 导通 t_{on} 期间，等效电路如图 4-1-2a 所示。二极管 VD 反偏截止，电源 U_S 通过电感 L 向负载 R 供电，电容开始充电。此时 $i_L=i_S$，增大，电感 L 的储能也增加，导致在电感两端有一个正向电压 $U_L=U_S-U_0$，左正、右负。所以在 VT 导通期间电感电压 $U_L=U_S-U_0$。

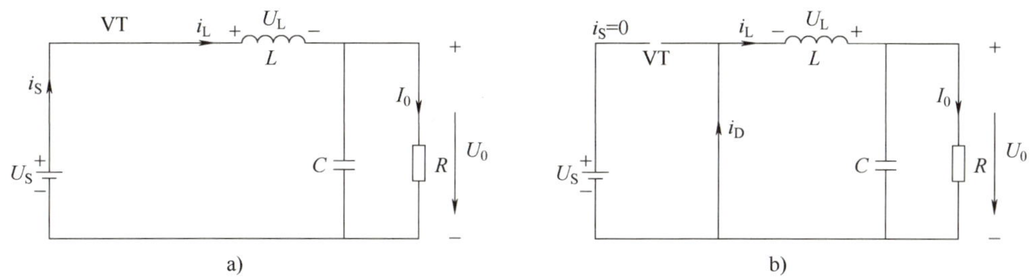

图 4-1-2　Buck 变换器电感电流连续的两种工作状态

a）主开关管导通　b）二极管续流

2）在开关管 VT 截止 t_{off} 期间，等效电路如图 4-1-2b 所示。电感产生感应电势，左负右正，使续流二极管 VD 导通，故 i_L 通过二极管 VD 续流。由于输出端大电容的作用，电感两端电压恒定，电感电流 i_L 线性下降，电感上的能量逐步消耗在负载上。负载 R 端电压 U_0 仍然是上正、下负。当 $i_L<I_0$ 时，电容处在放电状态，以维持 I_0 和 U_0 不变。由于二极管 VD 续流，则 $U_L=-U_0$，如此周而复始周期变化。电流连续工作波形图如图 4-1-3 所示。在 VT 截止期间电感电压 $U_L=-U_0$。

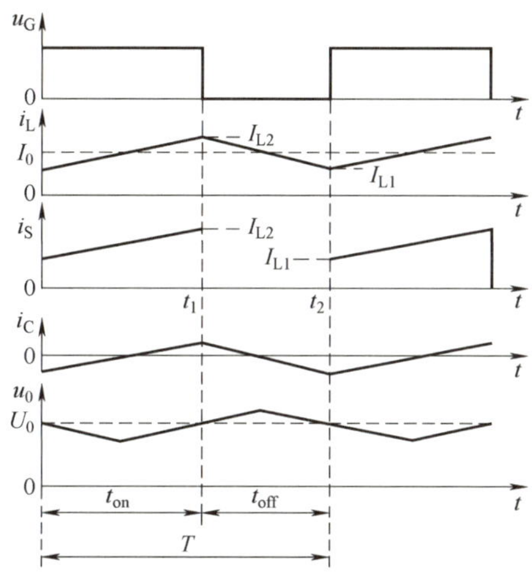

图 4-1-3　电流连续工作波形图

在稳态分析中，假定输出端滤波电容很大，输出电压可以认为是平直的。同样，由于稳态时电容的平均电流为 0，因此 Buck 变换器中电感平均电流等于平均输出电流 I_0。在连续导电模式下，电感电流不会减小到 0，前一个周期结束时刻和下一个周期开始时刻的电流是连续的。

2. 升压式直流斩波电路（Boost 变换器）

（1）电路结构　Boost 变换器是 Buck 变换器的对偶拓扑结构。升压式直流斩波电路的结构图如图 4-1-4 所示。Boost 变换器是一种输出电压等于或高于输入电压的直流变换器。通过控制开关管 VT 的占空比，可控制 Boost 变换器的输出电压。

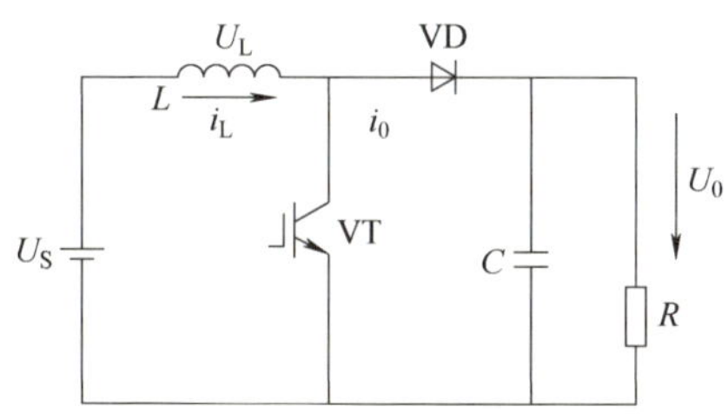

图 4-1-4　升压式直流斩波电路的结构图

（2）工作原理　Boost 变换器电感电流连续时两种工作状态如图 4-1-5 所示。假设电路输出端滤波电容足够大，可保证输出电压恒定，电感 L 也很大，保证电感电流连续。

1）当控制开关管 VT 导通时，等效电路如图 4-1-5a 所示。电源 U_S 向串接在回路中的电感 L 充电储能，电感电压 U_L 左正、右负，负载电压 U_0 上正、下负，此时在 R 与 L 之间的续流二极管 VD 被反偏，VD 截止。另外，VD 截止时电容 C 向负载 R 放电，极性上正、下负。由于正常工作时 C 已经被充电，且 C 容量很大，所以负载电压基本保持为一个恒定值，记为 U_0。在一个开关周期 T 内，开关管 VT 导通的时间为 t_{on}，此阶段电源电压 U_S 全部加到电感两端，所以电感 L 上的电压为 $U_L=U_S$。

2）当控制开关管 VT 截止时，等效电路如图 4-1-5b 所示。储能电感 L 两端电势极性变成左负、右正，续流二极管 VD 转为正偏，i_L 经二极管 VD 流向输出侧。储能电感 L 与电源 U_S 叠加共同向电容 C 充电，向负载 R 提供能量，负载 R 端电压 U_0 仍然是上正、下负。如果 VT 的截止时间为 t_{off}，则此段时间内电感 L 上的电压可以表示为 $-(U_0-U_S)$。

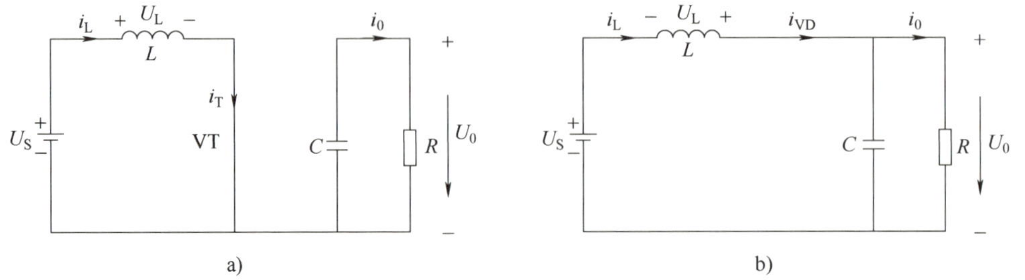

图 4-1-5 Boost 变换器电感电流连续时两种工作状态

a）开关管导通状态 b）开关管截止状态

3. 升 - 降压式直流斩波电路（Buck-Boost 变换器）

（1）电路结构 升 - 降压式直流斩波电路的结构图如图 4-1-6 所示，它是一种输出电压既可以高于也可以低于输入电压的直流变换器。

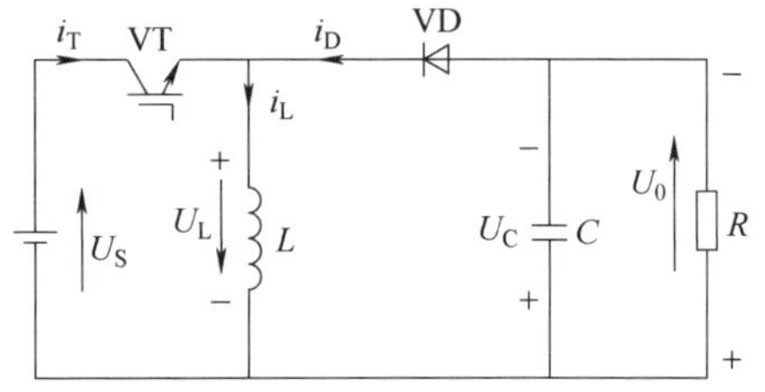

图 4-1-6 升 - 降压式直流斩波电路的结构图

（2）工作原理 假设电感 L 很大，电容 C 也很大，使电感电流 i_L 和电容电压 U_C 即负载电压（$U_0=U_C$）基本恒定。图 4-1-7 所示是电感电流连续时 Buck-Boost 变换器在开关管 VT 导通和截止时的工况。

1）当控制开关管 VT 导通时，直流电源 U_S 经开关管 VT 给电感 L 充电储存能量，电感电压上正、下负，此时二极管 VD 被负载电压（下正、上负）和电感电压反偏，流过 VT 的电流为 i_T（$=i_L$），方向如图 4-1-7a 所示。由于此时 VD 反偏截止，电容 C 向负载 R 提供能量并维持输出电压基本恒定，负载 R 及电容 C 上的电压极性为上负、下正，与电源极性相反；输入电压 U_S 直接加在电感 L 上，极性为上正、下负，此阶段 $U_L=U_S$。

2）当控制开关管 VT 截止时，电感 L 极性变反（上负、下正），VD 正偏导通，电感 L 中储存的能量通过 VD 向负载 R 和电容 C 释放，放电电流为 i_L，电容 C 被充电储能，负载 R 也得到电感 L 提供的能量，方向如图 4-1-7b 所示。此阶段 $-U_L=U_0$。

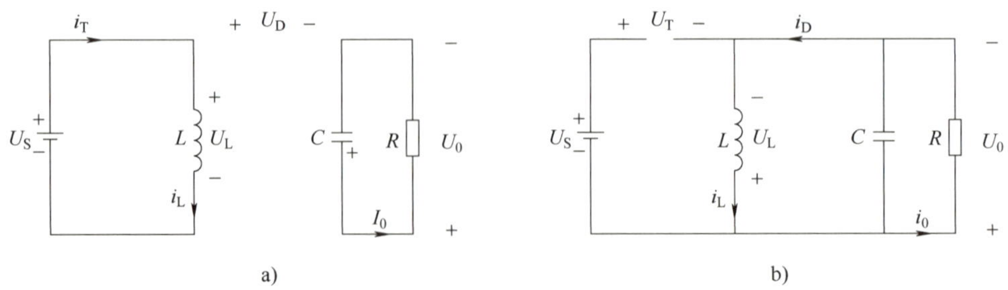

图 4-1-7 Buck-Boost 变换器电感电流连续时两种工作状态

a）开关管导通状态 b）开关管截止状态

工作计划

按照前面所学的知识内容和小组内部讨论的结果，制订工作计划（包括资料查阅渠道的落实、任务实施任务中的内容分工等）并填入表 4-1-2。

表 4-1-2　工作计划表

步骤	工 作 内 容	负责人
1		
2		
3		
4		
5		

进行决策

1. 各组派代表阐述资料查询结果。
2. 各组就各自的查询结果进行交流，并分享技巧。
3. 教师结合各组完成的情况进行点评，选出最佳方案。

任务实施

一、DC/DC变换电路的检测

所需设备及工具：万用表、计算机。

电子设备内部需要一些电压变换电路，也就是 DC/DC 变换电路，它的输入为直流电源的输出，而它的输出则为各个模块电路所需的不同电压。DC/DC 变换电路是将某一直流电压转换为负载工作所需的另一直流电压的电路。在我们的生活中，无论是手机还是计算机、汽车还是高铁，在各个领域，DC/DC 变换电路都起到举足轻重的作用。

稳压二极管是最早诞生的半导体器件之一，具有单相导电性，其特性曲线如图 4-1-8 所示。当正向电压大于门限电压时，二极管导通；把目光聚焦在反向区域，可以看出当反向电压小于指定值时，电流几乎不变，一旦反向电压高于这个门限值，电流就会从二极管中流过，起到稳压的作用。

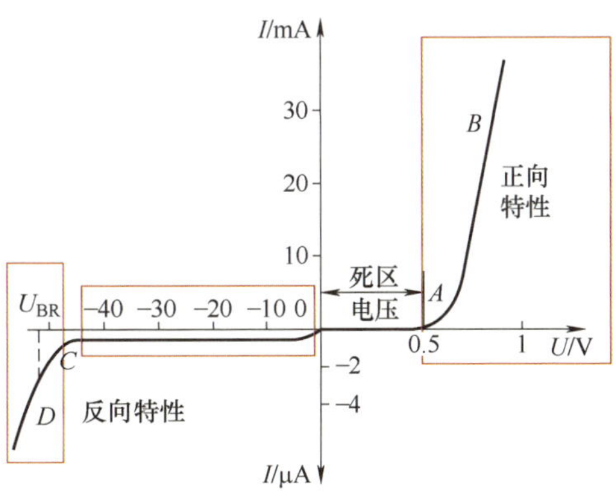

图 4-1-8　稳压二极管的特性曲线

在 Multisim 中绘制如图 4-1-9 所示的电路波动滑动变阻器的滑片，可以看到电阻值在一定范围内波动时，电压基本保持在 3.3V 左右。

对 U_{CC} 进行直流扫描，设置电压范围为 5~9V，增量为 0.1V，可以得到如图 4-1-10 所示表格。

当 U_{CC} 电压范围为 5~9V 时，电压基本稳定在 3.3V，绘制直流传输特性曲线，如图 4-1-11 所示。

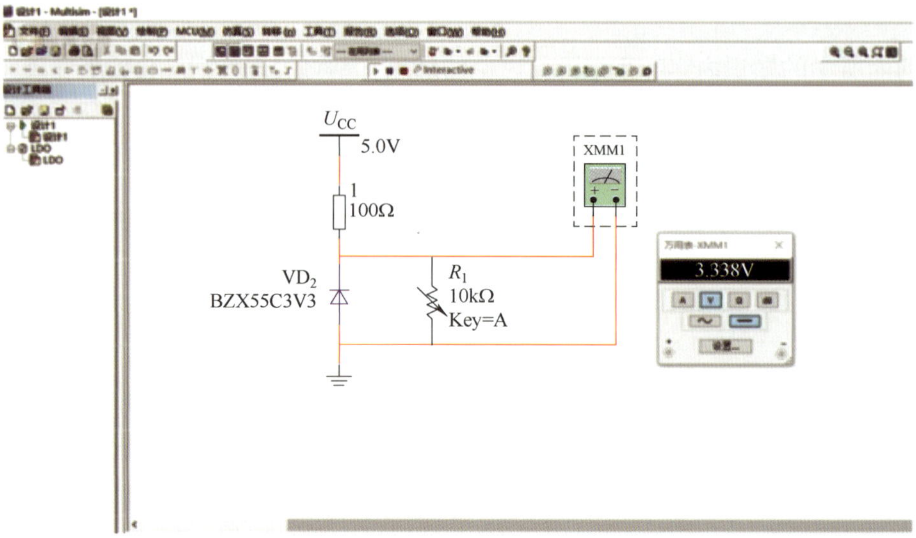

图 4-1-9 绘制电路波动滑动变阻器的滑片

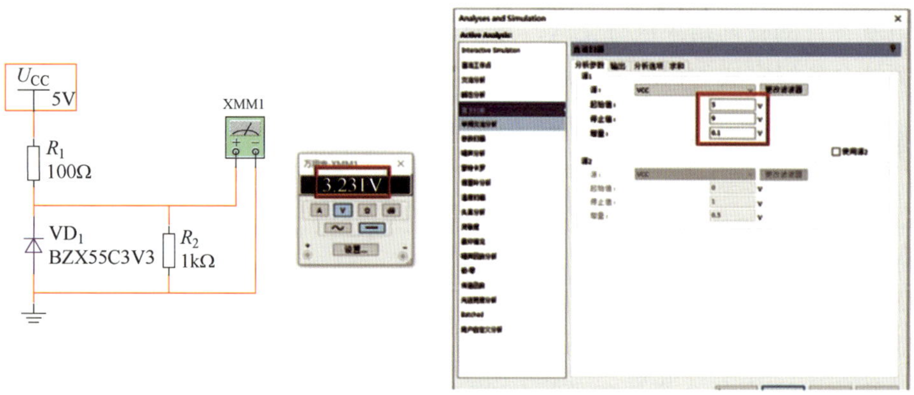

图 4-1-10 设置电压范围

令 U_{CC} 电压为 5V，如图 4-1-12 所示，对 R_2 进行扫描时，可以看到负载从 250~2500Ω，输出电压基本保持在 3.3V 附近，得到器件参数，如图 4-1-13 所示。

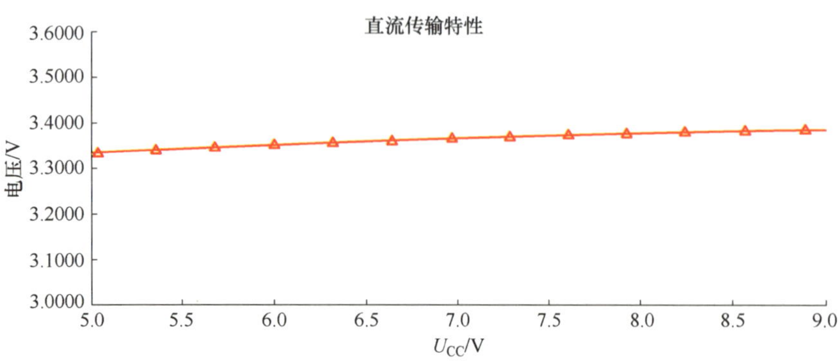

图 4-1-11 直流传输特性曲线

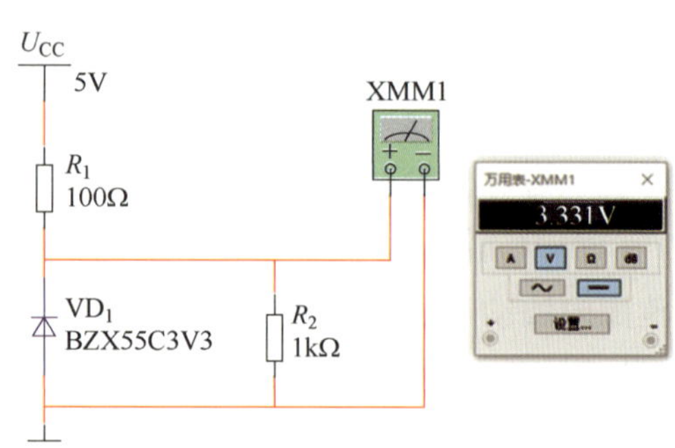

图 4-1-12 令 U_{CC} 电压为 5V

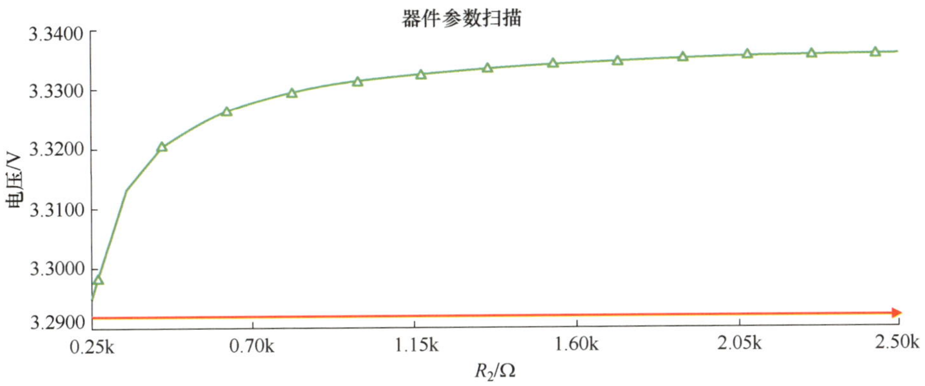

图 4-1-13 扫描器件参数

小知识

相较电阻分压电路，稳压管的稳压电路有了很大的改善，但还有很多缺陷：

1）稳压管稳压电路只能提供低于输入电压的输出电压。

2）负载电路允许变化范围有限。稳压的前提是流过稳压管的电流在稳压管的稳压范围内，故负载电流的范围有限。

3）输出电压不可调。一旦稳压管的型号确定后，额定的输出电压随之确定，无法调节。

4）效率低。电路中的限流电阻和稳压二极管会消耗大量的能量，且当输入、输出电压范围相差越大，效率越低。

鉴于以上种种原因，稳压管稳压电路仅在少数固定电压输出、固定负载或小变化负载的场合使用。在更多应用场合，目前主要使用两大 DC/DC 变换电路，主要有线性稳压电路和开关稳压器两种。线性稳压电路和开关稳压器的主要区别是线性稳压器从输入到输出能量的传输是连续不断的，故线性稳压器具有输出电压稳定的优势，但其能量变换效率较低；开关稳压器从输入到输出能量传输是间歇式的，间歇式的脉冲能量到达输出后再进行平稳的释放，因此其电压输出相对于线性稳压器稳定性差了很多，但变换效率高。

二、实训工单

请复习本任务所学内容，巩固理论知识和实训内容，并完成实训工单（表 4-1-3）的填写。

表 4-1-3 实训工单

姓名	班级（专业）		完成日期
任务准备			
序号	设 备	数 量	
1			
2			
3			
4			
5			

（续）

实施步骤	
记　录	完成情况
	已完成□　未完成□

6S 现场管理			
序号	操作步骤	完成情况	备　注
1	建立安全操作环境	已完成□　未完成□	
2	清理及整理工具、量具	已完成□　未完成□	
3	清理及复原设备	已完成□　未完成□	
4	清理场地	已完成□　未完成□	
5	物品回收和环保	已完成□　未完成□	
6	完善和检查工单	已完成□　未完成□	

评价反馈

1. 各组代表展示汇报 PPT，介绍任务的完成过程。

2. 以小组为单位，请对各组的操作过程与操作结果进行自评和互评，并将结果填入学生评价表（表 4-1-4）。

表 4-1-4　学生评价表

姓名		学号			班级				组别				
实训任务													
评价项目	分值	等　级				评价对象（组别）							
		A	B	C	D	1	2	3	4	5	6	7	8
方案合理	20	20	15	10	5								
团队合作	20	20	15	10	5								
工作质量	20	20	15	10	5								
工作规范	20	20	15	10	5								
汇报展示	20	20	15	10	5								
合计	100	各组得分											
总结与反思													
（如：学习过程中遇到的问题→如何解决的 / 解决不了的原因→心得体会）													

3. 教师对学生工作过程与工作结果进行评价，并将评价结果填入教师对学生评价表（表 4-1-5）。

表 4-1-5 教师对学生评价表

姓名			学号	班级	组别
实训任务					
评价项目			评价标准	分值	得分
考勤（10%）			无故意迟到、早退、旷课现象	10	
工作过程（60%）	知识目标	获取信息	能够描述 DC/DC 变换电路的基本概念	5	
			能够熟知 DC/DC 变换电路的类型	5	
		进行决策	制订工作计划，计划合理可行	10	
	技能目标	任务实施	能够完成 DC/DC 变换电路的检测	20	
	素养目标	工作态度	认真严谨、积极主动；安全生产、文明施工	5	
		团队合作	与小组成员、同学之间合作交流、协调工作	5	
		工作质量	能按照工作计划操作，按计划完成工作任务	10	
项目成果（30%）		工作完整	能按时完成工作任务的所有环节	10	
		工作规范	能在整个操作过程中规范操作，避免意外事故发生	10	
		汇报展示	能准确表达、汇报工作成果	10	
合计				100	

综合评价	学生评价（50%）	教师评价（50%）	综合得分
综合评语	（工作过程中存在的问题及改进建议）		

任务二 AC/DC变换电路的分析与检测

任务目标

知识目标

1. 能够描述 AC/DC 变换电路的基本概念。
2. 能够熟知 AC/DC 变换电路的类型。

技能目标

1. 具备从多途径的信息源中检索专业知识的能力。
2. 具备检测 AC/DC 变换电路的能力。

素养目标

1. 培养学生认真严谨、积极主动的工作态度及安全生产、文明施工的意识。
2. 培养学生与小组成员、同学之间合作交流、协调工作的意识。
3. 获得分析问题和解决问题的基本方法。
4. 与小组成员交流、讨论学习成果，取长补短，完成自我提升。

任务框图

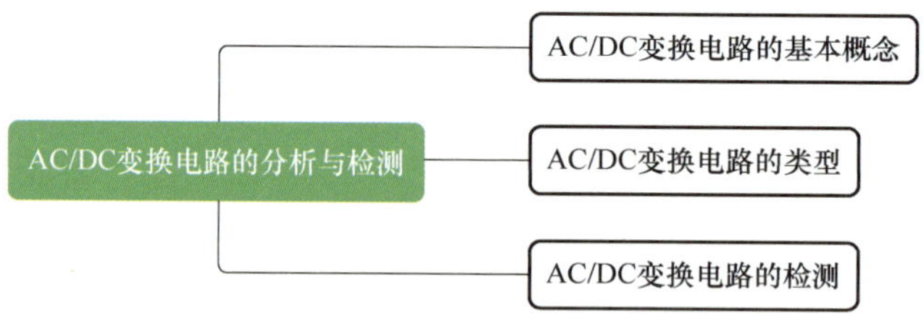

任务导入

AC/DC 变换器也称为整流器，是将交流电变换成直流电的电路，大多数整流电路由变压器、整流主电路、滤波器等组成。假如你是一名新能源汽车维修工，如何检测 AC/DC 变换电路是否正常？

任务分组

学生任务分配表见表 4-2-1。

表 4-2-1　学生任务分配表

班　级		组　号		指导教师	
组　长		学　号			
组　员	姓名:______ 学号:______ 姓名:______ 学号:______ 姓名:______ 学号:______ 姓名:______ 学号:______ 姓名:______ 学号:______ 姓名:______ 学号:______ 姓名:______ 学号:______ 姓名:______ 学号:______				
任务分工					
（就组织讨论、工具准备、数据采集、数据记录、安全监督、成果展示等工作内容进行任务分工）					

获取信息

引导问题 1：目前工业中应用的大多数变流装置都属于 AC/DC（交流 - 直流）变换电路。请你想一想，AC/DC（交流 - 直流）变换电路的定义是：________________________

____

____

AC/DC 功率转换原理

知识点提示

一、AC/DC变换电路的基本概念

AC/DC 变换电路又称为整流电路，能够将交流电转换为直流电。传统的 AC/DC 变换电路是利用晶闸管和相控技术，依靠电源电压进行换流的。目前，工业中应用的大多数变流装置都属于这类整流装置。其特点是控制简单、运行可靠，适合大功率应用。相控整流器存在的问题是有谐波，对电网有较严重的影响。

许多电气设备都需要恒定或可调的直流电源。另外，DC/DC 变换电路、DC/AC 变换电路也需要利用整流器先进行 AC/DC 变换。

引导问题 2：AC/DC 变换电路在目前的生活中应用非常广泛，最常见的就是各种充电器。这些电器有些是内部工作电压是低压直流电，有些是控制电路是低压直流电。请你想一想，AC/DC 变换电路的类型有：________________________

____

____

知识点提示

二、AC/DC变换电路的类型

1. 按电网交流输入相数分类

AC/DC 变换电路按电网交流输入相数可分为单相整流电路、三相整流电路和多相整流电路。

（1）单相整流电路 小功率整流器常采用单相供电。单相整流电路分为半波整流电路、全波整流电路、桥式整流电路及倍压整流电路等。

（2）三相整流电路 三相整流电路的交流侧由三相电源供电，负载容量较大，或要求直流电压脉动较小，容易滤波。三相可控整流电路有三相半波可控整流电路、三相半控桥式整流电路和三相全控桥式整流电路。因为三相整流电路的三相是平衡的，输出的直流电压和电流脉动小，对电网影响小，且控制滞后时间短，采用三相全控桥式整流电路时，输出电压交变分量的最低频率是电网频率的 6 倍，交流分量与直流分量之比也较小，因此滤波器的电感量比同容量的单相或三相半波电路小得多。另外，晶闸管的额定电压值也较低。因此，这种电路适用于大功率变流装置。

（3）多相整流电路 随着整流电路的功率进一步增大，为了减轻对电网的干扰，特别是减轻整流电路高次谐波对电网的影响，可采用十二相、十八相、二十四相及三十六相的多相整流电路。采用多相整流电路能改善功率因数，提高脉动频率，使变压器一次电流的波形更接近正弦波，从而显著减少谐波的影响。理论上，随着相数的增加，可进一步削弱谐波的影响。多相整流常用在大功率整流领域，最常用的有双反星中性点带平衡电抗器接法和三相桥式接法。

2. 按整流电路的构成形式分类

AC/DC 变换电路按整流电路的构成形式可分为半波整流电路、全波整流电路和桥式整流电路。

（1）半波整流电路 半波整流电路是一种最简单的整流电路，如图 4-2-1 所示。它由电源变压器 B、整流二极管 VD 和负载电阻 R_{fz} 组成。变压器把市电电压（多为 220V）变换为所需要的交变电压 E_2，VD 再把交流电变换为脉动直流电。

（2）全波整流电路 把整流电路的结构做一些调整，可以得到一种能充分利用电能的全波整流电路，如图 4-2-2 所示。

全波整流电路可以看作是由两个半波整流电路组合成的。变压器二次线圈中间需要引出一个抽头，把二次线圈分成两个对称的绕组，从而引出大小相等但极性相反的两个电压 E_{2a}、E_{2b}，构成 E_{2a}、VD_1、R_{fz} 与 E_{2b}、VD_2、R_{fz}，两个通电回路。

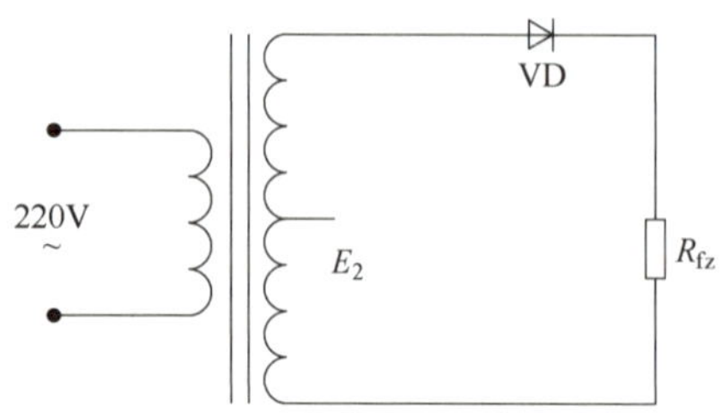

图 4-2-1 半波整流电路

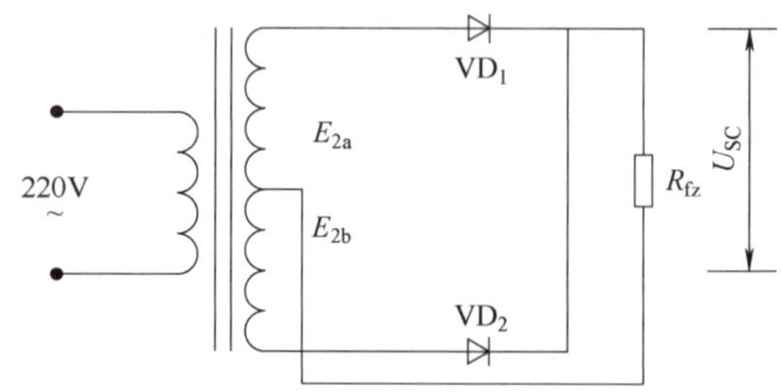

图 4-2-2 全波整流电路

（3）桥式整流电路 桥式整流电路即桥式整流器，也称为整流桥堆，是利用二极管的单向导通性进行整流的最常用的电路，常用来将交流电转变为直流电，如图 4-2-3 所示。整流桥就是将整流管封在一个壳内，分全桥和半桥。全桥是将连接好的桥式整流电路的 4 个二极管封在一起。半桥是将 4 个二极管桥式整流的一半封在一起，用两个半桥可组成一个桥式整流电路，一个半桥也可以组成变压器带中心抽头的全波整流电路。选择整流桥要考虑整流电路和工作电压。

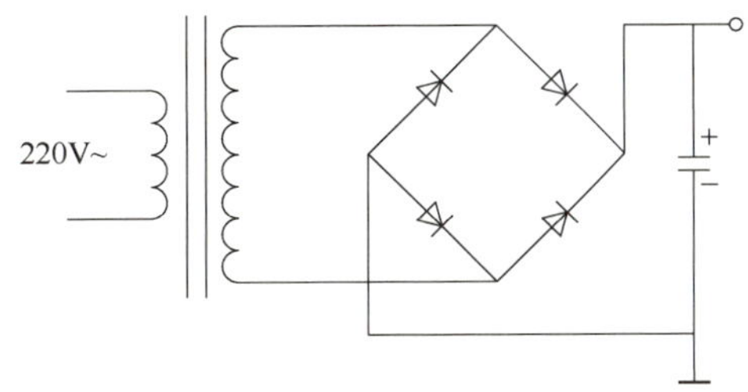

图 4-2-3　桥式整流电路

3. 按控制方式分类

AC/DC 变换电路按控制方式可分为不可控整流电路、相控整流电路和 PWM（脉冲宽度调制）整流电路。

（1）不可控整流电路　不可控整流电路是由无控制功能的整流二极管组成的整流电路。当输入交流电压一定时，在负载上得到的直流电压是不能调节的电路，如图 4-2-4 所示。

它利用整流二极管的单向导通性能把外加交流电压变为直流电压。理想情况即整流二极管既无惯性又无损耗，因为二极管的开通和关断只需几微秒，对于 50Hz 电流的半周期而言，可以看作是瞬时完成。

（2）相控整流电路　相控整流电路是采用相位控制方式以实现负载端直流电能控制的可控整流电路。可控是因为整流元件使用了具有控制功能的晶闸管。在这种电路中，只要适当控制晶闸管触发导通瞬间的相位角，就能够控制直流负载电压的平均值，故称为相控。相控整流电路分为单相、三相（图 4-2-5）、多相整流电路 3 种。

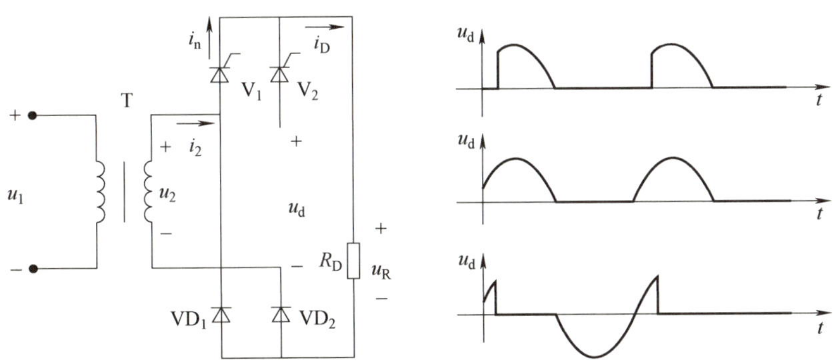

图 4-2-4　不可控整流电路

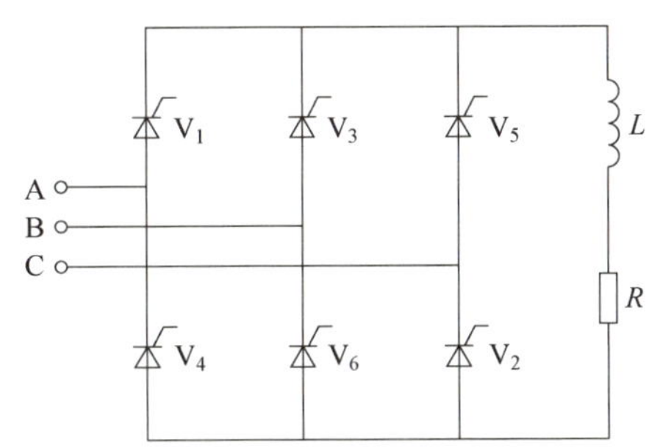

图 4-2-5　相控整流电路

相控整流电路采用晶闸管作为主要的功率开关器件，以控制晶闸管在一个交流电源周期内导通的相位角来实现电压调节，这种电路容量大、控制简单、技术成熟。

（3）PWM（脉冲宽度调制）整流电路　PWM 整流技术是近年来发展起来的一种新型 AC/DC 变换技术，它采用全控型功率器件和现代控制技术，由于性能优良而越来越受到工程技术人员的重视。PWM 整流电路如图 4-2-6 所示。

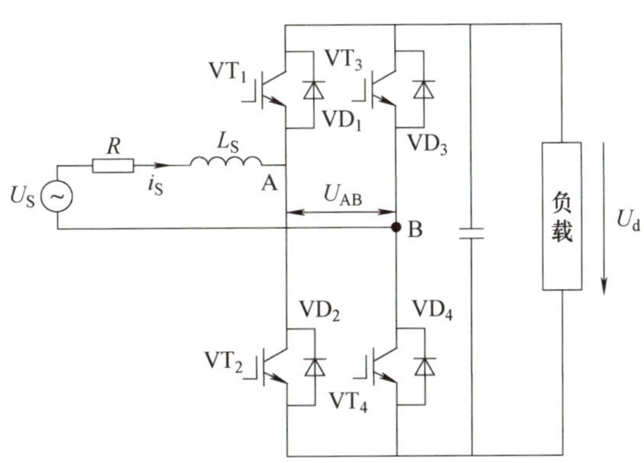

图 4-2-6　PWM 整流电路

工作计划

按照前面所学的知识内容和小组内部讨论的结果，制订工作计划（包括资料查阅渠道的落实、任务实施任务中的内容分工等）并填入表 4-2-2。

表 4-2-2 工作计划表

步骤	工作内容	负责人
1		
2		
3		
4		
5		

进行决策

1. 各组派代表阐述资料查询结果。
2. 各组就各自的查询结果进行交流，并分享技巧。
3. 教师结合各组完成的情况进行点评，选出最佳方案。

任务实施

一、AC/DC变换电路的检测

所需设备及工具：万用表、整流逆变电路搭建实训板。

AC/DC 变换电路中，以全波整流电路为例分析其现象。

1. 全波整流电路的认知

（1）定义 全波整流电路是指能够把交流电转换成单一方向电流的电路，最少由两个整流器合并而成，一个负责正方向，一个负责反方向。最典型的全波整流电路是由 4 个二极管组成的整流桥，作用是将交流变压电路输出的交流电转换成单向脉动直流电，也可由 MOS 管搭建。

（2）现象 将 12V 交流电输入，经过 4 只二极管后，转变为 12V 直流电输出。

2. 全波整流电路的搭接

电路搭接：12V 交流电（误差为 ±2V）、整流二极管，如图 4-2-7 所示。

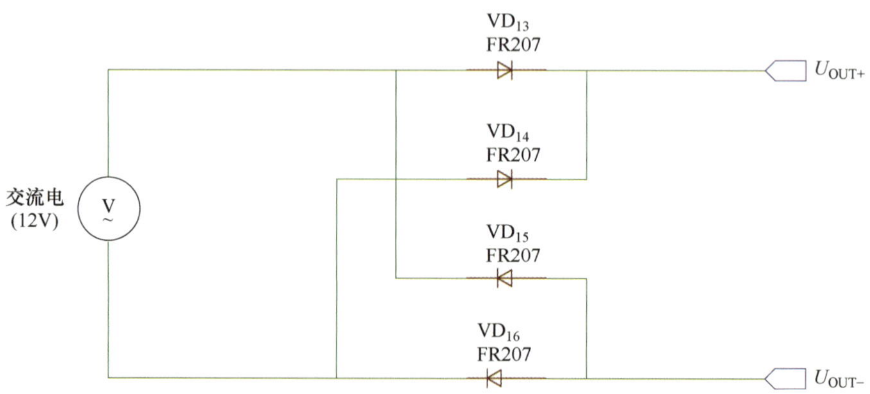

图 4-2-7 全波整流电路

将万用表调至直流电压档，使用万用表测出输出正、负极的直流电压数值为12V，如图4-2-8所示。

图 4-2-8　测出输出正、负极的直流电压

二、实训工单

请复习本任务所学内容，巩固理论知识和实训内容，并完成实训工单（表4-2-3）的填写。

表 4-2-3　实训工单

姓名		班级（专业）		完成日期	
任务准备					
序号	设　备			数　量	
1					
2					
3					
4					
5					
实施步骤					
记　录				完成情况	
				已完成□　未完成□	

6S 现场管理			
序号	操作步骤	完成情况	备　注
1	建立安全操作环境	已完成□　未完成□	
2	清理及整理工具、量具	已完成□　未完成□	
3	清理及复原设备	已完成□　未完成□	
4	清理场地	已完成□　未完成□	
5	物品回收和环保	已完成□　未完成□	
6	完善和检查工单	已完成□　未完成□	

评价反馈

1. 各组代表展示汇报 PPT，介绍任务的完成过程。

2. 以小组为单位，请对各组的操作过程与操作结果进行自评和互评，并将结果填入学生评价表（表 4-2-4）。

表 4-2-4 学生评价表

姓名		学号		班级		组别								
实训任务														
评价项目	分值	等级				评价对象（组别）								
		A	B	C	D	1	2	3	4	5	6	7	8	
方案合理	20	20	15	10	5									
团队合作	20	20	15	10	5									
工作质量	20	20	15	10	5									
工作规范	20	20	15	10	5									
汇报展示	20	20	15	10	5									
合计	100	各组得分												
总结与反思														
（如：学习过程中遇到的问题→如何解决的 / 解决不了的原因→心得体会）														

3. 教师对学生工作过程与工作结果进行评价，并将评价结果填入教师对学生评价表（表 4-2-5）。

表 4-2-5　教师对学生评价表

姓名			学号	班级	组别	
实训任务						
评价项目			评价标准		分值	得分
考勤（10%）			无故意迟到、早退、旷课现象		10	
工作过程（60%）	知识目标	获取信息	能够描述 AC/DC 变换电路的基本概念		5	
			能够熟知 AC/DC 变换电路的类型		5	
		进行决策	制订工作计划，计划合理可行		10	
	技能目标	任务实施	熟知全波整流电路		10	
			完成全波整流电路的搭接		10	
	素养目标	工作态度	认真严谨、积极主动；安全生产、文明施工		5	
		团队合作	与小组成员、同学之间合作交流、协调工作		5	
		工作质量	能按照工作计划操作，按计划完成工作任务		10	
项目成果（30%）		工作完整	能按时完成工作任务的所有环节		10	
		工作规范	能在整个操作过程中规范操作，避免意外事故发生		10	
		汇报展示	能准确表达、汇报工作成果		10	
合计					100	
综合评价			学生评价（50%）	教师评价（50%）	综合得分	
综合评语			（工作过程中存在的问题及改进建议）			

任务三 DC/AC变换电路的分析与检测

任务目标

知识目标

1. 能够描述 DC/AC 变换电路的基本概念。
2. 能够熟知 DC/AC 变换电路的类型。

技能目标

1. 具备从多途径的信息源中检索专业知识的能力。
2. 具备检测 DC/AC 变换电路的能力。

素养目标

1. 培养学生认真严谨、积极主动的工作态度及安全生产、文明施工的意识。
2. 培养学生与小组成员、同学之间合作交流、协调工作的意识。
3. 获得分析问题和解决问题的基本方法。
4. 与小组成员交流、讨论学习成果，取长补短，完成自我提升。

任务框图

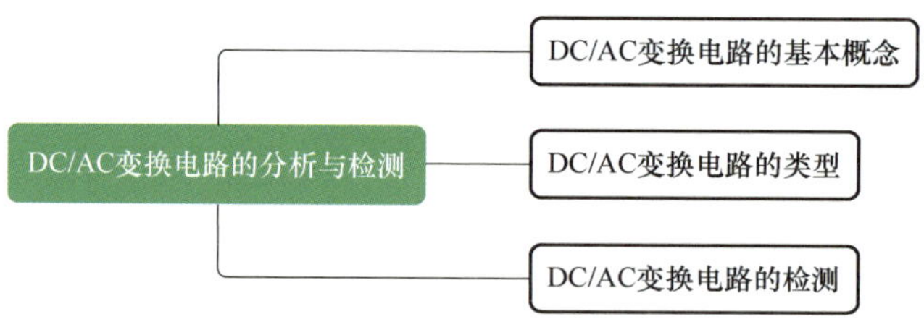

任务导入

目前纯电动汽车上使用的驱动电机大部分都是永磁同步电机（使用的是交流电），而纯电动汽车动力蓄电池输出的是直流电（电压达 300V 以上），DC/AC 的功用就是把动力蓄电池的直流电逆变成交流电来供给永磁同步电机，这样汽车才能跑起来。假如你是一名新能源汽车维修工，如何检测 DC/AC 变换电路?

任务分组

学生任务分配表见表 4-3-1。

笔记栏

表 4-3-1 学生任务分配表

班级		组号		指导教师	
组长		学号			
组员	姓名:______	学号:______	姓名:______	学号:______	
	姓名:______	学号:______	姓名:______	学号:______	
	姓名:______	学号:______	姓名:______	学号:______	
	姓名:______	学号:______	姓名:______	学号:______	
任务分工					
(就组织讨论、工具准备、数据采集、数据记录、安全监督、成果展示等工作内容进行任务分工)					

获取信息

引导问题 1：请你查阅相关资料，简述 DC/AC 变换电路的基本概念是：______

______

______

DC/AC 功率转换原理

知识点提示

一、DC/AC变换电路的基本概念

DC/AC 变换电路由直流电源提供能量，为了保证直流电源为恒压源或恒流源，在直流电源的输出端须配有储能元件。

DC/AC 变换电路把直流电变换成频率固定或可调的交流电，通常称为逆变。DC/AC 变换电路主要用于机车牵引、交流电动机的调速、不间断电源（UPS）和感应加热等。其应用非常广泛：

1）在已有的直流中，向交流负载供电时，需要 DC/AC 变换电路。

2）在高压直流输电中，换流站中的高压大容量逆变器更是不可或缺的核心设备之一。

3）由公共电网向各种交流负载供电时，往往需要采用电力电子逆变装置将电网电能转换成所需频率和电压的电能，这一过程称为变频。变频系统的核心实际上也是 DC/AC 变换电路。

引导问题 2：根据逆变后交流电的使用方式，逆变电路类型有：______

______

______

知识点提示

二、DC/AC变换电路的类型

根据逆变后交流电的使用方式，逆变电路可分成有源逆变电路和无源逆变电路。

将直流电逆变成与电网同频率的恒频交流并输送回电网，称为有源逆变。可控整流器在满足逆变条件下即可运行在有源逆变状态。

将直流电逆变成频率可变的交流电并直接供给交流负载，称为无源逆变。不加说明时，逆变电路一般多指无源逆变电路。

工作计划

按照前面所学的知识内容和小组内部讨论的结果，制订工作计划（包括资料查阅渠道的落实、任务实施任务中的内容分工等）并填入表 4-3-2。

表 4-3-2　工作计划表

步骤	工 作 内 容	负责人
1		
2		
3		
4		
5		

进行决策

1. 各组派代表阐述资料查询结果。
2. 各组就各自的查询结果进行交流，并分享技巧。
3. 教师结合各组完成的情况进行点评，选出最佳方案。

任务实施

一、DC/AC变换电路的检测

所需设备及工具：升降压电路搭建实训箱。

1. 基于芯片控制的逆变电路的认知

芯片 MC34063 包含了 DC/DC 变换器所需要的主要功能的单片机控制电路且价格便宜。它由具有温度自动补偿功能的基准电压发生器、比较器、占空比可控的振荡器、R-S 触发器和大电流输出开关电路等组成。该器件可用于升压变换器、降压变换器、反向器的控制核心，由它构成的 DC/DC 变换器仅使用少量的外部元器件。芯片 MC34063 主要应用于以微处理器（MPU）或单片机为基础的系统里。

原理：当调节可调电位器时，可看到电压的变化量。

2. 基于芯片控制的逆变电路的搭接

电路搭接：12V 电源、芯片 MC34063、可调电位器（可调电阻）、N-MOS 扩流电路、二极管、电感、电压表 1、电压表 2，如图 4-3-1 所示。

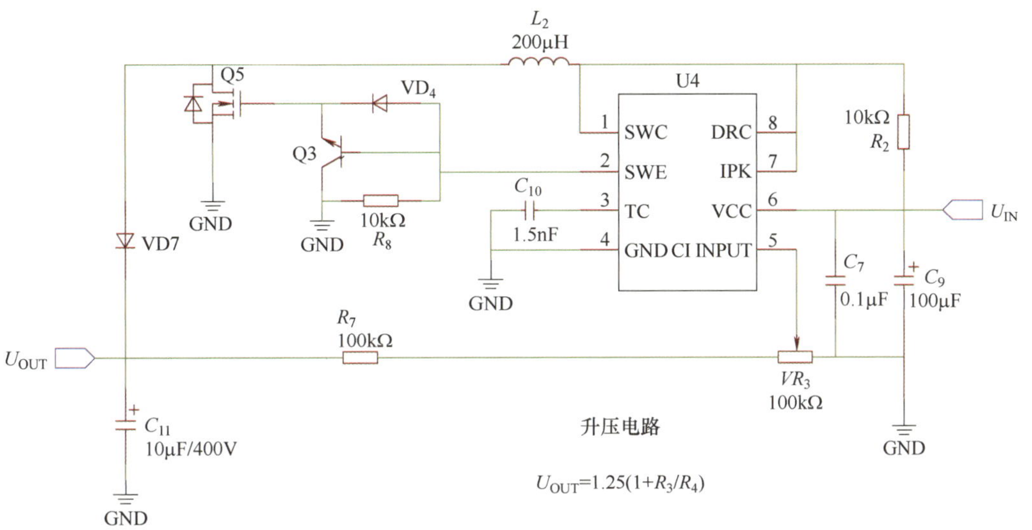

图 4-3-1 基于芯片控制的逆变电路

接通电路，确认电路接通无误，调节可调电源调至 12V，按动黄色开关，输出电压给予电路，电压表 1 接输入电压，电压表 2 接输出电压，即可检测输入、输出电压，如图 4-3-2 所示。

当调整可调电位器（可调电阻）时，电压表 1 为可调直流电源输入电压 12V，电压表 2 的电压随可调电位器的调节而改变。注：电压表只能检测 0~100V 电压，故调节电位器时需注意看电压表 2 的电压，如图 4-3-3 所示，输出电压超过 100V 时使用万用表检测。电压表不要长时间输出高电压，长时间输出高电压可能会导致 N_MOS 管温度过高而烧坏，若 N_MOS 管烧坏，芯片 MC34063 烧坏的可能性极大。

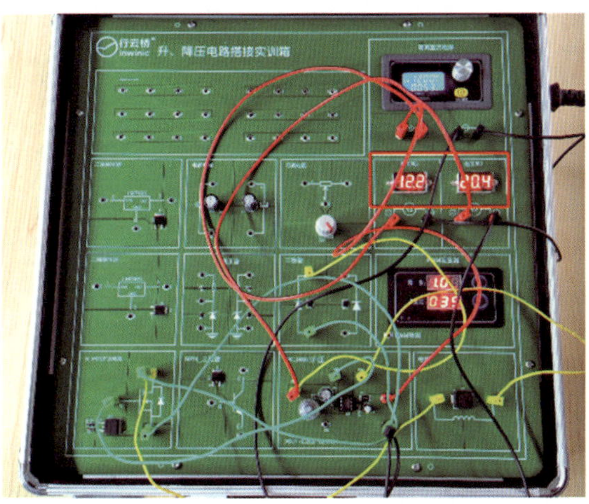

图 4-3-2 检测输入、输出电压

图 4-3-3 观看电压表 1 和电压表 2 的数值

二、实训工单

请复习本任务所学内容，巩固理论知识和实训内容，并完成实训工单（表 4-3-3）的填写。

表 4-3-3 实训工单

姓名		班级（专业）		完成日期	
任务准备					
序号	设备			数量	
1					
2					
3					
4					
5					
实施步骤					
记录				完成情况	
				已完成□ 未完成□	

6S 现场管理			
序号	操作步骤	完成情况	备注
1	建立安全操作环境	已完成□ 未完成□	
2	清理及整理工具、量具	已完成□ 未完成□	
3	清理及复原设备	已完成□ 未完成□	
4	清理场地	已完成□ 未完成□	
5	物品回收和环保	已完成□ 未完成□	
6	完善和检查工单	已完成□ 未完成□	

评价反馈

1. 各组代表展示汇报 PPT，介绍任务的完成过程。

2. 以小组为单位，请对各组的操作过程与操作结果进行自评和互评，并将结果填入学生评价表（表 4-3-4）。

表 4-3-4　学生评价表

姓名		学号			班级				组别					
实训任务														
评价项目	分值	等级				评价对象（组别）								
		A	B	C	D	1	2	3	4	5	6	7	8
方案合理	20	20	15	10	5								
团队合作	20	20	15	10	5								
工作质量	20	20	15	10	5								
工作规范	20	20	15	10	5								
汇报展示	20	20	15	10	5								
合计	100	各组得分											
总结与反思													
（如：学习过程中遇到的问题→如何解决的 / 解决不了的原因→心得体会）													

3. 教师对学生工作过程与工作结果进行评价，并将评价结果填入教师对学生评价表（表 4-3-5）。

表 4-3-5 教师对学生评价表

<table>
<tr><td>姓名</td><td colspan="2"></td><td colspan="3">学号　　班级　　组别</td></tr>
<tr><td colspan="3">实训任务</td><td colspan="3"></td></tr>
<tr><td colspan="3">评价项目</td><td>评价标准</td><td>分值</td><td>得分</td></tr>
<tr><td colspan="3">考勤（10%）</td><td>无故意迟到、早退、旷课现象</td><td>10</td><td></td></tr>
<tr><td rowspan="7">工作过程（60%）</td><td rowspan="3">知识目标</td><td rowspan="2">获取信息</td><td>能够描述 DC/AC 变换电路的基本概念</td><td>5</td><td></td></tr>
<tr><td>熟知 DC/AC 变换电路的类型</td><td>5</td><td></td></tr>
<tr><td>进行决策</td><td>制订工作计划，计划合理可行</td><td>10</td><td></td></tr>
<tr><td>技能目标</td><td>任务实施</td><td>能够完成 DC/AC 变换电路的检测</td><td>20</td><td></td></tr>
<tr><td rowspan="3">素养目标</td><td>工作态度</td><td>认真严谨、积极主动；安全生产、文明施工</td><td>5</td><td></td></tr>
<tr><td>团队合作</td><td>与小组成员、同学之间合作交流、协调工作</td><td>5</td><td></td></tr>
<tr><td>工作质量</td><td>能按照工作计划操作，按计划完成工作任务</td><td>10</td><td></td></tr>
<tr><td colspan="2" rowspan="3">项目成果（30%）</td><td>工作完整</td><td>能按时完成工作任务的所有环节</td><td>10</td><td></td></tr>
<tr><td>工作规范</td><td>能在整个操作过程中规范操作，避免意外事故发生</td><td>10</td><td></td></tr>
<tr><td>汇报展示</td><td>能准确表达、汇报工作成果</td><td>10</td><td></td></tr>
<tr><td colspan="4">合计</td><td>100</td><td></td></tr>
<tr><td colspan="2" rowspan="2">综合评价</td><td colspan="2">学生评价（50%）</td><td>教师评价（50%）</td><td>综合得分</td></tr>
<tr><td colspan="2"></td><td></td><td></td></tr>
<tr><td colspan="2">综合评语</td><td colspan="4">（工作过程中存在的问题及改进建议）</td></tr>
</table>

情智课堂

“车”的演变

新能源汽车、公共汽车、卡车等，车在人们的日常生活中具有重要的地位，是人们如今出行时离不开的交通工具之一。

“车”最初是指陆地上有轮子的交通运输工具，最初的车有两个轮子，由马来拉。许慎《说文解字》:“车，舆轮之总名。”“舆”指车厢，“轮”指车轮。在古代车的构造当中，车厢和车轮是最重要的两个部件，因此许慎将“车”定义为以舆和轮为主要部件的交通工具的总称。

与今天不同的是，早期的车除了供出行使用外，更主要的用途是用于军事作战，所以，“车”有时专指战车。《史记·陈涉世家》:“比至陈，车六七百乘，骑千余，卒数万人。”古代表示战车的数量，通常用“乘”，四匹马拉一辆车为“一乘”。因为拥有战车的数量标志着一国国力的强弱，所以才有“千乘之国”“万乘之国”等说法。这种用战车的数量表示国家的强盛与否的说法，与现今以汽车工业的强弱判断国家工业的发展情况的思路有异曲同工之妙。

随着时代的发展，车的形制发生了巨大变化，“车”所涵盖的范围也随之不断扩大。跟“车”具有共同特征的利用轮轴转动来工作的工具也可以用“车”来称呼。明代陆容《菽园杂记》卷十列举了各种以“车”命名的工具:“今观凡器之运转者，皆谓之车。……纺纱具曰纺车，飏谷具曰风车，缫丝具曰缫车……”这些并非出行工具的机械装置，也被起名叫车，车渐渐被用来代指一切机器，今天的“车间、试车”等词语中的“车”都属于这种用法。

车的出现与发展不但解决了交通问题，还促进了道路设施、商贸运输、文化活动等的飞速发展。改革开放以来，从主要依靠步行，到拥有第一辆自行车；从私家车作为身份地位的象征，到如今成为真真切切的代步工具；从长时间排队只为搭上一辆公交车，到如今手机一开就能叫到车；从时速几十公里的绿皮车，到时速几百公里的高铁动车等，车轮上承载的不仅仅是人民日益增长的美好生活需要，更让人们看到了我国的飞速发展，看到了一个崭新的、开放的、自信的、多元的中国。

笔记栏

项目五 新能源汽车控制器及传感器的检测

任务一　磁电式位置传感器的工作原理认知与检测

任务目标

知识目标

1. 熟知位置传感器的类型。
2. 掌握磁电式位置传感器的基本概念。

技能目标

1. 具备从多途径的信息源中检索专业知识的能力。
2. 具备检测磁电式凸轮轴位置传感器的能力。

素养目标

1. 培养学生认真严谨、积极主动的工作态度及安全生产、文明施工的意识。
2. 培养学生与小组成员、同学之间合作交流、协调工作的意识。
3. 获得分析问题和解决问题的基本方法。
4. 与小组成员交流、讨论学习成果，取长补短，完成自我提升。

任务框图

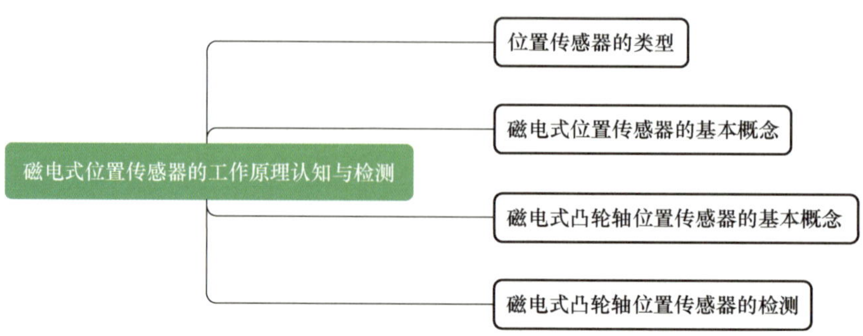

任务导入

磁电式位置传感器正常工作时无须外接电源，是利用磁电感应来测量物体转速的一种传感器。在新能源汽车领域，磁电式位置传感器用于测量驱动电机的转速，主要是依靠信号盘的铁齿感应线圈来产生输出信号。该传感器制造成本低、工作可靠、安装方便，在传统发动机汽车和新能源汽车中都被广泛使用。假如你是一名新能源汽车维修工，如何检测磁电式位置传感器是否正常？

任务分组

学生任务分配表见表 5-1-1。

表 5-1-1　学生任务分配表

班　级		组　号		指导教师	
组　长		学　号			
组　员	姓名：____	学号：____	姓名：____	学号：____	
	姓名：____	学号：____	姓名：____	学号：____	
	姓名：____	学号：____	姓名：____	学号：____	
	姓名：____	学号：____	姓名：____	学号：____	
任务分工					
（就组织讨论、工具准备、数据采集、数据记录、安全监督、成果展示等工作内容进行任务分工）					

获取信息

引导问题 1：请你查阅资料，简述纯电动汽车位置传感器的类型有：____________________

____

____

旋转变压器的结构

知识点提示

一、位置传感器的类型

纯电动汽车的位置传感器检测被测对象的位置、角位移的变化情况，并把检测结果转化为电信号输入给电控单元。位置传感器一般安装在纯电动汽车驱动电机内部，起着测定转子磁极位置从而为逆变器提供正确换向信息的重要作用。纯电动汽车位置传感器主要有电磁式（旋转变压器）、光电式（光电编码器）、磁敏式（霍尔传感器）等。

1. 旋转变压器

旋转变压器简称旋变，是一种输出电压随转子转角变化的信号元件。当励磁绕组以一定频率的交流电压励磁时，输出绕组的电压幅值与转子转角成正余弦函数关系，或保持某一比例关系，或在一定转角范围内与转角呈线性关系。

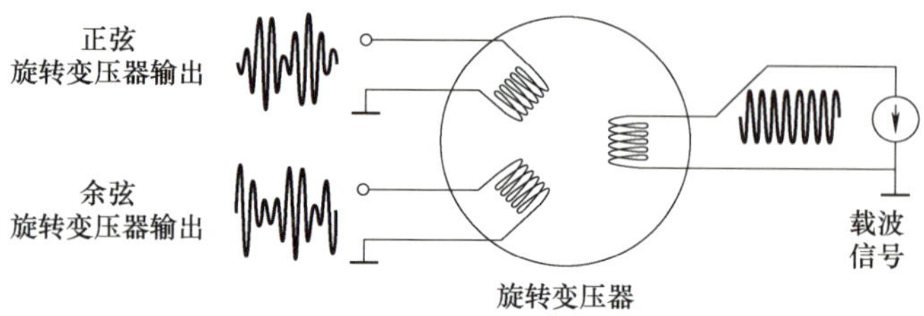

图 5-1-1　旋转变压器输入、输出波形图

按励磁方式分，旋转变压器分为 BRT 和 BRX 两种。BRT 是单相励磁两相输出，BRX 是双相励磁单相输出。用户往往选择 BRT 型的旋变，因为它易于解码。

旋转变压器输入、输出波形图如图 5-1-1 所示。

2. 光电编码器

光电编码器是一种通过光电转换将输出轴上的机械几何位移量转换成脉冲或数字量的传感器。这是目前应用最多的编码器。光电编码器由光栅盘和光电检测装置组成。

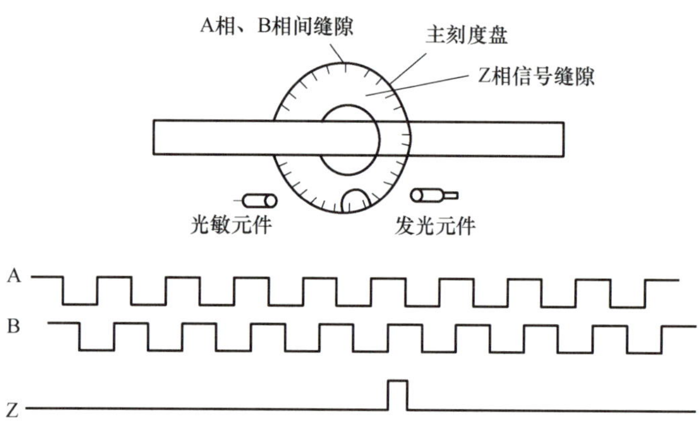

图 5-1-2　光电编码器输入、输出波形图

根据检测原理，编码器可分为光学式、磁式、感应式和电容式；根据其刻度方法及信号输出形式，可分为增量式、绝对式和混合式 3 种。

光电编码器输入、输出波形图如图 5-1-2 所示。

3. 霍尔传感器

霍尔传感器是一种磁传感器，以霍尔效应为工作基础，一般是由霍尔元件和它的附属电路组成的集成传感器。用它可以检测磁场及其变化。永磁同步电机转子为永磁铁，通过霍尔传感器可检测转子磁场强度，通常为开关型霍尔位置传感器。

霍尔传感器输入、输出波形图如图 5-1-3 所示。

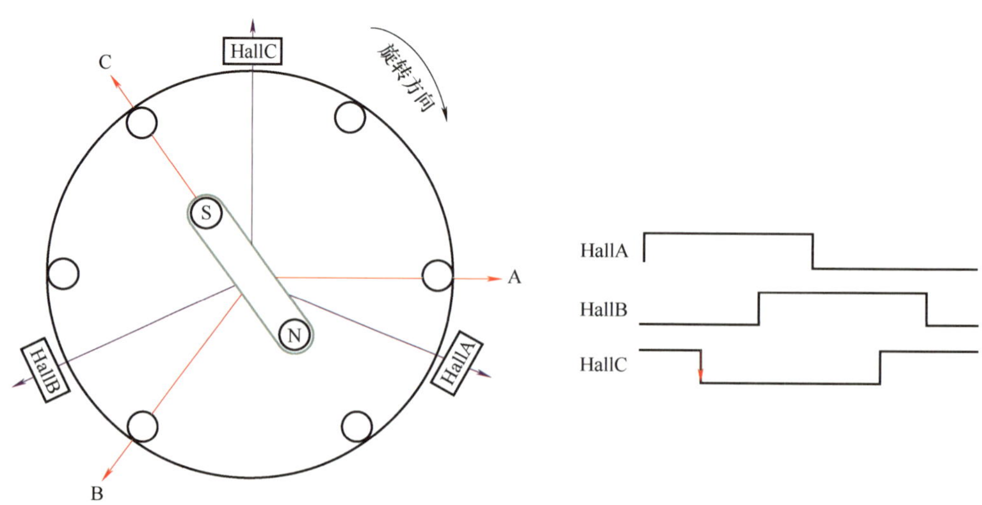

图 5-1-3　霍尔传感器输入、输出波形图

引导问题 2：请你查阅资料，简述磁电式位置传感器的定义是：____

知识点提示

二、磁电式位置传感器的基本概念

磁电式位置传感器是利用电磁感应原理，将输入的运动速度转换成线圈中的感应电势输出的传感器。它直接将被测物体的机械能量转换成电信号输出，工作不需要外加电源，是一种典型的无源传感器，如图 5-1-4 所示。由于这种传感器输出功率较大，因而大大地简化了配用的二次仪表电路。

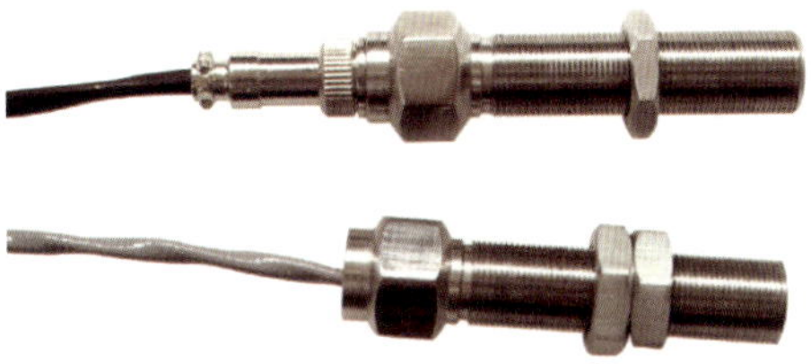

图 5-1-4　磁电式位置传感器

磁电式位置传感器也称为电动式或感应式传感器，它只适合进行动态测量。由于它有较大的输出功率，故配用电路较简单，零位及性能稳定。

引导问题 3：曲轴凸轮轴位置传感器可分为磁电式和霍尔式两种。请你想一想，磁电式凸轮轴位置传感器的结构有：____

知识点提示

三、磁电式凸轮轴位置传感器的基本概念

1. 磁电式凸轮轴位置传感器的结构

丰田 K3-VE 插电式混合动力汽车的发动机使用的是三销磁电式凸轮轴位置传感器，安装于发动机 1 号进气凸轮轴前端。因为该机型配备可变气门系统，所以凸轮轴位置传感器要进行气缸识别和检测 VVT-i 提前角的值两项功能。其安装位置如图 5-1-5 所示。

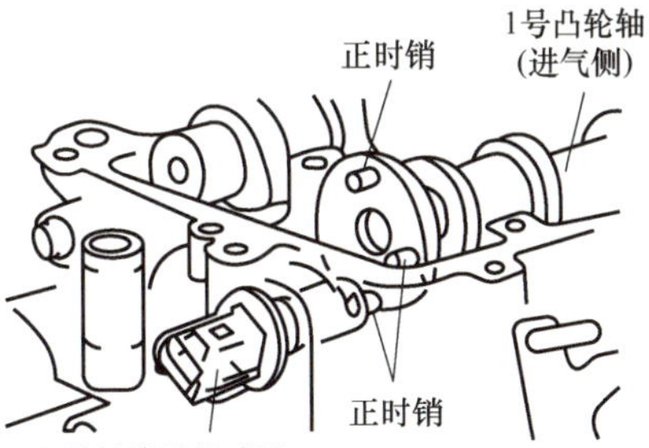

图 5-1-5　磁电式凸轮轴位置传感器的安装位置

2. 磁电式凸轮轴位置传感器的工作原理

1 号进气凸轮轴上的前端设置有 3 个正时销，分别代表 60° 、180° 、360° 曲轴转角。根据正时销的输出信号，ECU 进行实际凸轮轴位置的检测和气缸识别，凸轮轴转动时，正时销与凸轮转角传感器间的气隙发生变化，从而改变通过凸轮转角传感器的磁通量，凸轮轴每转动一圈产生 3 个脉冲，输出波形如图 5-1-6 所示。根据来自曲轴位置传感器的信号，1 号凸轮轴相位被检测，根据这个相位，可变气门正时控制器

发挥作用。

3. 磁电式凸轮轴位置传感器的连接电路

丰田 K3-VE 发动机凸轮轴位置传感器与 ECU 的连接电路如图 5-1-7 所示。凸轮轴位置传感器是一种传感装置，也叫同步信号传感器，它是一个气缸判别定位装置，向 ECU 输入凸轮轴位置信号，是点火控制的主控信号。

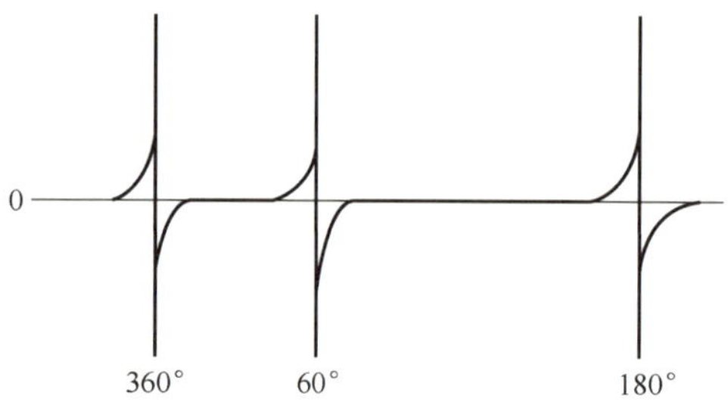

图 5-1-6　凸轮转角传感器输出波形

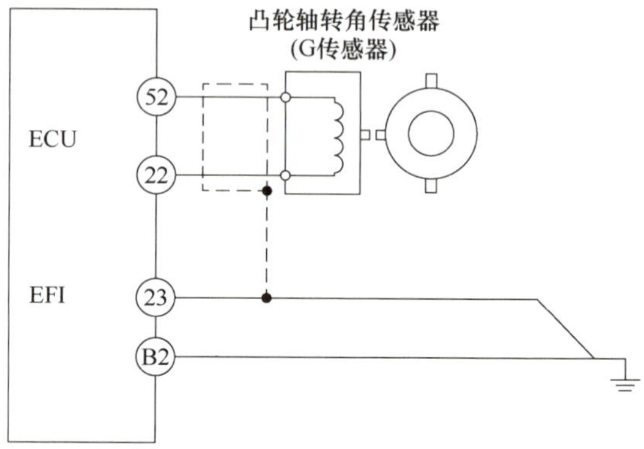

图 5-1-7　丰田 K3-VE 发动机凸轮轴位置传感器与 ECU 的连接电路

工作计划

按照前面所学的知识内容和小组内部讨论的结果，制订工作计划（包括资料查阅渠道的落实、任务实施任务中的内容分工等）并填入表 5-1-2。

表 5-1-2　工作计划表

步骤	工作内容	负责人
1		
2		
3		
4		
5		

进行决策

1. 各组派代表阐述资料查询结果。
2. 各组就各自的查询结果进行交流，并分享技巧。
3. 教师结合各组完成的情况进行点评，选出最佳方案。

任务实施

一、磁电式凸轮轴位置传感器的检测

所需设备及工具：万用表、DS-21 诊断测试仪、示波器。

磁电式凸轮轴位置传感器直接输出感应电动势，且传感器通常具有较高的灵敏度，所以一般不需要使用高增益放大器。磁电式凸轮轴位置传感器是速度传感器，若要获取被测位移或加速

度信号，则需要配用积分或微分电路。磁电式凸轮轴位置传感器测量电路框图如图 5-1-8 所示。

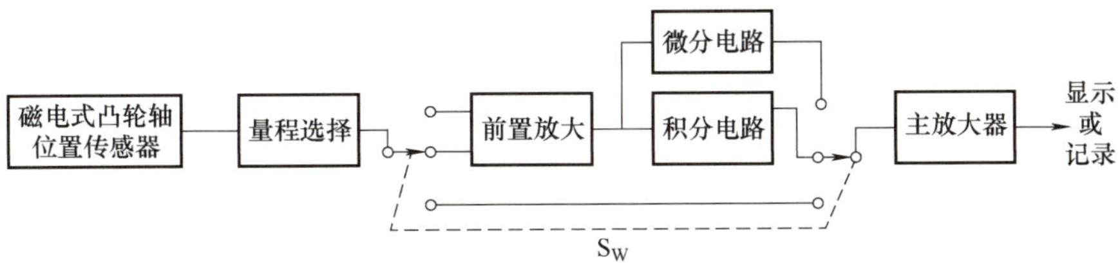

图 5-1-8　磁电式凸轮轴位置传感器测量电路框图

1. 电阻检测

冷态时（传感器温度为 −10~50℃），凸轮轴位置传感器电阻值为 835~1400Ω；热态时（传感器温度为 50~100℃），凸轮轴位置传感器电阻值为 1060~1645Ω。

2. 解码器检查

使用 DS-21 诊断测试仪进行检测，如果凸轮轴位置传感器损坏或相关电路出现故障，会出现故障码 P0340 或闪码 14，其可能原因有凸轮轴位置传感器故障、凸轮轴位置传感器电路断路或短路，或者 ECU 故障。

3. 示波器检测

连接示波器，其输出波形应与图 5-1-6 所示波形相同。

二、实训工单

请复习本任务所学内容，巩固理论知识和实训内容，并完成实训工单（表 5-1-3）的填写。

表 5-1-3　实训工单

姓名		班级（专业）		完成日期	
任务准备					
序号	设　备			数　量	
1					
2					
3					
4					
5					
实施步骤					
记　录				完成情况	
				已完成□　未完成□	
6S 现场管理					
序号	操作步骤	完成情况		备　注	
1	建立安全操作环境	已完成□　未完成□			
2	清理及整理工具、量具	已完成□　未完成□			
3	清理及复原设备	已完成□　未完成□			
4	清理场地	已完成□　未完成□			
5	物品回收和环保	已完成□　未完成□			
6	完善和检查工单	已完成□　未完成□			

评价反馈

1. 各组代表展示汇报 PPT，介绍任务的完成过程。

2. 以小组为单位，请对各组的操作过程与操作结果进行自评和互评，并将结果填入学生评价表（表 5-1-4）。

表 5-1-4 学生评价表

姓名		学号				班级				组别				
实训任务														
评价项目	分值	等级				评价对象（组别）								
		A	B	C	D	1	2	3	4	5	6	7	8	
方案合理	20	20	15	10	5									
团队合作	20	20	15	10	5									
工作质量	20	20	15	10	5									
工作规范	20	20	15	10	5									
汇报展示	20	20	15	10	5									
合计	100	各组得分												
总结与反思														
（如：学习过程中遇到的问题→如何解决的 / 解决不了的原因→心得体会）														

3. 教师对学生工作过程与工作结果进行评价，并将评价结果填入教师对学生评价表（表 5-1-5）。

表 5-1-5　教师对学生评价表

<table>
<tr><td>姓名</td><td></td><td>学号</td><td></td><td>班级</td><td></td><td>组别</td><td></td></tr>
<tr><td colspan="3">实训任务</td><td colspan="5"></td></tr>
<tr><td colspan="3">评价项目</td><td colspan="3">评价标准</td><td>分值</td><td>得分</td></tr>
<tr><td colspan="3">考勤（10%）</td><td colspan="3">无故意迟到、早退、旷课现象</td><td>10</td><td></td></tr>
<tr><td rowspan="7">工作过程（60%）</td><td rowspan="3">知识目标</td><td rowspan="2">获取信息</td><td colspan="3">熟知位置传感器的类型</td><td>5</td><td></td></tr>
<tr><td colspan="3">掌握磁电式位置传感器的基本概念</td><td>5</td><td></td></tr>
<tr><td>进行决策</td><td colspan="3">制订工作计划，计划合理可行</td><td>10</td><td></td></tr>
<tr><td>技能目标</td><td>任务实施</td><td colspan="3">能够完成磁电式凸轮轴位置传感器的检测</td><td>20</td><td></td></tr>
<tr><td rowspan="3">素养目标</td><td>工作态度</td><td colspan="3">认真严谨、积极主动；安全生产、文明施工</td><td>5</td><td></td></tr>
<tr><td>团队合作</td><td colspan="3">与小组成员、同学合作交流、协调工作</td><td>5</td><td></td></tr>
<tr><td>工作质量</td><td colspan="3">能按照工作计划操作，按计划完成工作任务</td><td>10</td><td></td></tr>
<tr><td colspan="2" rowspan="3">项目成果（30%）</td><td>工作完整</td><td colspan="3">能按时完成工作任务的所有环节</td><td>10</td><td></td></tr>
<tr><td>工作规范</td><td colspan="3">能在整个操作过程中规范操作，避免意外事故发生</td><td>10</td><td></td></tr>
<tr><td>汇报展示</td><td colspan="3">能准确表达、汇报工作成果</td><td>10</td><td></td></tr>
<tr><td colspan="6">合计</td><td>100</td><td></td></tr>
<tr><td colspan="2" rowspan="2">综合评价</td><td colspan="2">学生评价（50%）</td><td colspan="2">教师评价（50%）</td><td colspan="2">综合得分</td></tr>
<tr><td colspan="2"></td><td colspan="2"></td><td colspan="2"></td></tr>
<tr><td colspan="2">综合评语</td><td colspan="6">（工作过程中存在的问题及改进建议）</td></tr>
</table>

任务二　霍尔传感器的工作原理认知与检测

任务目标

知识目标

1. 掌握霍尔传感器的定义。
2. 掌握霍尔传感器的工作原理。
3. 熟知霍尔传感器的类型。

技能目标

1. 具备从多途径的信息源中检索专业知识的能力。
2. 具备检测霍尔电流传感器的能力。

素养目标

1. 培养学生认真严谨、积极主动的工作态度及安全生产、文明施工的意识。
2. 培养学生与小组成员、同学之间合作交流、协调工作的意识。
3. 获得分析问题和解决问题的基本方法。
4. 与小组成员交流、讨论学习成果，取长补短，完成自我提升。

任务框图

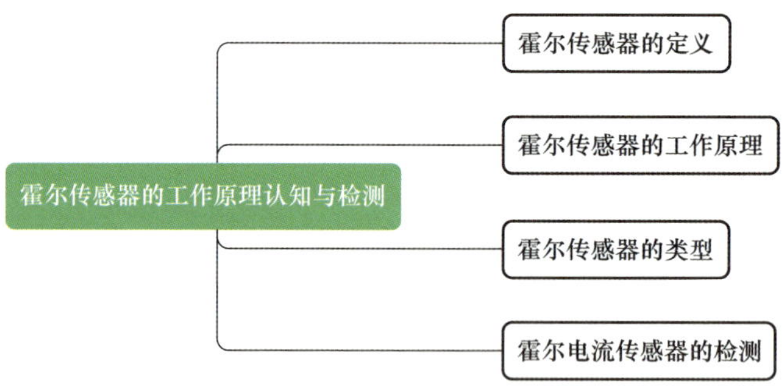

任务导入

随着汽车技术的发展，特别是新能源汽车的出现，传统接触式传感器的局限性越来越明显。霍尔传感器具备与被测对象无接触的优点，所以新能源汽车逐渐使用霍尔传感器来取代传统接触式传感器。本任务通过学习霍尔传感器的基本工作原理并通过规范的操作检测霍尔传感器，帮助学生养成良好的职业素养。

任务分组

学生任务分配表见表 5-2-1。

表 5-2-1 学生任务分配表

班 级		组 号		指导教师			
组 长		学 号					
组 员	姓名：______	学号：______		姓名：______	学号：______		
	姓名：______	学号：______		姓名：______	学号：______		
	姓名：______	学号：______		姓名：______	学号：______		
	姓名：______	学号：______		姓名：______	学号：______		
任务分工							
（就组织讨论、工具准备、数据采集、数据记录、安全监督、成果展示等工作内容进行任务分工）							

获取信息

引导问题 1：霍尔效应是磁电效应的一种，这一现象是霍尔于 1879 年在研究金属的导电机制时发现的。霍尔传感器的定义是：____

____

____

霍尔传感器原理与检测

知识点提示

一、霍尔传感器的定义

霍尔传感器是根据霍尔效应制作的一种磁场传感器，如图 5-2-1 所示。

金属、半导体、导电流体等都有霍尔效应，半导体的霍尔效应比金属强得多。利用霍尔效应制成的各种霍尔元件被广泛地应用于工业自动化技术、检测技术及信息处理等方面。霍尔效应是研究半导体材料性能的基本方法。通过霍尔效应实验测定的霍尔系数，能够判断半导体材料的导电类型、载流子浓度及载流子迁移率等重要参数。

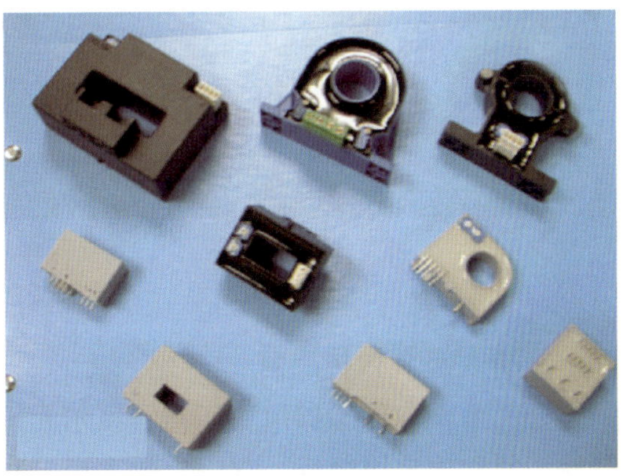

图 5-2-1 霍尔传感器

引导问题 2：请你查阅资料，简述霍尔传感器的工作原理：____

____

知识点提示

二、霍尔传感器的工作原理

磁场中有一个霍尔半导体片，恒定电流 I 从 A 到 B 通过该片。在洛仑兹力的作用下，I 在通过霍尔半导体时向一侧偏移，使该片在 CD 方向上产生电位 差，这就是霍尔电压。

霍尔电压随磁场强度的变化而变化，磁场越强，电压越高，磁场越弱，电压越低。霍尔电压值很小，通常只有几毫伏，但经集成电路中的放大器放大，就能使该电压放大到足以输出较强的信号。若使霍尔集成电路起传感作用，需要用机械的方法来改变磁感应强度。如图 5-2-2 所示，用一个转动的叶轮作为控制磁通量的开关，当叶轮叶片处于磁铁和霍尔集成电路之间的气隙中时，磁场偏离集成片，霍尔电压消失。这样，霍尔集成电路的输出电压的变化就能表示出叶轮驱动轴的某一位置，利用这一原理，可将霍尔集成电路片用于点火正时传感器。霍尔传感器属于被动型传感器，它要有外加电源才能工作，这一特点使它能检测转速低的运转情况。

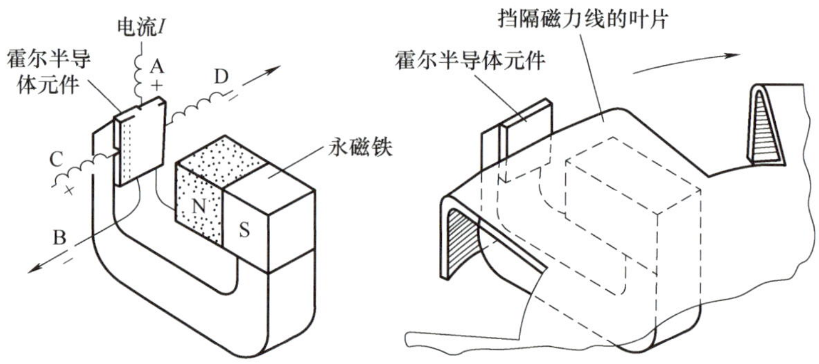

图 5-2-2 霍尔传感器的结构

引导问题 3：霍尔传感器分为开关型霍尔传感器和线性型霍尔传感器两种。请你概述这两种霍尔传感器的组成：______

______

知识点提示

三、霍尔传感器的类型

1. 开关型霍尔传感器

开关型霍尔传感器由稳压器、霍尔元件、差分放大器、斯密特触发器和输出级组成，它输出数字量。开关型霍尔传感器有一种特殊的形式，称为锁键型霍尔传感器。

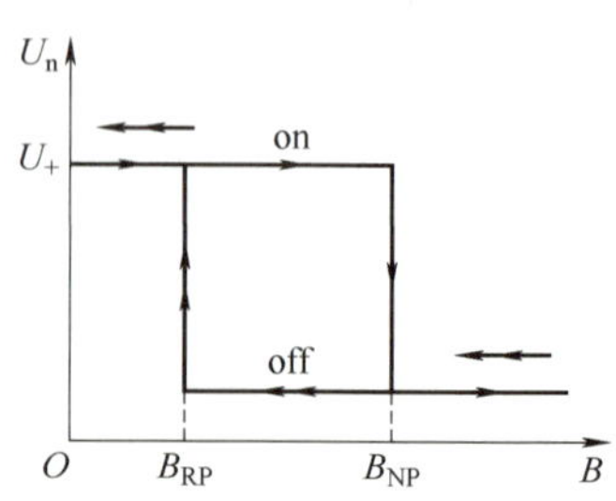

图 5-2-3 开关型霍尔传感器正、反向电压波形图

（1）开关型霍尔传感器 如图 5-2-3 所示，其中 B_{NP} 为工作点“开”的磁感应强度，B_{RP} 为释放点“关”的磁感应强度。当外加的磁感应强度超过动作点 B_{NP} 时，传感器输出低电平；当磁感应强度降到动作点 B_{NP} 以下时，传感器输出电平不变；一直要降到释放点 B_{RP} 时，传感器才

由低电平跃变为高电平。B_{NP} 与 B_{RP} 之间的滞后使开关动作更为可靠。

（2）锁键型霍尔传感器 如图 5-2-4 所示，当磁感应强度超过动作点 B_{NP} 时，传感器输出由高电平跃变为低电平；在外磁场撤销后，其输出状态保持不变（即锁存状态），必须施加反向磁感应强度达到 B_{RP} 时，才能使电平产生变化。

2. 线性型霍尔传感器

线性型霍尔传感器由霍尔元件、线性放大器和射极跟随器组成，它输出模拟量。

线性型霍尔传感器分为开环式和闭环式两种。闭环式霍尔传感器又称为零磁通霍尔传感器。线性型霍尔传感器主要用于交直流电流和电压测量。

线性型霍尔传感器的输出电压与外加磁场强度呈线性关系，如图 5-2-5 所示，在 B_1~B_2 的磁感应强度范围内有较好的线性度，磁感应强度超出此范围时呈现饱和状态。

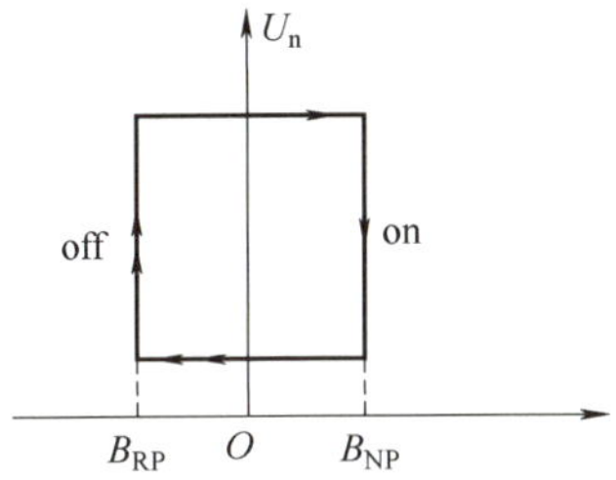

图 5-2-4 锁键型霍尔传感器正、反向电压波形图

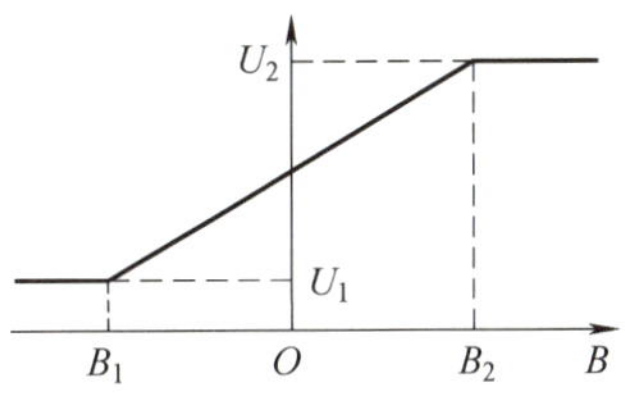

图 5-2-5 线性型霍尔传感器输出电压域的变化

（1）开环式霍尔电流传感器 由于通电螺线管内部存在磁场，其强度与导线中的电流成正比，故可以利用霍尔传感器测量出磁场强度，从而确定导线中电流的大小。利用这一原理可以设计制成霍尔电流传感器。其优点是不与被测电路发生电接触，不影响被测电路，不消耗被测电源的功率，特别适合于大电流传感。

霍尔电流传感器的工作原理如图 5-2-6 所示。标准圆环铁心有一个缺口，将霍尔传感器插入缺口中，圆环上绕有线圈，当电流通过线圈时产生磁场，霍尔传感器有信号输出。

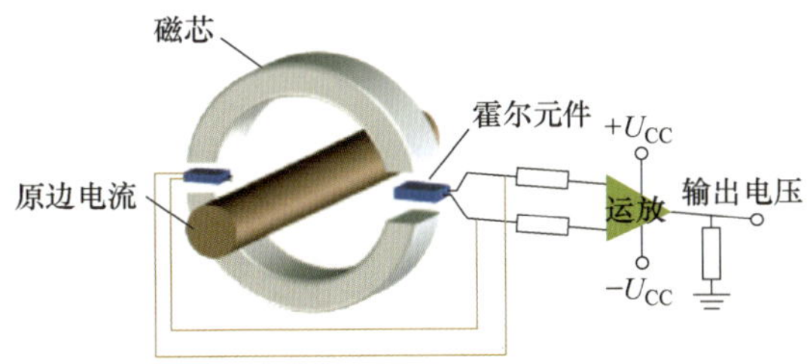

a)

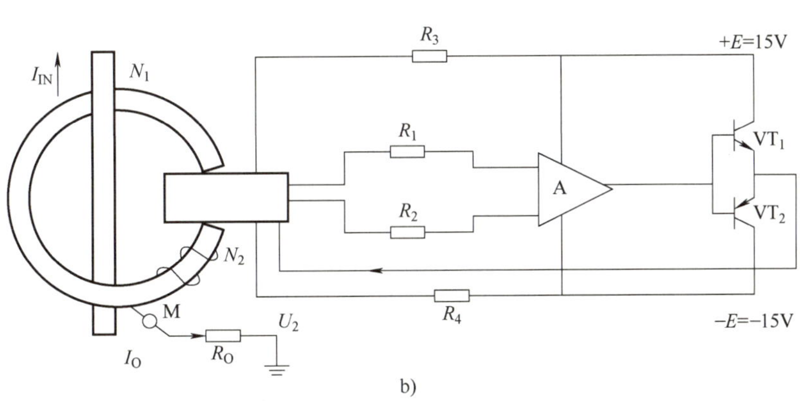

b)

图 5-2-6 霍尔电流传感器的工作原理

a）结构 b）工作原理

（2）闭环式霍尔电流传感器　磁平衡式电流传感器也称为闭环式电流传感器、补偿式传感器，主回路被测电流 I_p 在聚磁环处所产生的磁场通过一个次级线圈，电流产生的磁场进行补偿，从而使霍尔元件处于检测零磁通的工作状态。

工作计划

按照前面所学的知识内容和小组内部讨论的结果，制订工作计划（包括资料查阅渠道的落实、任务实施任务中的内容分工等）并填入表 5-2-2。

表 5-2-2　工作计划表

步骤	工作内容	负责人
1		
2		
3		
4		
5		

进行决策

1. 各组派代表阐述资料查询结果。
2. 各组就各自的查询结果进行交流，并分享技巧。
3. 教师结合各组完成的情况进行点评，选出最佳方案。

任务实施

一、霍尔电流传感器的检测

所需设备及工具：霍尔传感器台架、万用表。

1. 霍尔电流传感器的定义

霍尔电流传感器基于磁平衡式霍尔原理，根据霍尔效应原理，从霍尔元件的控制电流端通入电流 I_C，并在霍尔元件平面的法线方向上施加磁感应强度为 B 的磁场，那么在垂直于电流和磁场方向（即霍尔输出端之间）将产生一个电动势 U_H，称其为霍尔电动势，其大小正比于控制电流 I_C 与磁感应强度 B 的乘积，即 $V_H=KI_CB$，式中：K 为霍尔系数，由霍尔元件的材料决定；I_C 为控制电流；B 为磁感应强度；U_H 为霍尔电动势。霍尔电流传感器如图 5-2-7 所示。

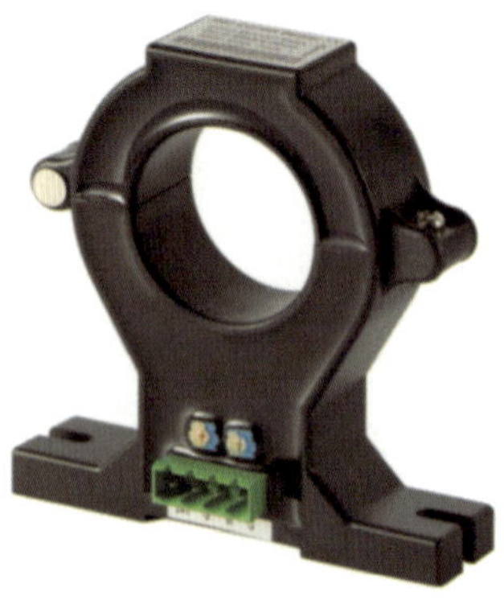

图 5-2-7　霍尔电流传感器

2. 霍尔电流传感器的检测

1）检查霍尔传感器台架外观。

2）当未按霍尔传感器台架的电源开关时，使用万用表测量霍尔正极与负极检测端口之间的电压为 15.12V，如图 5-2-8 所示。

3）当未按霍尔传感器台架的电源开关时，使用万用表测量霍尔负极与负极检测端口之间的电压为 –15.22V，如图 5-2-9 所示。

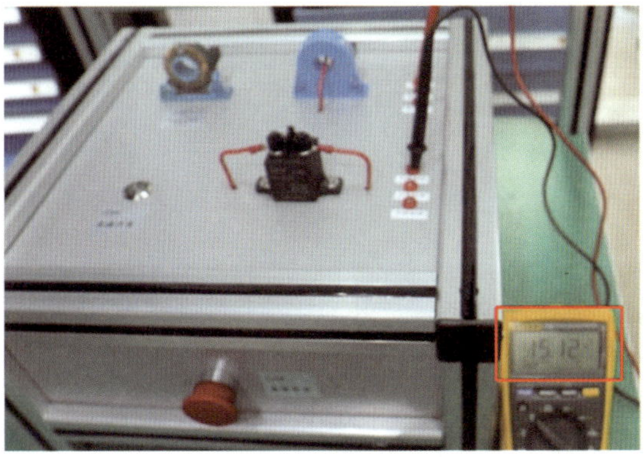

图 5-2-8　测量霍尔正极与负极检测端口之间的电压

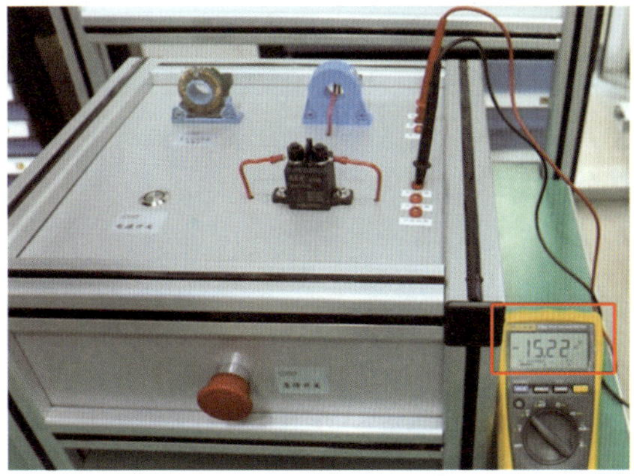

图 5-2-9　测量霍尔负极与负极检测端口之间的电压

4）当未按霍尔传感器台架的电源开关时，使用万用表测量霍尔信号端口与负极检测端口之间的电压为 0.005V，如图 5-2-10 所示。

5）当按下霍尔传感器台架的电源开关时，使用万用表测量霍尔信号端口与负极检测端口之间的电压为 0.537V，如图 5-2-11 所示。

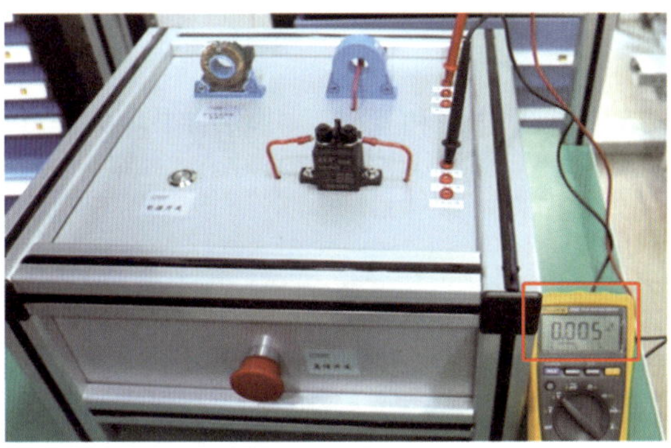

图 5-2-10　测量霍尔信号端口与负极检测端口的电压（未按下电源开关）

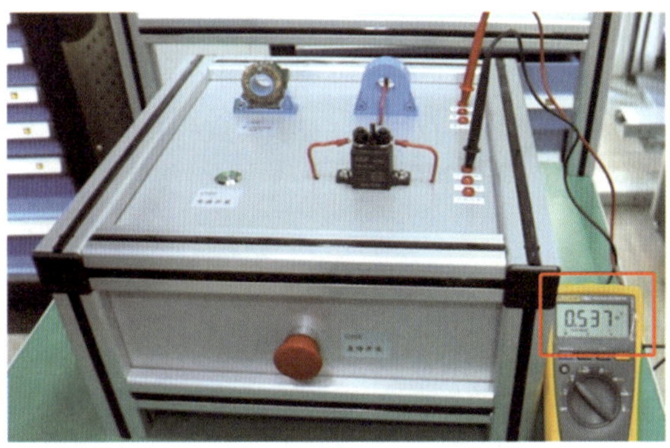

图 5-2-11　测量霍尔信号端口与负极检测端口的电压（按下电源开关）

二、实训工单

请复习本任务所学内容，巩固理论知识和实训内容，并完成实训工单（表 5-2-3）的填写。

表 5-2-3　实训工单

姓名		班级（专业）		完成日期	
任务准备					
序号	设　备			数　量	
1					
2					
3					
4					
5					

（续）

<table>
<tr><th colspan="2">实施步骤</th></tr>
<tr><td>记　录</td><td>完成情况</td></tr>
<tr><td></td><td>已完成□　未完成□</td></tr>
</table>

6S 现场管理			
序号	操作步骤	完成情况	备　注
1	建立安全操作环境	已完成□　未完成□	
2	清理及整理工具、量具	已完成□　未完成□	
3	清理及复原设备	已完成□　未完成□	
4	清理场地	已完成□　未完成□	
5	物品回收和环保	已完成□　未完成□	
6	完善和检查工单	已完成□　未完成□	

评价反馈

1. 各组代表展示汇报 PPT，介绍任务的完成过程。

2. 以小组为单位，请对各组的操作过程与操作结果进行自评和互评，并将结果填入学生评价表（表 5-2-4）。

表 5-2-4　学生评价表

<table>
<tr><td>姓名</td><td colspan="3"></td><td>学号</td><td colspan="3"></td><td>班级</td><td colspan="2"></td><td>组别</td><td colspan="2"></td></tr>
<tr><td colspan="2">实训任务</td><td colspan="12"></td></tr>
<tr><td rowspan="2">评价项目</td><td rowspan="2">分值</td><td colspan="4">等　级</td><td colspan="8">评价对象（组别）</td></tr>
<tr><td>A</td><td>B</td><td>C</td><td>D</td><td>1</td><td>2</td><td>3</td><td>4</td><td>5</td><td>6</td><td>7</td><td>8</td></tr>
<tr><td>方案合理</td><td>20</td><td>20</td><td>15</td><td>10</td><td>5</td><td></td><td></td><td></td><td></td><td></td><td></td><td></td><td></td></tr>
<tr><td>团队合作</td><td>20</td><td>20</td><td>15</td><td>10</td><td>5</td><td></td><td></td><td></td><td></td><td></td><td></td><td></td><td></td></tr>
<tr><td>工作质量</td><td>20</td><td>20</td><td>15</td><td>10</td><td>5</td><td></td><td></td><td></td><td></td><td></td><td></td><td></td><td></td></tr>
<tr><td>工作规范</td><td>20</td><td>20</td><td>15</td><td>10</td><td>5</td><td></td><td></td><td></td><td></td><td></td><td></td><td></td><td></td></tr>
<tr><td>汇报展示</td><td>20</td><td>20</td><td>15</td><td>10</td><td>5</td><td></td><td></td><td></td><td></td><td></td><td></td><td></td><td></td></tr>
<tr><td>合计</td><td>100</td><td colspan="4">各组得分</td><td></td><td></td><td></td><td></td><td></td><td></td><td></td><td></td></tr>
<tr><td colspan="14">总结与反思</td></tr>
<tr><td colspan="14">（如：学习过程中遇到的问题→如何解决的 / 解决不了的原因→心得体会）</td></tr>
</table>

3. 教师对学生工作过程与工作结果进行评价，并将评价结果填入教师对学生评价表（表 5-2-5）。

表 5-2-5 教师对学生评价表

<table>
<tr><td>姓名</td><td colspan="2"></td><td>学号</td><td>班级</td><td>组别</td></tr>
<tr><td colspan="3">实训任务</td><td colspan="3"></td></tr>
<tr><td colspan="3">评价项目</td><td>评价标准</td><td>分值</td><td>得分</td></tr>
<tr><td colspan="3">考勤（10%）</td><td>无故意迟到、早退、旷课现象</td><td>10</td><td></td></tr>
<tr><td rowspan="8">工作过程（60%）</td><td rowspan="4">知识目标</td><td rowspan="3">获取信息</td><td>掌握霍尔传感器的定义</td><td>5</td><td></td></tr>
<tr><td>掌握霍尔传感器的工作原理</td><td>5</td><td></td></tr>
<tr><td>熟知霍尔传感器的类型</td><td>5</td><td></td></tr>
<tr><td>进行决策</td><td>制订工作计划，计划合理可行</td><td>10</td><td></td></tr>
<tr><td>技能目标</td><td>任务实施</td><td>能完成霍尔电流传感器的检测</td><td>15</td><td></td></tr>
<tr><td rowspan="3">素养目标</td><td>工作态度</td><td>认真严谨、积极主动；安全生产、文明施工</td><td>5</td><td></td></tr>
<tr><td>团队合作</td><td>与小组成员、同学合作交流、协调工作</td><td>5</td><td></td></tr>
<tr><td>工作质量</td><td>能按照工作计划操作，按计划完成工作任务</td><td>10</td><td></td></tr>
<tr><td colspan="2" rowspan="3">项目成果（30%）</td><td>工作完整</td><td>能按时完成工作任务的所有环节</td><td>10</td><td></td></tr>
<tr><td>工作规范</td><td>能在整个操作过程中规范操作，避免意外事故发生</td><td>10</td><td></td></tr>
<tr><td>汇报展示</td><td>能准确表达、汇报工作成果</td><td>10</td><td></td></tr>
<tr><td colspan="4">合计</td><td>100</td><td></td></tr>
<tr><td rowspan="2">综合评价</td><td colspan="2">学生评价（50%）</td><td>教师评价（50%）</td><td colspan="2">综合得分</td></tr>
<tr><td colspan="2"></td><td></td><td colspan="2"></td></tr>
<tr><td>综合评语</td><td colspan="5">（工作过程中存在的问题及改进建议）</td></tr>
</table>

任务三 热敏电阻的工作原理认知与检测

任务目标

知识目标

1. 掌握热敏电阻的定义。
2. 熟知热敏电阻的参数。
3. 掌握热敏电阻的主要特点。
4. 熟知热敏电阻的工作原理。

技能目标

1. 具备从多途径的信息源中检索专业知识的能力。
2. 具备检测热敏电阻的能力。

素养目标

1. 培养学生认真严谨、积极主动的工作态度及安全生产、文明施工的意识。
2. 培养学生与小组成员、同学之间合作交流、协调工作的意识。
3. 获得分析问题和解决问题的基本方法。
4. 与小组成员交流、讨论学习成果，取长补短，完成自我提升。

任务框图

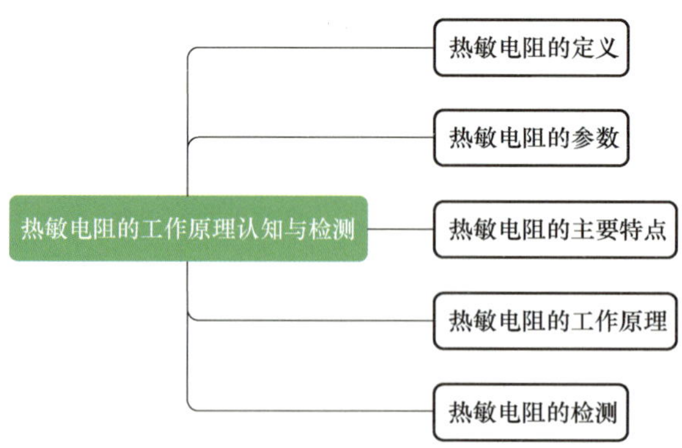

任务导入

负温度系数（NTC）热敏电阻在新能源汽车中应用广泛（例如用于检测动力蓄电池温度），其焊接位置易遭受冷凝水和湿气的腐蚀，影响 NTC 热敏电阻的正常工作。

任务分组

学生任务分配表见表 5-3-1。

表 5-3-1 学生任务分配表

班级		组号		指导教师			
组长		学号					
组员	姓名：________	学号：________		姓名：________	学号：________		
	姓名：________	学号：________		姓名：________	学号：________		
	姓名：________	学号：________		姓名：________	学号：________		
	姓名：________	学号：________		姓名：________	学号：________		
任务分工							
（就组织讨论、工具准备、数据采集、数据记录、安全监督、成果展示等工作内容进行任务分工）							

获取信息

引导问题 1：请你查阅资料，简述热敏电阻的定义：____

____

热敏电阻原理与检测

知识点提示

一、热敏电阻的定义

热敏电阻是敏感元件的一类，按照温度系数不同分为正温度系数（PTC）热敏电阻和负温度系数（NTC）热敏电阻，如图 5-3-1 所示。

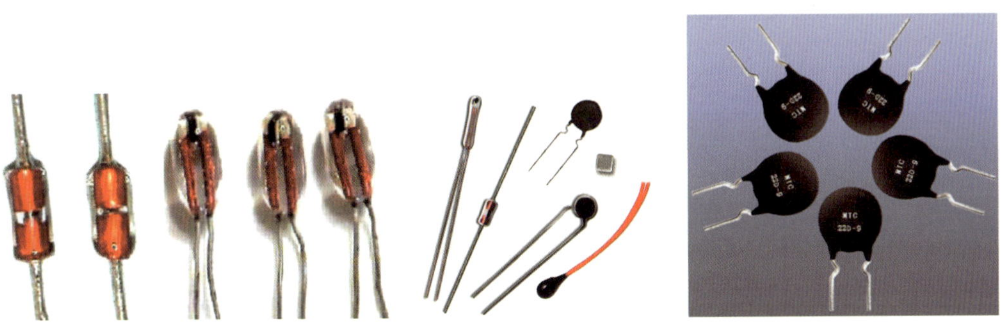

图 5-3-1 热敏电阻

引导问题 2：由于热敏电阻的体积小，电阻值可以在 0.1~100kΩ 间任意选择，具有稳定性好、过载能力强等特点。关于热敏电阻的技术参数有哪些呢？请简要概述出来。

____

____

知识点提示

二、热敏电阻的参数

热敏电阻的参数见表 5-3-2。

表 5-3-2 热敏电阻的参数

序号	参 数	内 容
1	额定零功率电阻（R_{25}）	零功率电阻是指在某一温度下测量 PTC 热敏电阻值时，加在 PTC 热敏电阻上的功耗极低，低到因其功耗引起的 PTC 热敏电阻的阻值变化可以忽略不计。额定零功率电阻指环境温度 25℃条件下测得的零功率电阻值
2	居里温度（T_c）	对于 PTC 热敏电阻的应用来说，电阻值开始指数增高时的温度是重要的，将其定义为居里温度。居里温度对应的 PTC 热敏电阻的电阻 $RTc=2R\min$
3	温度系数（α）	PTC 热敏电阻的温度系数定义为温度变化导致的电阻的相对变化。温度系数越大，PTC 热敏电阻对温度变化的反应越灵敏。$\alpha=(\lg R_2-\lg R_1)/\lg e\ (T_2-T_1)$
4	额定电压（U_N）	额定电压是在最大工作电压 $U\max$ 以下的供电电压。通常 $U\max=U_N \pm U_N \times 15\%$
5	击穿电压（V_D）	击穿电压是指 PTC 热敏电阻最高的电压承受能力。PTC 热敏电阻电压在击穿电压以上时将会被击穿失效
6	表面温度（T_{surf}）	表面温度 T_{surf} 是指当 PTC 热敏电阻在规定的电压下并且与周围环境间处于热平衡状态已达较长时间时，其表面的温度
7	动作电流（I_k）	流过 PTC 热敏电阻的足以使 PTC 热敏电阻自热温升超过居里温度的电流称为动作电流。动作电流的最小值称为最小动作电流
8	不动作电流（I_{Nk}）	流过 PTC 热敏电阻的不足以使 PTC 热敏电阻自热温升超过居里温度的电流称为不动作电流。不动作电流的最大值称为最大不动作电流

引导问题 3：热敏电阻的典型特点是对温度敏感，不同的温度下表现出不同的电阻值。判断它的阻值变化，就可以知道液面是否低于设定值。热敏电阻的主要特点有：

____

____

知识点提示

三、热敏电阻的主要特点

热敏电阻的主要特点见表 5-3-3。

表 5-3-3 热敏电阻的主要特点

序号	特 点	内 容
1	灵敏度较高	热敏电阻的温度系数要比普通金属大 10 倍以上，能检测出 10^{-6}℃的温度变化

（续）

序号	特　点	内　容
2	工作温度范围宽	热敏电阻的常温器件适用于 -55~315℃，高温器件适用温度高于 315℃（目前最高可达到 2000℃），低温器件适用于 -273~-55℃
3	体积小	热敏电阻能够测量其他温度计无法测量的空隙、腔体及生物体内血管的温度
4	使用方便	热敏电阻的电阻值可在 0.1~100kΩ 间任意选择
5	易加工、可批量生产	热敏电阻易加工成复杂的形状，可大批量生产
6	稳定性好、过载能力强	热敏电阻的稳定性好、过载能力强

引导问题 4：请你查阅资料，简述热敏电阻的工作原理是：________________

____

____

知识点提示

四、热敏电阻的工作原理

图 5-3-2 所示为热敏电阻动作电流变化。热敏电阻的散热功率与发热功率接近，因而可能动作也可能不动作。热敏电阻在环境温度不变时，动作时间随着电流的增大而急剧缩短；热敏电阻在环境温度相对较高时具有更短的动作时间和较小的维持电流及动作电流。

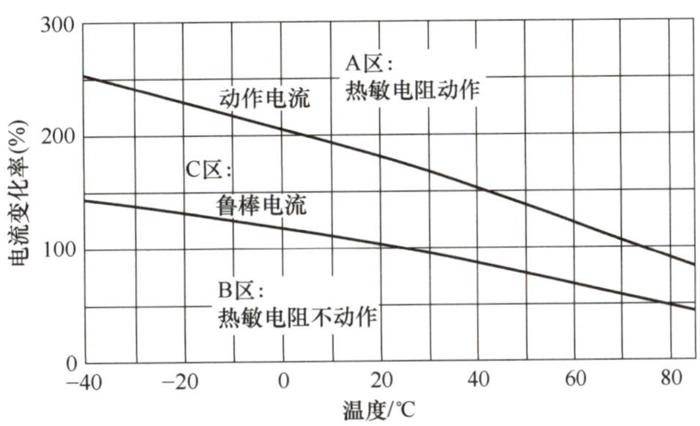

图 5-3-2　热敏电阻动作电流变化

当电路正常工作时，热敏电阻温度与室温相近、电阻很小，串联在电路中不会阻碍电流通过；当电路因故障而出现过电流时，热敏电阻由于发热功率增加导致温度上升，当温度超过开关温度时，电阻值剧增，回路中的电流迅速减小到安全值。

热敏电阻温度特性如图 5-3-3 所示，热敏电阻动作后，电路中电流有了大幅度的降低，图中 t 为热敏电阻的动作时间（t 为图中每条对应线的斜率）。由于高分子 PTC 热敏电阻的可设计性好，可通过改变自身的开关温度（t_s）来调节其对温度的敏感程度，因而可同时起到过温保护和过电流保护两种作用，如 kt16—1700dl 规格热敏电阻由于动作温度很低，因而适用于锂离子蓄电池和镍氢蓄电池的过电流及过温保护。

环境温度对高分子 PTC 热敏电阻的影响：高分子 PTC 热敏电阻是一种直热式、阶跃型热敏电阻，其电阻变化过程与自身的发热和散热情况有关，因而其维持电流（i_{hold}）、动作电流（i_{trip}）及动作时间受环境温度影响。当环境温度和电流处于 A 区时，热敏电阻发热功率大于散热功率而会动作；当环境温度和电流处于 B 区时发热功率小于散热功率，热敏电阻由于电阻可恢复，因而可以重复多次使用。

热敏电阻动作后，恢复过程中电阻随时间变化的示意图如图 5-3-4 所示。电阻值一般在十几秒到几十秒即可恢复到初始值 1.6 倍左右的水平，此时热敏电阻的维持电流已经恢复到额定值，可以再次使用了。面积和厚度较小的热敏电阻恢复相对较快；面积和厚度较大的热敏电阻恢复相对较慢。

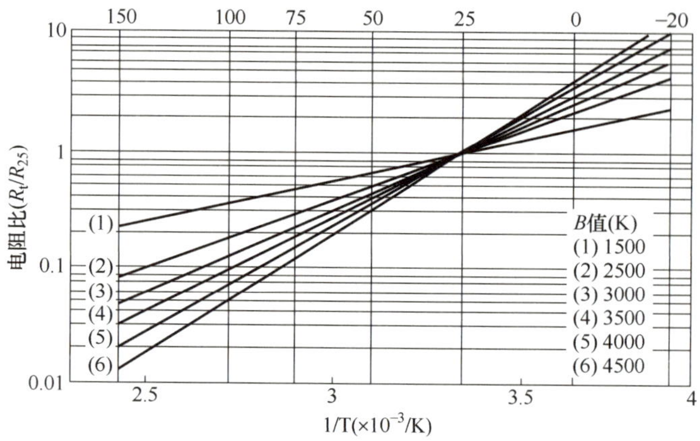

图 5-3-3　热敏电阻温度特性

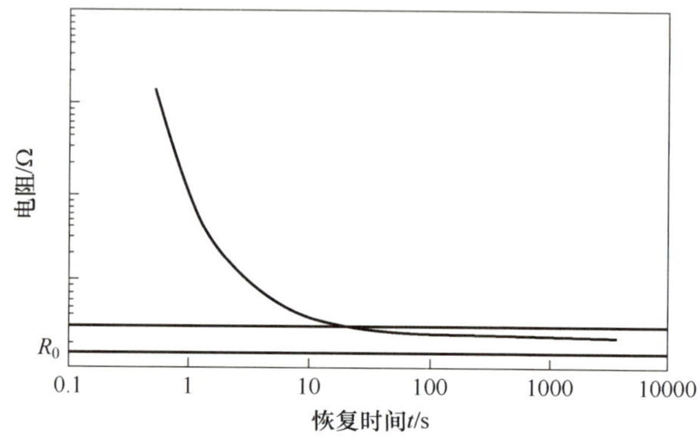

图 5-3-4　热敏电阻的恢复过程

工作计划

按照前面所学的知识内容和小组内部讨论的结果，制订工作计划（包括资料查阅渠道的落实、任务实施任务中的内容分工等）并填入表 5-3-4。

表 5-3-4　工作计划表

步骤	工 作 内 容	负责人
1		
2		
3		
4		
5		

进行决策

1. 各组派代表阐述资料查询结果。
2. 各组就各自的查询结果进行交流，并分享技巧。
3. 教师结合各组完成的情况进行点评，选出最佳方案。

任务实施

一、热敏电阻的检测

所需设备及工具：吹风机、万用表、热敏电阻。

1. **待测热敏电阻的参数识读**

要检测热敏电阻的电阻值，首先要根据相关参数识读待测热敏电阻的电阻值。图 5-3-5 所示为待测热敏电阻的参数识读。

注意：

（1）MF72　负温度系数热敏电阻，用于抑制浪涌。

（2）5D25　在环境温度为 25℃时的标称阻值为 5Ω。

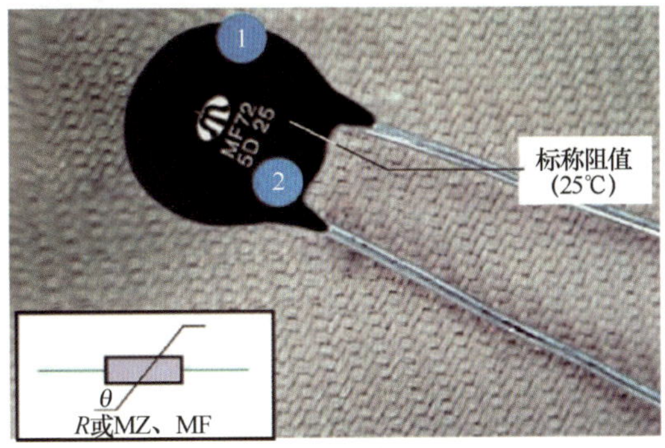

图 5-3-5　待测热敏电阻的参数识读

2. **热敏电阻的检测方法**

1）在室温环境下，将万用表的红、黑表笔分别搭在热敏电阻的两引脚端，如图 5-3-6 所示。

2）根据万用表指针指示的位置和量程（×1Ω），检测结果为 5Ω，与标称电阻值相同，如图 5-3-7 所示。

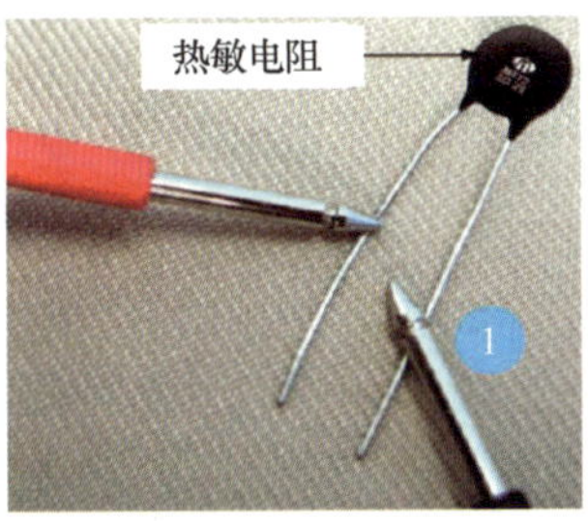

图 5-3-6　将万用表搭在热敏电阻的两引脚端

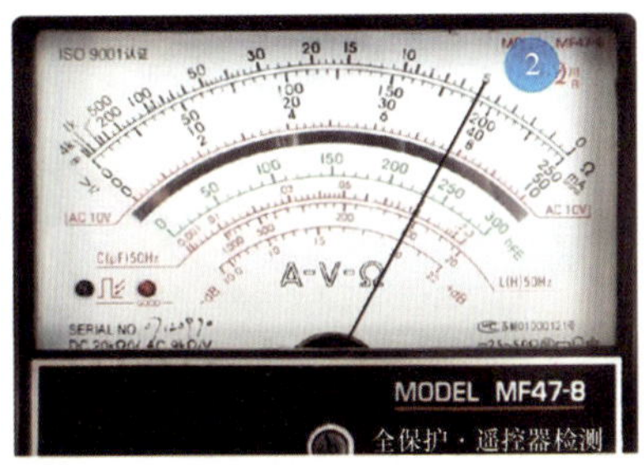

图 5-3-7　检测热敏电阻的标称电阻值

3）保持万用表的红、黑表笔不动，量程不变，使用吹风机加热热敏电阻，如图 5-3-8 所示。

4）将万用表的指针慢慢向右摆动，阻值明显降低，约为 2Ω，如图 5-3-9 所示。

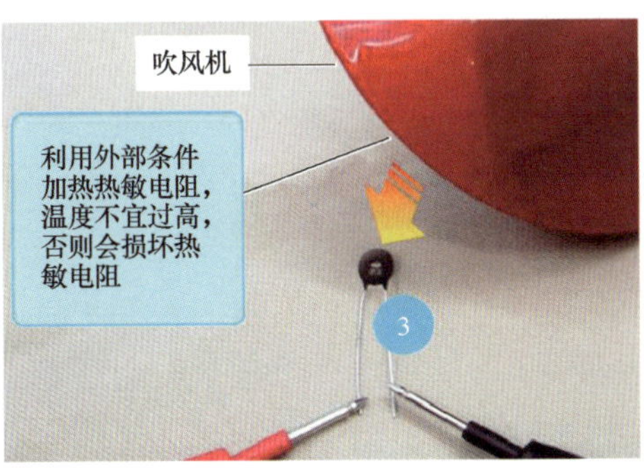

图 5-3-8　使用吹风机加热热敏电阻

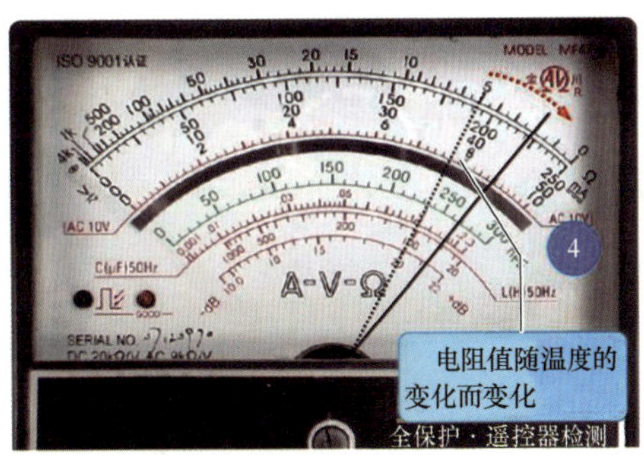

图 5-3-9　万用表检测热敏电阻的电阻值

注意：在常温下，实测热敏电阻的电阻值接近标称电阻值或与标称电阻值相同，保持万用表的红、黑表笔不动，使用吹风机或电烙铁加热热敏电阻，万用表的指针应随温度的变化而产生相应摆动；若温度变化，阻值不变，说明该热敏电阻的性能不良。

二、实训工单

请复习本任务所学内容，巩固理论知识和实训内容，并完成实训工单（表 5-3-5）的填写。

表 5-3-5 实训工单

姓名		班级（专业）		完成日期	
任务准备					
序号	设备			数量	
1					
2					
3					
4					
5					
实施步骤					
记录				完成情况	
				已完成□ 未完成□	

6S 现场管理			
序号	操作步骤	完成情况	备注
1	建立安全操作环境	已完成□ 未完成□	
2	清理及整理工具、量具	已完成□ 未完成□	
3	清理及复原设备	已完成□ 未完成□	
4	清理场地	已完成□ 未完成□	
5	物品回收和环保	已完成□ 未完成□	
6	完善和检查工单	已完成□ 未完成□	

评价反馈

1. 各组代表展示汇报 PPT，介绍任务的完成过程。

2. 以小组为单位，请对各组的操作过程与操作结果进行自评和互评，并将结果填入学生评价表（表 5-3-6）。

表 5-3-6　学生评价表

姓名		学号		班级		组别							
实训任务													
评价项目	分值	等级				评价对象（组别）							
		A	B	C	D	1	2	3	4	5	6	7	8
方案合理	20	20	15	10	5								
团队合作	20	20	15	10	5								
工作质量	20	20	15	10	5								
工作规范	20	20	15	10	5								
汇报展示	20	20	15	10	5								
合计	100	各组得分											
总结与反思													
（如：学习过程中遇到的问题→如何解决的 / 解决不了的原因→心得体会）													

3. 教师对学生工作过程与工作结果进行评价，并将评价结果填入教师对学生评价表（表 5-3-7）。

表 5-3-7 教师对学生评价表

<table>
<tr><td>姓名</td><td></td><td>学号</td><td></td><td>班级</td><td>组别</td><td></td></tr>
<tr><td colspan="3">实训任务</td><td colspan="4"></td></tr>
<tr><td colspan="3">评价项目</td><td>评价标准</td><td>分值</td><td>得分</td><td></td></tr>
<tr><td colspan="3">考勤（10%）</td><td>无故意迟到、早退、旷课现象</td><td>10</td><td></td><td></td></tr>
<tr><td rowspan="11">工作过程（60%）</td><td rowspan="5">知识目标</td><td rowspan="4">获取信息</td><td>掌握热敏电阻的定义</td><td>5</td><td></td><td></td></tr>
<tr><td>熟知热敏电阻的参数</td><td>5</td><td></td><td></td></tr>
<tr><td>掌握热敏电阻的主要特点</td><td>5</td><td></td><td></td></tr>
<tr><td>熟知热敏电阻的工作原理</td><td>5</td><td></td><td></td></tr>
<tr><td>进行决策</td><td>制订工作计划，计划合理可行</td><td>5</td><td></td><td></td></tr>
<tr><td rowspan="2">技能目标</td><td rowspan="2">任务实施</td><td>能识读待测热敏电阻的参数</td><td>10</td><td></td><td></td></tr>
<tr><td>能检测热敏电阻</td><td>10</td><td></td><td></td></tr>
<tr><td rowspan="3">素养目标</td><td>工作态度</td><td>认真严谨、积极主动；安全生产、文明施工</td><td>5</td><td></td><td></td></tr>
<tr><td>团队合作</td><td>与小组成员、同学合作交流、协调工作</td><td>5</td><td></td><td></td></tr>
<tr><td>工作质量</td><td>能按照工作计划操作，按计划完成工作任务</td><td>5</td><td></td><td></td></tr>
<tr><td colspan="2" rowspan="3">项目成果（30%）</td><td>工作完整</td><td>能按时完成工作任务的所有环节</td><td>10</td><td></td><td></td></tr>
<tr><td>工作规范</td><td>能在整个操作过程中规范操作，避免意外事故发生</td><td>10</td><td></td><td></td></tr>
<tr><td>汇报展示</td><td>能准确表达、汇报工作成果</td><td>10</td><td></td><td></td></tr>
<tr><td colspan="4">合计</td><td>100</td><td></td><td></td></tr>
<tr><td colspan="2" rowspan="2">综合评价</td><td colspan="2">学生评价（50%）</td><td>教师评价（50%）</td><td colspan="2">综合得分</td></tr>
<tr><td colspan="2"></td><td></td><td colspan="2"></td></tr>
<tr><td colspan="2">综合评语</td><td colspan="5">（工作过程中存在的问题及改进建议）</td></tr>
</table>

情智课堂

车用传感器是汽车计算机系统的输入装置，它把汽车运行中各种工况信息，如车速、各种介质的温度、发动机运转工况等，转化成电信号输送给计算机，以便发动机处于最佳工作状态。截至 2022 年我国汽车传感器行业发展情况及行业发展趋势分析见表 5-3-8。

表 5-3-8　截至 2022 年我国汽车传感器行业发展情况及行业发展趋势分析

智研咨询发布的《2022—2028 年中国新能源汽车传感器行业市场研究分析及投资战略规划报告》

2015 年至今，在国家政策、技术发展的推动下，中国汽车传感器行业产业链逐步完善

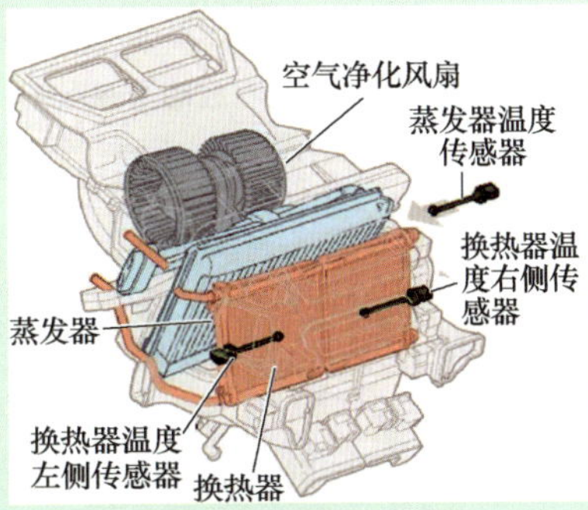

新能源汽车暖风系统传感器

我国汽车传感器行业发展历程

萌芽期	成长期	快速发展期
中国汽车传感器行业发展缓慢，在关键零部件和产业化方面仍处于起步阶段	国外资本进入我国市场，汽车传感器领域开启合资建厂模式	我国汽车传感器企业具备一定的市场规模
电子点火和喷射装置被广泛采用，推动了温度、流量等汽车传感器的发展；安全气囊、ABS 的广泛应用则推动了轮速、加速度等传感器在汽车上的应用	中联汽车电子有限公司和德国罗伯特·博世有限公司在我国成立合资公司联合汽车电子有限公司，标志着汽车传感器领域合资建厂的开端	汽车传感器产业链和生产基地的完善为行业快速发展奠定了良好的基础；下游国产汽车公司的高速发展，推动汽车传感器行业快速发展

汽车工业是国民经济发展的重要产业之一，汽车传感器是汽车工业的重要组或部分。我国政府重视汽车传感器的发展，发布了一系列政策支持、鼓励、促进汽车传感器行业健康、有序发展

我国汽车传感器产业政策

时间	颁布机构	产业政策	主要内容
2019 年 08 月	发改委	《产业结构调整指导目录（2019 年本）》	鼓励研发具有无线通信功能的低功耗各类智能传感器、可加密传感器、核级监测仪表和传感器
2019 年 12 月	工业和信息化部	《2019 年工业强基重点产品、工艺“一条龙”应用计划示范企业和示范项目公示》	瞄准机械、汽车、智能终端、环保等领域应用，立足光敏、磁敏、气敏等主要传感器制造工艺兼顾 MEMS 等技术
2021 年 03 月	第十三届全国人民代表大会	《中华人民共和国国民经济和社会发展第十四个五年规划和 2035 年远景目标纲要》	在事关国家安全和发展全局的基础核心领域，制定实施战略性科学计划和科学工程

汽车传感器是汽车电子控制系统不可或缺的一部分，用以测量位置、压力、力矩、温度、角度、距离、加速度、空气流量等信息，并将这些信息转换成电信号传输到汽车电子控制器

（续）

我国汽车传感器行业发展趋势	
集成化	自动驾驶需要汽车配备大量的传感器，单一的传感器可实现的技术功能有限，而增加传感器的数量和类别对于汽车制造企业来说意味着成本激增和售价上涨，因此利用IC制造技术和精细加工技术制作传感器成为当前趋势
模块化	随着智能汽车的发展，车体上的机械结构及组件逐步受到电子设备的操纵和控制，但因为汽车体积有限，车体内可应用区域过于狭窄，系统空间受到限制。因此通过模块化实现的传感器元配件将成为行业未来发展的方向
网联化	万物互联、万物互通是当下行业发展的主题。传感器作为汽车内、外环境感知的核心部件，势必与互联网、大数据形成相辅相成的发展态势。汽车通过传感器感知路面情况的变化，将收集到的数据与信息传递给控制器进行决策

参考文献

[1] 张校铭. 从零开始学电子元器件：识别、检测、维修、代换应用[M]. 北京：化学工业出版社，2017.

[2] 胡斌，胡松. 电子元器件与电路识图入门视频精讲[M]. 北京：人民邮电出版社，2020.

[3] 周渊深. 电力电子技术[M]. 3版. 北京：机械工业出版社，2017.

[4] 李鹏飞. 电力电子技术与应用[M]. 北京：清华大学出版社，2012.